2020年度江苏高校哲学社会科学研究
重大项目研究成果（项目批准号：2020SJZDA138）

江苏运河工商文化保护传承利用研究

JIANGSU YUNHE GONGSHANG WENHUA BAOHU
CHUANCHENG LIYONG YANJIU

瞿立新　秦潇璇　张育智　著

中国纺织出版社有限公司

内容提要

本书从整体和全局的站位开展江苏运河工商文化保护传承利用研究，厘清江苏运河工商文化的脉络和内涵，阐释其本质特征、精神内核、历史意蕴和当代价值，揭示江苏运河工商文化保护传承利用研究的意义，提出切实可行、体现江苏特色的江苏运河工商文化保护传承利用的系统思路与构想。

本书旨在促进江苏运河工商历史文化资源的保护与传承，促进大运河（江苏段）全流域的文化繁荣、产业升级和社会进步，增强江苏运河工商文化的活力和国际影响力。

图书在版编目（CIP）数据

江苏运河工商文化保护传承利用研究/瞿立新，秦潇璇，张育智著. -- 北京：中国纺织出版社有限公司，2024.3

ISBN 978-7-5229-0894-6

Ⅰ.①江… Ⅱ.①瞿…②秦…③张… Ⅲ.①运河—工商企业—企业文化—研究—江苏 Ⅳ.①F279.275.3

中国国家版本馆CIP数据核字（2023）第213891号

责任编辑：沈　靖　孔会云　　责任校对：寇晨晨
责任印制：王艳丽

中国纺织出版社有限公司出版发行
地址：北京市朝阳区百子湾东里A407号楼　邮政编码：100124
销售电话：010—67004422　传真：010—87155801
http://www.c-textilep.com
中国纺织出版社天猫旗舰店
官方微博http://weibo.com/2119887771
三河市宏盛印务有限公司印刷　各地新华书店经销
2024年3月第1版第1次印刷
开本：710×1000　1/16　印张：19
字数：315千字　定价：68.00元

凡购本书，如有缺页、倒页、脱页，由本社图书营销中心调换

前　言
——感悟江苏运河工商文化的力量

　　文化是一个国家、一个民族的灵魂。中国是世界文明古国之一，在这片东方热土上，生生不息、勤劳智慧的中华民族创造了博大精深、辉煌灿烂的中华文明。在漫长的历史进程中，中华文明在继承中创新，在交流互鉴中发展，在兼收并蓄中历久弥新。

　　大运河是中国古代创造的一项伟大工程，穿越古今、影响世界，是"活态"的中华文脉，是中华文明的重要符号，具有十分独特的历史文化价值。大运河是历史的、当代的，也是未来的。2017年2月，习近平总书记在北京通州的大运河森林公园考察时指出，要古为今用，深入挖掘以大运河为核心的历史文化资源。大运河不只是物质遗存，更是书写在华夏大地上的宏伟诗篇，流淌着中华民族的文化基因，具有文化和精神的深刻内涵，传承着中华民族的悠久历史和文明，是我国劳动人民的伟大智慧和勇气的结晶。

　　运河工商文化是在大运河及其辐射区域内进行手工业、商业、工业生产活动过程中积淀而成的文化形态，是大运河文化的重要组成部分。深刻认识江苏运河工商文化内涵是推动江苏运河工商文化保护传承利用的逻辑起点。江苏运河工商文化，犹如璀璨恢宏的历史人文长卷，凝练了江苏人民的独特创造和价值理念，具有鲜明特色，其具象化表现主要有江苏运河城市、运河工业遗产、运河老字号、运河历史文化街区，以及运河手工技艺、运河习俗等非物质文化遗产。

　　1982年《中华人民共和国文物保护法》的颁布，标志着我国历史文化遗产保护制度的形成。2021年，中共中央办公厅、国务院办公厅印发的《关于在城乡建设中加强历史文化保护传承的意见》第一次提出了以价值为基础的城乡历史文化保护传承，并提出始终把保护放在第一位，以系统保护传承城乡历史文化遗产。保护好、传承好、利用好大运河文化是新时代赋予我们的重大课题。千年运河兼具物质价值和精神价值，让古运河重生，不仅是大运河本体的物态重生，也包括大运河精神的复兴与赋能。做好大运河文化的保护传承利用，既要在物质层面"存其形""护其体"，也要在精神层面"塑其魂""扬其神"。

　　江苏运河工商文化的保护传承利用，要以习近平新时代中国特色社会主义思想为指导，以社会主义核心价值观为引领，立足新发展阶段，贯彻新发展理念，构建新发展格局，坚持以人民为中心的发展思想，坚持融汇古今，继往开来，借鉴运河工商业遗产保护的先进理念和做法，注重保护、传承、利用三者的内在联系，坚持保护优先、强化传承、合理利用，树牢活态保护、活态传承、活态利用理念，注重"形"的保护，更突出"神"的传承，古为今用、推陈出新，以对历史负责、对人民负责的态度，不断增强做好新时代江苏运河工商文化保护传承利用的思想自觉、行动自觉。

江苏运河工商文化遗产本体所具有的脆弱性与不可再生性，要求把江苏运河工商文化遗产保护放在第一位，对运河工商文化遗产中已经退出使用功能又具有标志性价值的文物加以保护，注重"大保护""系统性保护""科学保护""文化空间的保护""数字化保护""高质量保护"，对濒危损毁文物进行抢救性保护，对重点文物进行预防性主动性保护，筑牢文物保护底线，深化对文物物质属性的认知，提升文化遗产价值保护和传承的科学理念与技术能力，真实完整地保护江苏运河工业遗产、运河老字号、运河历史文化街区，以及运河手工技艺、运河习俗等非物质文化遗产，保护运河工商文化整体风貌。

我们既要传承江苏运河工商历史文脉，发挥文化遗产的传承、教化功能，还要继续发挥其使用价值的功能，并在使用过程中加强保护。学古不泥古、破法不悖法，大运河这一"活态文化遗产"是人类智慧和文明的结晶，结合时代新发展、新语境，延伸历史轴线，增强历史信度，活化历史场景，深入挖掘江苏运河工商文化和历史遗存蕴含的哲学思想、人文精神、历史意蕴和当代价值，清晰全面地呈现江苏运河工商文化的起源、演化、发展及其对区域社会经济的贡献，引导人们树立正确的历史观、文化观，充分体现江苏人民的创造精神、奋斗精神、团结精神、梦想精神。铸牢中华民族共同体意识，让古老运河在新时代焕发出新活力，与人民群众精神文化生活深度融合、开放共享，呈现更有内涵、更有潜力的新境界，镌刻新时代的江苏印记。

本书以"究天人之际、通古今之变"为勉，是2020年度江苏高校哲学社会科学研究重大项目"江苏运河工商文化保护传承利用研究"（项目批准号：2020SJZDA138）研究成果。项目负责人：瞿立新（无锡城市职业技术学院）；项目组成员：秦潇璇、赵贤德、孟磊、汤可可、张育智。

作者
2023年12月

目 录

第一编　缘河生长

引　言 ··· 002

第一章　河缘至远：江苏运河文化的形成 ·· 004
 一、大运河概述 ··· 004
 二、大运河形成的历史阶段 ··· 006
 三、大运河文化的形成 ··· 009
 四、江苏的历史沿革 ·· 011
 五、大运河江苏段概述 ··· 013
 六、大运河江苏段的流变 ·· 017
 七、江苏大运河文化带建设 ··· 027
 参考文献 ·· 028

第二章　五彩华章：江苏地域文化的形成 ·· 030
 一、江苏地域文化概述 ··· 030
 二、"诗画江南"吴文化溯源 ··· 033
 三、"漕盐都会"淮扬文化溯源 ··· 035
 四、"雄武厚土"楚汉文化溯源 ··· 036
 五、"十朝文枢"金陵文化溯源 ··· 037

六、"兼容并包"海洋文化溯源 ·················· 039

参考文献 ·················· 040

第三章　商流不息：江苏运河工商文化的形成 ·················· 041

一、运河工商文化的形成 ·················· 041

二、运河城市的兴起 ·················· 041

三、江苏运河城市溯源 ·················· 043

四、江苏运河工商文化形成的基础 ·················· 059

五、地域文化与运河文化的互动发展 ·················· 060

六、江苏运河工商文化的内涵 ·················· 065

七、新时代江苏运河工商文化的建设策略 ·················· 066

八、江苏运河工商文化建设案例 ·················· 070

参考文献 ·················· 071

第四章　璀璨苏商：苏商的崛起 ·················· 073

一、春秋战国时期苏商的担当作为 ·················· 073

二、汉唐时期苏商的担当作为 ·················· 078

三、宋元时期苏商的担当作为 ·················· 078

四、明清时期苏商的担当作为 ·················· 079

五、近代苏商的担当作为 ·················· 087

六、新民主主义革命时期苏商的担当作为 ·················· 099

七、社会主义革命和建设时期苏商的担当作为 ·················· 102

八、改革开放时期苏商的担当作为 ·················· 103

九、新时代苏商的担当作为 ·················· 105

十、苏商精神的传承与弘扬 ·················· 107

参考文献 ·················· 108

第二编　工商明珠

引　言 ·· 112

第一章　底蕴与商韵：江苏运河历史文化街区 ························ 114
　　一、江苏历史文化街区概述 ·· 114
　　二、江苏历史文化街区与运河渊源 ···································· 124
　　三、江苏运河历史文化街区特征 ······································ 125
　　四、新时代江苏运河历史文化街区保护传承利用之策 ············ 127
　　参考文献 ·· 129

第二章　开放与自强：江苏运河工业遗产 ······························ 131
　　一、江苏运河工业遗产概述 ·· 131
　　二、江苏运河工业遗产溯源 ·· 140
　　三、江苏运河工业遗产特征 ·· 141
　　四、新时代江苏运河工业遗产保护传承利用之策 ·················· 142
　　参考文献 ·· 143

第三章　觉醒与坚守：江苏运河老字号 ································· 144
　　一、江苏运河老字号概述 ··· 144
　　二、江苏运河老字号溯源 ··· 153
　　三、江苏运河老字号特征 ··· 154
　　四、新时代江苏运河老字号保护传承利用之策 ····················· 157
　　参考文献 ·· 160

第四章　唯美与匠心：江苏运河手工技艺 ······························ 161
　　一、江苏运河手工技艺概述 ·· 161
　　二、江苏运河手工技艺示例 ·· 177
　　三、江苏运河手工技艺特征 ·· 184

四、新时代江苏运河手工技艺保护传承利用之策 …………… 191
参考文献 ………………………………………………………… 197

第五章　交融与寄托：江苏运河习俗　198
一、江苏运河习俗概述 …………………………………… 198
二、江苏运河习俗特征 …………………………………… 213
三、新时代江苏运河习俗保护传承利用之策 …………… 215
参考文献 ………………………………………………………… 217

第三编　河韵连绵

引　言 ……………………………………………………………… 220

第一章　继往开来：城市更新　221
一、江苏运河城市更新概述 ……………………………… 221
二、江苏运河城市更新的实践 …………………………… 222
三、江苏运河城市更新的路径 …………………………… 230
参考文献 ………………………………………………………… 236

第二章　主客共享：文旅融合　237
一、江苏大运河文旅融合概述 …………………………… 237
二、"千年运河·水韵江苏"文化旅游品牌形象塑造 …… 239
三、大运河国家文化公园（江苏段）建设 ……………… 239
四、江苏大运河文旅融合的叙事手笔 …………………… 241
参考文献 ………………………………………………………… 263

第三章　协同创新：工商业发展　265
一、新时代江苏工商业发展概述 ………………………… 265
二、南水北调工程的江苏担当 …………………………… 267

三、新时代江苏运河城市工商业发展 …………………………… 267

参考文献 ………………………………………………………… 276

附编　研究报告

江苏运河工商文化保护传承利用研究报告 …………………… 278
一、运河工商文化的形成 ………………………………………… 278

二、江苏运河工商文化形成与发展的基础 ……………………… 278

三、江苏运河工商文化的内涵 …………………………………… 280

四、江苏运河工商文化的特征 …………………………………… 282

五、江苏运河工商文化标识体系 ………………………………… 284

六、江苏运河工商文化的时代意蕴 ……………………………… 287

七、新时代江苏运河工商文化保护传承利用的指导思想和
基本原则 ……………………………………………………… 287

八、新时代新征程江苏运河工商文化保护传承利用之策 ……… 289

参考文献 ………………………………………………………… 293

第一编

缘河生长

引 言

万物有所生，而独知守其根。大运河是一个不断适应社会和自然变化的动态性工程，是一条不断发展演进的运河。大运河是流动的文化，以物态文化创造出流动的历史，至今已有2500余年历史，是世界上少有的仍在使用并不断建设的活态文化遗产。大运河纵贯黄河、长江，使长江流域与黄河流域取得直接联系，推进了中华优秀传统文化的互动交流与内涵提升，京津文化、燕赵文化、齐鲁文化、中原文化、淮扬文化、吴越文化"六大文化高地"在大运河的流变中聚汇融通，贯通着中华民族文化记忆和文化基因，成为全民族共同的精神财富。大运河也联结了陆上丝绸之路和海上丝绸之路，是联系古代中国与世界的桥梁，在兼容并蓄中丰富了中华文明，促进了中华文化的多元一体发展。

水是生存之本、文明之源。大运河是中国历史上的一条黄金水道，贯联古今、启迪未来，极大地带动了沿岸工商业的繁荣和文化的交流，并以其特有的沟通功能和经济文化价值形塑了沿线城市。城市兴起是发生在运河两岸最重要的历史、经济和社会事件，对运河沿岸区域产生了巨大的影响。运河城市的兴起造就了脱离农业的手工业者、小商贩、工商业者群体和市民阶层的崛起，促进了商品经济的发展。

江苏是大运河的起源地，也是大运河文化的发祥地，既是一个行政区域，也是一个文化区域。大运河纵贯江苏南北790.39千米，流经徐州、宿迁、淮安、扬州、镇江、常州、无锡、苏州等8个设区市；长江横穿江苏东西433千米，串联起南京、镇江、扬州、泰州、常州、无锡、苏州、南通8个设区市，涵养着江苏1/6的沿江生态。长江与大运河一横一纵拉开了江苏最重要的水系骨架，推动了南北沟通、东西交汇、中外交流，孕育了江苏水韵书香的文化特色，江苏大运河文化带是多元发展、特色鲜明、互通互融的区域文化有机融合的整体。

大运河文化与江苏地域文化的交融发展，汇成了卓异不凡、气象万千的江苏运河工商潮涌。江苏运河工商文化从大运河的流变中获得丰富滋养和发展动力，不断积淀升华，形成"历史凝练的文化"。江苏运河工商文化浸润下的苏商，包括三类群体，即在江苏开展生产经营活动的江苏籍人士、在江苏长期开展生产经营活动的非江苏籍人士、在外地或境外开展生产经营活动并反哺于江苏工商业发展的江苏籍人士。历代苏商秉承大运河水蕴天下的"上河"理念和与时俱进的创造理想，从中华优秀传统文化中汲取精神滋养和思想启迪，其担当作为、重信然诺、功业成就、嘉言懿行，彰显出苏商的群像特征，凝聚成苏商群体的理念导向、价值支撑和精神内质，深刻映射出江苏工商业厚实的历史底气和家国情怀，蕴含江苏运河工商文化的精髓、内核、本质及其发展的一般规律，彰显中华优秀传统文化中的宇宙观、天下观、社会观，以及人文观念、道德精神、民族气节，为当代江苏企业转型发展建树时代标杆。

第一章 河缘至远：江苏运河文化的形成

一、大运河概述

（一）运河的由来

历史上，以灌溉农业为主的农业在我国经济社会发展中居于主要地位，这一我国经济社会发展的独特历史特征，使得灌溉、洪涝灾害防治的社会需求较大。中国第一部水利通史《史记·河渠书》（西汉司马迁）首次明确"水利"一词的防洪治河、灌溉修渠等含义，以区别于先秦古籍《孝行览·慎人篇》（《吕氏春秋》）的"取水利"（指捕鱼之利），开创了沿用至今的"水利"概念。

漕运是运河的基本功能。早期运河多称沟或渠，如邗沟、灵渠等，天然河道则称水，如黄河就被称为"河水"，后世也将"河"看作是黄河的专称。汉代出现"漕渠"名称，用来指漕运河流，东汉许慎《说文解字》云："漕，水转谷也。"宋代"漕河"名称已被广泛使用。汴河在春季通航时，按宋制规定："发运司岁发头运粮纲入汴，旧以清明日。"在清明前后纲船到来之时，"汴渠春望漕舟数十里"，形势非常壮观。宋代"运河"一词开始出现，并成为一个特有名词，《四库全书》所列宋代文献中有94种使用了"运河"的名称，体现了当时运河对于商业运输和贸易的积极作用。

"大运河"的概念首次出现在南宋江南运河段，据南宋《淳祐临安志》载："下塘河，南自天宗水门接盐桥运河，余杭水门，二水合于北郭税务司前，……一由东北上塘过东仓新桥入大运河，至长安闸入秀州，曰运河，一由西北过德胜桥上北城堰过江涨桥、喻家桥、北新桥以北入安吉州界，曰下塘河。"这里所说的大运河指的是江南运河。元代已有"运河二千余里，漕公私物货，为利甚大"的说法。明代正史文献虽也称运河，但《明史》仍称运河为"漕河"："明成祖肇建北京，转漕东南，水陆兼挽，仍元人之旧，参用海运。逮会通河开，海陆并罢。南极江口，北尽大通桥，运道三千余里。……总名曰漕河。"

《大美百科全书》（1994年）对"运河"一词的含义作了如下解释："为改良和扩充天然水路而建造的水道。一般是用以促进运输，但早期却是为许多特殊目的所设，如排除水泽区的水、灌溉耕种的土地、促进经济发展及改进交通等。"这也是国际上通行的对"运河"的理解。本书所指的"运河"在概念上也遵循上述解释。

（二）中国大运河概述

中国大运河（the Grand Canal of China），全长近3200千米，是世界上开凿最早、规模最大、线路最长、延续时间最久的运河，工程量居世界运河之首，由京杭大运河、隋唐大运河、浙东运河三部分构成。

隋代大运河完成第一次全线贯通，元代将大运河改线为直接沟通北京与南方地区，形成元明清时期第二次大沟通。大运河跨越地球10多个纬度，纵贯华北大平原，其功能演变主要包括争霸与统一、漕运和民间运输、商品贸易运输、灌溉和水利、全国南北官差私商、公干往返、中外文化交流。对历代王朝而言，开凿大运河的根本目的是漕运，唐朝中期以后，大运河更是成为支撑首都和中央运转的生命线。大运河的国家管理始于春秋，兴于隋唐，盛于明清。"运河通，朝代兴；运河断，朝代亡。"在今天大运河清口枢纽世界遗产点，留有一座乾隆皇帝首次南巡时刻录的"御制重修惠济祠"碑。这座碑的第一句话就开宗明义："经国之务，莫重于河与漕，而两者必相资而成。"大运河是世界唯一一个为确保粮食运输安全，以达到稳定政权、维持帝国统一的目的，由国家投资开凿、国家管理的巨大运河工程体系，是中国古代南北交通运输的大动脉。

1. 隋唐大运河概述

隋唐大运河，北抵涿郡（今北京），南至余杭（今浙江杭州），包含永济渠、通济渠、邗沟、江南运河四条运河，沟通了海河、黄河、淮河、长江、钱塘江五大水系，组成了一个由长安（今陕西西安）—洛阳两都为中轴、成扇形、东南通余杭、东北到涿郡的完整的运河网，把当时我国经济、政治、文化最发达的区域紧密地连在一起，对统一国家的巩固与发展起到重要作用。

2. 京杭大运河概述

京杭大运河北起北京通州区、南到杭州，流经通惠河（北京—河北廊坊）、北运河（河北廊坊—天津）、南运河（天津—山东临清）、会通河（山东临清—山东枣庄)、中运河(山东枣庄—江苏淮安)、淮扬运河(江苏淮安—江苏扬州)、江南运河(江苏镇江—浙江杭州)七段。在中国农业文明鼎盛发展时期的"运河时代",京杭大运河作为国家统一的保障线、经济交流的大动脉、文化融合的主纽带、沿岸城市的母亲河和对外经济文化交流的开放之河,发挥了难以估量的历史作用。

二、大运河形成的历史阶段

(一)滥觞(春秋战国时期)

春秋末期吴王夫差为了争霸中原,利用长江三角洲的天然河湖港汊,疏通了古水道,周敬王三十四年(公元前486年)从长江边的湾头开始开凿了邗沟,首次沟通了淮河和长江两大水系。《左传》记载:"鲁哀公九年,秋,吴城邗,沟通江淮。"这是有史记载的大运河最早开凿的河段,大运河由此肇始。吴王夫差也由此成为大运河"第一锹"的开挖者。

春秋战国时期,魏惠王为称霸中原,公元前360年开凿了沟通黄河和淮河的人工运河——鸿沟。鸿沟是我国古代最早沟通黄淮的人工运河。根据清代学者顾祖禹的考证,通济渠源于《禹贡》的雍水,春秋时称为邺水,秦汉时又称鸿沟,其后称蒗宕渠(即浪荡渠),又称汴渠。《元和郡县图志》卷八《河南道四·阳武县》记载道:"汴渠,一名蒗宕渠,今名通济渠。"

(二)萌芽(秦汉—南北朝时期)

秦朝开凿丹徒曲阿(今江苏镇江丹阳),开凿了从今镇江至丹阳的运河。《南齐书》卷十四《州郡志》记载道:"丹徒水道入通吴、会。"丹徒水道正是江南运河所经路线。据《越绝书》记载,秦始皇从嘉兴"治陵水道,到钱塘越地,通浙江"。这一重要河道奠定了以后江南运河走向。西汉武帝时,在吴江南北沼泽地带开河,南接杭嘉运河,基本接通了苏州至嘉兴的运道。

东汉末年,曹操先后开凿了白沟、平虏渠、泉州渠、新河和利漕渠等,疏浚汴渠上游到睢阳一段即睢阳渠。白沟开凿于东汉建安九年(204年),在淇水入黄河处下大枋木使成堰,遏淇水入春秋战国时期的黄河古道以成渠,以淇水、荡水、洹水为上源,利用纵贯河北平原的清河故道,注入滹沱河。平虏渠开凿于建安十一年(206年),从今青县东北引滹沱河水北入泒水。泉州渠也开凿于建安十一年,南起泉州县(今天津市武清西南),上承潞河,下入鲍丘水,还从沟河口向东凿渠入濡水,称为新河。利漕渠开凿于建安十八年(213年),凿渠引漳水,自今河北曲周南，东至今大名西北，注入白沟，借以沟通邺和四方的漕运，故名利漕渠。白沟、平虏渠、泉州渠、新河和利漕渠的开凿，完成了贯通河北平原的运河网工程，便利了河北平原的水道运输。

东汉顺帝时期，陈敏修理邗沟，另开新道，由江都经樊良湖改道津湖，再由津湖直接由末口入淮，避免了射阳湖的风涛之险，给漕运带来了很大的便利。

六朝建都南京，又修整、开凿了运河和堰埭。东晋初年，还修筑了丁卯埭平水堰。孙吴开凿了破岗渎，西连淮水，东接云阳，这条运河是沟通今南京以东的水运网。

至萧梁，破岗渎废，另"开上容渎，在句容县东南五里，顶上分流，一源东南三十里十六埭入延陵界；一源西南流二十五里五埭注句容界。上容渎西流入江宁（今江苏南京）秦淮"。南朝陈时，又修破岗渎。

曹丕建魏以后，迁都洛阳，修通汴渠、开凿贾侯渠、讨虏渠和广漕渠。正始二年（241年）自上游到下游全程重整汴渠，使之可以通舟楫。

贾侯渠由魏贾逵所开。《三国志》卷十五记载："（贾逵）遏鄢、汝，造新陂，又断山溜长溪水，造小弋阳陂，又通运渠二百余里，所谓贾侯渠者也。"故道在今河南淮阳西北，后与其他水道"交错畛陌"。黄初六年（225年），开通讨虏渠，据顾祖禹《读史方舆纪要》记载，其故道在郾城县东。魏宣帝开凿广漕渠，通过陈、蔡之间，故道在蒗宕渠的下游，《三国志》卷二十八记载："正始二年，乃开广漕渠，每东南有事，大军兴众，泛舟而下，达于江、淮，资食有储而无水害，（邓）艾所建也。"

杨口运河由西晋荆州刺史杜预开凿，由杨水入汉水之处起，直达江陵（今湖北荆州），通入长江，更由江陵通到洞庭湖中。《晋书》卷三十四《杜预传》记载"旧水道唯沔汉达江陵千数百里，北无通路。又巴丘湖（今洞庭湖），沅湘之会，表里山川，实为险固，荆蛮之所恃也。（杜）预乃开杨口，起夏水（今汉水）达巴陵（今湖南岳阳）千余里，内泻长江之险，外通零桂之漕。"这条运河开凿以后，使江陵在交通上的作用更加重要。从江陵溯江而上可到巴蜀，沿江而下可达建业（今江苏南京），还可以由洞庭湖溯湘水沿漓水到番禺。

桓公渎又称桓公沟，为东晋桓温时开凿。太和四年（369年），桓温率兵北伐前燕，"军次湖陆，攻慕容暐将慕容忠，获之，进次金乡。时亢旱，水道不通，乃凿巨野三百余里以通舟运，自清水入河"。巨野泽即梁山泊，位于今巨野与梁山县之间，这条运河被称为桓公渎，从巨野泽北出济水，在今长清县西与河水相通，故桓温能由济水入黄河。东晋安帝义熙十三年（417年），刘裕又继续疏浚桓公渎。

到南北朝，历朝历代都在各地开通了许多人工运河。423年，扬州附近运河建造的两座斗门是京杭运河工程上最早出现的闸门。

（三）发展（隋唐五代时期）

隋炀帝即位后，将政治中心从大兴（唐代长安，今陕西西安）迁到洛阳，修凿以洛阳为中心的南北大运河成为当时的首要任务。605年至610年隋朝在天然河道和古运河基础上开凿了四段运河。其规格基本一致，都要求可以通航方舟或龙舟，而且互相连接，自此，西至大兴、北达涿郡、南至余杭的南北大运河全线畅通。

（1）通济渠。隋炀帝于大业元年（605年）"发河南淮北诸郡男女百余万，开通济渠"。（《资治通鉴·隋纪四》）在鸿沟和下游的汴河两水基础上加以疏浚，自洛阳城西引谷水、洛水入黄河，再自板渚（板城渚口，在今河南荥阳氾水镇东北黄河侧）引黄河入汴河，经今河南开封东南入淮河。通济渠的开凿，使黄河和淮河得以连接，南接江淮，西通河洛。

（2）邗沟。605年，隋炀帝"发淮南民十余万开邗沟，自山阳至扬子入江。渠广四十步，渠旁皆筑御道，树以柳，自长安至江都，置离宫四十余所"。（《资治通鉴》卷一八〇）在春秋时期吴国邗沟的基础上疏浚，从山阳（今江苏淮安）引淮水到江都（今江苏扬州）入长江，上接通济渠，下接江南运河。

（3）永济渠。大业四年（608年），"诏发河北诸郡男女百余万，开永济渠，引沁水南达于河，北通涿郡。"（《隋书·炀帝纪上》）永济渠从洛阳的黄河北岸，引沁水东流入清河（卫河），到今天的天津附近，经沽水（白）和桑干河（永定河）到涿郡。南段起于沁水入河处，北到卫县（今河南浚县西）。这是当时新凿的渠道。

（4）江南运河。610年重新疏凿和拓宽长江以南运河古道，北起京口（今江苏镇江），向南经曲阿、毗陵（今江苏常州）、无锡、吴郡（今江苏苏州）、嘉兴，经上塘河至余杭（当时的对外贸易港）接钱塘江，贯穿长江、太湖和钱塘江三大河湖水系。《资治通鉴·隋纪》记载："冬十二月，敕穿江南河，自京口至余杭，八百余里，广十余丈，使可通龙舟，并置驿宫、草顿，欲东巡会稽。"从此以后，历朝历代，江南运河一直是中央政府从江南收集漕粮的主要通道。

（四）兴盛（两宋至元朝时期）

两宋在隋朝的运河基础上做了进一步的修缮。宋以前，有运河而无船闸，为了蓄水，只好广设堰埭。北宋期间，984年建造的真州闸，是世界上最早的复式船闸，比欧洲荷兰的船闸早了约400年。为了保证航运水源的稳定性，北宋时期在淮扬河段创建了澳闸来进一步提高航运节水性。天禧三年（1019年），汴河（大运河流经郑州段的通济渠）漕运粮食800万石，为北宋时期漕运的最高纪录。

"元都于燕，去江南极远，而百司庶府之繁，卫士编民之众，无不抑给于江南"。元朝建都今北京，原先唐宋时代以洛阳或开封为中心的南北大运河不能满足封建王朝的需要，需要在东部平原开凿一条直达北京的运道。元代天文学家、水利专家郭守敬对隋唐大运河截弯取直的规划设计，初步奠定了元代迄今京杭大运河的走向和格局。此外，郭守敬还设计并主持了通惠河的修建，使漕粮可以直运京城。元代在会通河上临清与济宁之间建造了31座船闸，可谓是世界最早的梯级船闸，比西方早了350年。至元三十年（1293年）京杭大运河全线贯通。

（五）成熟（明清时期）

明清两朝相继建都北京，在元代"京杭大运河"基础上不断改造、完善和疏浚，继续沿用元代大运河作为连接北方政治中心与江南经济中心、北方陆上丝绸之路和南方海上丝绸之路的水运通道。明清时期设立漕运总督、河道总督、仓场总督，制定漕法、漕规、漕例、漕限，完善运军、河兵、船厂、仓厂制度，确定粮长、支运、兑运、长运制度，中国运河漕运逐渐形成了一个完善的系统。运河沿线的城市也因漕运而繁荣，东南地区的江苏淮安、扬州、苏州也成为繁华的都市，与浙江杭州并称运河沿线"四大都市""东南四都"。

三、大运河文化的形成

（一）大运河的主要特征

把若干小的割据的自然环境通过人工开挖贯通成为一个体系，凸显了大运河不同于其他河道的水利特性；秦汉以后，直至清代，运河河道和漕运管理制度日趋完备而成熟，康有为曾说："漕运之制，为中国大制"（《康有为政论集》），体现了跨越多个朝代的运河制度文化的特征；大运河从空间上沟通了中国南北，贯通了中国五大水系，从战略格局上保证了国家统一稳定，并随着历史的进程转化成人文环境，形塑为一种生活方式。"漕河全盛时，粮船之水手，河岸之纤夫，集镇之穷黎，藉此为衣食者不啻数百万人"，反映了大运河的社会属性。

隋唐时期，大运河促进农业经济的"商品化流通"，覆盖了运河流域和流域之外的最广大的中国村庄。明朝中后期，大运河直接刺激了"运河商业城市群"的兴起。京杭大运河沿线历史名城有北京通州，天津，河北沧州、衡水，山东德州、聊城、临清、济宁、泰安、枣庄，江苏宿迁、淮安、扬州、镇江、常州、无锡、苏州，浙江省湖州、嘉兴和杭州等27个城市。

（二）大运河文化的界定

大运河申遗时，时任国家文物局局长单霁翔指出："中国大运河和我们常说的古运河不是同一个概念，也不同于通常理解的京杭大运河，更不等同于隋唐大运河。它应该还包括它们的支流。否则，所谓大运河文化，也就无文化可言。"清代水利学家傅泽洪在《行水金鉴》中说："运道有迹可循，而通变则本乎时势。"这条高品位的文化长廊作为线性文化遗产，是由沿线人民生活、生产、商贸等活动衍生而来，形成"文化在时间和空间上的交流与相互滋养"（联合国教科文组织《保护世界文化和自然遗产公约》最新版《行动指南》）。大运河文化是在大运河开凿和通航过程中，与大运河紧密联系而产生、发展与传承的各类物质财富与精神财富的总和，是5000多年文明发展中孕育的中华优秀传统文化的重要组成部分。

《大运河文化保护传承利用规划纲要》（2019年）提出，大运河承载的文化价值和精神内涵是依托于运河这一实体产生的，并随着大运河的历史变迁而形成和发展、创新和升华。具体可分为大运河遗存承载的文化、大运河流淌伴生的文化、大运河历史凝练的文化三个层次。

大运河文化具有跨区域、跨文化、跨古今的特点，是一种以人为主体的文化，内蕴道法自然的生态智慧、天人合一的和合理念、家国情怀的使命担当、生生不息的奋斗精神、海纳百川的文化态度、和而不同的文化基因，立体化地呈现了建设美好家园、谋求和平发展的国家形象。

（三）大运河历史文化遗产概述

丰厚的历史文化遗产是建构国家形象的重要支撑。中国大运河沿线物质文化遗产超过1200项，国家级非物质文化遗产450余项，是中国优秀传统文化高度富集的地区。2014年，中国大运河被列入世界遗产名录，成为中国第32处世界文化遗产和第46处世界遗产。这既是对中国人民伟大创造和智慧结晶的认同，又丰富了世界文化遗产宝库。最终列入遗产范围的大运河遗产分布在北京、天津、河北、山东、河南、安徽、江苏、浙江2个直辖市、6个省、25个地市，遗产区总面积为

20819公顷，缓冲区总面积为54263公顷。申报的系列遗产分别选取了各个河段的典型河道段落和重要遗产点，即河道遗产27段，运河水工遗存、运河附属遗存、运河相关遗产等遗产点58处，河道总长度1011千米。运河水工遗存包括闸、堤、坝、桥、水城门、纤道、码头、险工等，运河附属遗存包括仓窖、衙署、驿站、行宫、会馆、钞关等大运河的配套设施和管理设施，运河相关遗产包括一部分与大运河文化意义密切相关的古建筑、历史文化街区等。

大遗址是实证中国百万年人类史、一万年文化史、五千多年文明史的核心文物资源，是构建中华文明标识体系的重要内容。在国家文物局印发的《大遗址保护利用"十四五"专项规划》（文物保发〔2021〕29号）中，大运河作为跨省、自治区、直辖市的大遗址入选。

（四）大运河文化的意义

一条大运河，半部中国史，对维护国家统一、强化中华民族的向心力、促进不同区域的整合和互动、深化不同民族的交往与凝聚都发挥着重要作用。作为巨型文化遗产，大运河具有线性共同体的文化意义，对中国乃至世界历史都产生了巨大和深远的影响，是传承中华文明和凝聚民族精神的重要标识，是中国国家文化名片，被国际工业遗产保护委员会在《国际运河古迹名录》中列为最具影响力的水道。世界遗产委员会认为，大运河是世界上最长的、最古老的人工水道，也是工业革命前规模最大、范围最广的土木工程项目，它促进了中国南北物资的交流和领土的统一管辖，反映出中国人民高超的智慧、决心和勇气，以及东方文明在水利技术和管理能力方面的杰出成就。

通江达海的大运河"北接长城文化带，西挽陆上丝绸之路，东联海上丝绸之路"，为古代中国与世界的文化往来架设了便利的桥梁，承载着人类互联互通、共享资源的美好愿望，联系着中国与世界。千年运河保持着自己强盛的文化生命力，其承载的思想理念、人文精神和传统美德，对于当代社会仍然具有指引和借鉴意义。大运河文化对于构建人类命运共同体、创造人类文明新形态、绘就美好世界新图景具有重要的现实意义。

四、江苏的历史沿革

江苏作为行政区域，它有着漫长的历史沿革。"江苏"之称始于清朝康熙六年（1667年），取江宁、苏州两府的首字组成。在此之前，该行政区域在不同的历史时期有着不同的隶属和名称。

（一）先秦时期

夏、商、周三代，今江苏北部属东夷、淮夷，南部属勾吴。大禹治水，划天下为九州，"州"本来为水中的陆地。《尚书·禹贡》记载，九州含徐州、扬州。徐州包括今江苏、安徽两省部分。扬州位于长江流域，包括今上海、江苏、福建一市两省部分。商朝后期至西周，出现了徐、吴两个诸侯国。春秋期间（公元前770年~公元前476年），分属齐、鲁、宋、吴、楚等国。战国时期，先是分别为越、楚、齐等国的一部分，后来全归并于楚国。

（二）秦汉时期

秦始皇统一中国以后设置三十六郡，秦末增至四十六郡，今江苏境内长江以南属会稽郡，以北分属东海郡和泗水郡。西汉初年，郡国并行，今江苏先后分属楚、荆、吴、广陵、泗水等国，会稽、丹阳、东海、临淮、琅邪、沛等郡。东汉永和五年（140年），今省境长江以南属扬州，以北属徐州。三国鼎立期间，分属孙吴、曹魏二国。

（三）两晋时期

西晋建国之初分全国为19州（后为21州），江南属扬州，江北属徐州。东晋和南北朝时期，南北纷争，行政区域变动较多，今江苏大体上以淮河为界，以南属南朝，以北属北朝。从晋怀帝永嘉年间到南朝宋元嘉年间（307~453年），南迁移民，其中接受移民最多的是江苏，在今南京、镇江、常州一带最为集中，苏北地区则以扬州、淮阴等地为主。孙吴、东晋和南朝的宋、齐、梁、陈均定都于南京。

（四）隋唐时期

隋统一中国后，今江苏境内分置苏州、常州、蒋州（今江苏南京）、润州（今江苏镇江）、扬州、方州（今江苏南京六合区）、楚州（今江苏淮安）、邳州、泗州、海州和徐州。唐分中国为十道，分属河南道、淮南道及江南道。五代时期（907~960年），淮北的徐州先后属梁、唐、晋、汉、周，江南的苏州属吴越钱氏，其他各州先后属杨吴和南唐。

（五）宋元时期

北宋政和元年（1111年），今江苏分属江南东路、两浙路、淮南东路、京东东路和京东西路。南宋偏居江南和淮南时，分属两浙、江南东和淮南东等三路；金人领有淮北，置徐州、泗州、邳州，分属山东西路和山东东路。靖康之乱后，靖康元年至绍兴十一年（1126~1141年），北方人民南迁以本阶段人数最多。绍兴十一年（1141年），绍兴和议达成，和约规定南宋不得接收金朝"逃亡之人"，南迁的浪潮始告消退。元代实行行省制，今江苏南北分属江浙行省、河南江北行省。

（六）明清时期

明代初期为京师（直隶），后为南京（南直隶），南京的辖区大致相当于今江苏、安徽两省和上海市。当时，今江苏辖境内分设应天府、淮安府、扬州府、苏州府、常州府、镇江府和徐州等。清初灭南明，废南京，以南京原辖区域改设江南省。康熙六年（1667年），分江南省为江苏、安徽两省，江苏省辖江宁府（今江苏南京）、苏州府、徐州府、常州府、镇江府、松江府（今上海）、扬州府、淮安府，两江总督署驻江宁，江苏巡抚衙门驻苏州。到清末时，江苏省辖有8府3直隶州1直隶厅。期间，太平天国曾在咸丰三年至同治三年（1853~1864年）间建都南京，称天京，并曾在境内短暂地设置过天京省、天浦省和苏福省。光绪三十年（1904年）以江宁府、淮安府、扬州府、徐州府4府和通州、海州2直隶州范围置江淮省后旋即撤裁。

（七）近代以来

1928年以后，上海市划为中央直辖市。至此，江苏省共分为61个县。中华人民共和国成立后，1949~1952年，南京市由中央人民政府直辖，全省以长江为界分置苏南、苏北二行署区。1952年撤行署区重建江苏省，复改南京为省辖市和省政府驻地。后来，省内区划几经变动，现辖南京、无锡、徐州、常州、苏州、南通、连云港、淮安、盐城、扬州、镇江、泰州和宿迁13个地级市。

由此可见，作为行政区域的江苏是一个历史概念，而本书对于"江苏运河工商文化"的研究正是基于今江苏在不同历史阶段的行政隶属来进行的，也就是说，本书中"江苏"指的是今江苏省地域范围，而它在各个历史阶段有着不同的称谓与行政隶属。

五、大运河江苏段概述

江苏作为运河原点省份，不仅是大运河沿线河道最长、流经城市最多、使用里程最长的省份，也是运河遗产最为密集、文化品位最高、代表性标志最集中和文旅品质极高的省份，还是列入世界文化遗产名录最多的省份。大运河纵贯江苏南北，大运河江苏段是全线历史最悠久、文化最丰富、活态利用最好的河段，其中，通航河段687.77千米。对于江苏北部不沿江、不靠海的城市而言，大运河是实现"通江达海"的重要纽带。大运河还为解决区域发展不平衡不充分问题提供了智慧和力量。大运河江苏段主河道各河段现状基本情况见表1-1-1。

表1-1-1　大运河江苏段主河道各河段现状基本情况

序号	河段名称	起点	讫点	河道长度（km）	河道功能	河道等级	航道等级	涉及行政区	备注
1	大运河湖西段—不牢河	二级坝（沛县龙固镇）	中运河（大王庙）（邳州市赵墩镇）	114.87	行洪、供水（含调水、饮用水水源地）、排涝、航运	2	2	沛县、徐州市区、铜山区、邳州市	京杭大运河—运西段，含蔺家坝站下引河
2	中运河	苏鲁界（邳州市车辐山镇）	杨庄（淮阴区凌桥乡、马头镇）	172.88	行洪、供水（含调水、饮用水水源地）、航运	1	2	邳州市、新沂市、宿迁市区、泗阳县、淮安市区	京杭大运河—中运河段
3	淮扬运河	杨庄（淮阴区王营镇、楚州区城南乡）	长江（邗江区施桥镇）	168.28	供水（含调水、饮用水水源地）、航运、排涝	2	2	淮安市区、宝应县、高邮市、江都区、扬州市区	京杭大运河—淮扬运河段，含淮女城区段大运河、扬州段大运河
4	江南运河	长江（谏壁）（京口区谏壁街道）	苏浙界（吴江区桃源镇）	231.74	行洪、供水（含调水）、排涝、航运	2	3	镇江市区、丹阳市、常州市区、无锡市区、苏州市区	京杭大运河—江南段
5	隋唐大运河通济渠	苏皖界（泗洪县青阳镇）	洪泽湖（泗洪县临淮镇）	40.18				泗洪县	新滩河—老汴河

续表

序号	河段名称	起点	讫点	河道长度（km）	河道功能	河道等级	航道等级	涉及行政区	备注
6	张福河—洪泽湖段	淮阴区马头镇	洪泽区蒋坝镇	62.44				淮安市区	
合计				790.39					

注 1. 表格出自《江苏省大运河文化保护传承利用实施规划》。
2. 大运河江苏段主河道是以水利部提供的中国大运河主河道为依据。
3. 序号1~4是通航河段，总长度约687.77千米。
4. 一级、二级河道主要包括：承泄流域性洪水的河道、流域性调水河道、流域内干流、重要一级支流，防御流域洪水、承担流域排水的河道，跨流域骨干供水的河道。河道等级根据行洪流量、引水流量界定。
5. 涉及河道改道等情况，以水利部门最终确认为准。

《保护世界文化和自然遗产公约》是为全人类共同保护具有突出的普遍价值的文化和自然遗产建立的一个根据现代科学方法制定的永久性的有效制度。江苏全省的世界文化遗产资源占全国1/3以上，共有7个遗产区、28个遗产点段，拥有世界文化遗产点22处，占全线的40%，河道遗产6段，计325千米，占全线的32%。共计不可移动文物2079项、可移动文物28.1万件。中国历史文化名镇29座、中国历史文化名村12座。大运河留给江苏的文化遗产多达1961项，包括958处省级以上文保单位和103项非物质文化遗产。扬州是中国大运河申遗牵头城市，全长125千米的大运河扬州段是整个大运河中最古老、世界文化遗产点最多的遗产区，共有10个遗产点、6段河道入选世界遗产点段。大运河江苏段正在打造世界文化遗产保护传承的东方样本。江苏省运河遗产点见表1-1-2。

表1-1-2 江苏省运河遗产点一览表

类型	序号	名称
河道	1	中运河宿迁段
	2	淮扬运河淮安段
	3	淮扬运河扬州段

续表

类型	序号	名称
河道	4	江南运河常州段
	5	江南运河无锡城区段
	6	江南运河苏州城区段
遗存	1	总督漕运公署遗址（淮安）
遗产点	1	宿迁龙王庙行宫
	2	清口水利枢纽
	3	淮安双金闸
	4	淮安清江大闸
	5	淮安洪泽湖大堤
	6	宝应刘堡减水闸
	7	高邮盂城驿
	8	江都邵伯古堤
	9	江都邵伯码头
	10	扬州瘦西湖
	11	扬州天宁寺行宫河重宁寺
	12	扬州个园
	13	扬州汪氏小苑
	14	扬州盐宗庙
	15	扬州卢绍绪宅
	16	无锡清名桥历史文化街区
	17	苏州盘门
	18	苏州宝带桥
	19	苏州山塘历史文化街区
	20	苏州平江历史文化街区
	21	吴江运河古纤道

2014年，淮安板闸遗址在工程建设中被发现，是大运河申遗成功后沿线最重要的水工考古发现。江苏有鸿山墓群、阖闾城遗址、徐州汉墓群、黄泗浦遗址、南朝陵墓群、扬州城遗址、明故宫遗址7处大遗址入选《大遗址保护利用"十四五"专项规划》。板闸遗址入选大运河项目，此次江苏入选大遗址数量居全国第六，凸显了江苏作为文物大省地下文物的丰富性和重要性。在重点任务"国家遗址线路"中，张家港黄泗浦遗址被列入海上丝绸之路项目。

2021年，里运河—高邮灌区入选世界灌溉工程遗产名录（第八批）。高邮的灌溉历史可追溯到造平津堰的811年，高邮灌区引里运河水自流灌溉，有效灌溉面积50.46万亩，有主引水干渠105.8千米、支渠431.2千米、斗渠2598千米，以"湖""河""潭"为蓄水三大载体，以"闸""洞""关""坝"为灌溉调水四个通道，以"干""支""斗"渠为灌溉配水三级网络，形成了完善的灌溉用水体系，并实现调节旱涝的水位平衡、兼顾漕运和灌溉的功能平衡，是我国古代创造性利用河湖水系、合理调控河流湖泊的典范工程。

六、大运河江苏段的流变

（一）吴地运河的流变

吴地的概念首先源于春秋五霸之一的吴国，当时吴国的疆域大致以今江苏长江以南地区为中心，最南界至钱塘江以北，最北界至苏北废黄河以南地区。吴地，一般说来即是以太湖流域为核心，包含南京、扬州、镇江、常州、无锡、苏州等地。

开溪凿沟吴为先。《史记·河渠书》载："于吴，则通渠三江、五湖"。《大运河申遗文本》指出，至晚在秦初，长江和钱塘江以及太湖已通过人工水道加以沟通。此后，到隋重新统一中国前，江南地区的运河初具规模。中国大运河发展史表明，吴国构建的运河水运网，为后来大运河在江南的走向奠定了基础。

1. 先秦时期

（1）泰伯渎。大运河无锡城区干流段北起无锡吴桥，经西水墩、南门，南至清名桥，长约6千米。在清名桥位于南门外的古运河与伯渎港交汇处有一支流，名为泰伯渎（又称太伯渎、伯渎河、伯渎港）。

泰伯渎是吴国始祖泰伯在3000多年前所开挖的人工运河，东通蠡湖（今漕湖），西入太湖，全长25千米，是大运河的一条重要支流。泰伯渎更多承担发展农业生产，灌溉良田，以备旱的作用。据（东）汉（桓帝）永兴二年（154年）的

《泰伯墓碑记》记载:"(泰伯)于是治城郭以为卫藩,穿浍渎以备旱涝,尚端委以治周礼。"

(2)胥溪(堰渎)。周敬王十四年(公元前506年)开凿。北宋单锷《吴中水利书·伍堰水利》记载,"自春秋时,吴王阖闾用伍子胥之谋伐楚,始创此河,以为漕运"。这条河从苏州胥门通太湖,再由太湖到达宜兴荆溪,经溧阳(今高淳)又经开凿的连通今东坝镇与下坝镇之间的岗阜,通过固城石臼等湖,直通安徽芜湖,通长江,全长225千米。胥溪的开凿,大大缩短了吴楚之间的水路路程。吴王阖闾利用这条河道,大举伐楚,取得了胜利。胥溪的开通还沟通了太湖流域与青弋江流域的联系。胥河至今还担负航运功能,连通苏皖两省。

(3)胥浦。吴国为了出海的便利,越过今杭州湾的一些地区,与南边的越国作战,周敬王二十五年(公元前495年)开挖了胥浦。《河渠纪闻》引《治水述要》记载:"胥浦西连太湖,东通大海,自长泖接界泾而东,尽纳惠高、彭巷、处士、沥渎诸水。"胥浦自太湖长泖,接界泾,向东开挖,纳惠高、彭巷、处士、沥渎等主要河流,约在今上海金山与浙江嘉善之间,经过淀山湖、泖湖东流出海。胥浦是在天然河流的基础上开挖而成的,是一条斜向的主要河道,既是太湖泄海的通道,也是吴国海运的通道。

(4)邗沟。吴王夫差从邗城(今扬州市北)西南引江水,在蜀冈下挖掘深沟(邗溟沟),再向东北通射阳湖(即渠水),折向北,至末口(今江苏淮安)通淮河。它是接通江淮航道最早的水利工程,也是大运河的发端。邗沟的开凿催生了历史文化名城扬州和淮安的诞生。

(5)古吴故水道(又称古江南运河、通江运河)。由东南向西北横贯吴地,与长江相连,是吴水军抵达邗沟的必经通道。东汉《越绝书·吴地传》记载:"古吴故水道,出平门,上郭池,入渎,出巢湖,上历地,过梅亭,入杨湖,出渔浦,入大江,奏广陵。"古吴故水道全长85千米,从今天的苏州北门出发,入漕湖,通泰伯渎,经梅村,至阳湖,在江阴利港附近进入长江,从而与扬州连通。

(6)菏水运渠。周敬王三十八年(公元前482年),吴国为了北上与晋国争霸,进一步开挖通向西北的水道。"阙为深沟,通于商、鲁之间,北属之沂,西属之济,以会晋公于黄池"(《国语·吴语》)。其"深沟"拓深后为菏水,黄池在今河南省封丘县,也就是说,这条水道通过淮河、泗水,沟通济水,直达今豫北地区。泗水发源于今山东省泗水县东蒙山南麓,西流汇洙水,经今沛县东达今徐州。济水源出豫北济源县王屋山，南流折东，经曹、卫、齐、鲁之地。吴王所辟水道从今菏泽至鱼台与泗、济相通，称为菏水运渠，这表明吴军可由水路深入至黄河下游。吴国北边的水道通过沂水直达山东。沂水源出今山东蒙阴，经沂水县南，纳东汶河，又经今临沂市东北，纳小沂水，向西南入邳县。以上河渠的开通，将黄河、济水以及淮河的丹、睢、濊、沙诸水联结起来，沟通了江、淮、河、济四大水系，极大地便利了航运交通。

2. 秦汉时期

（1）秦淮河。传说秦始皇东巡江南时，看到南京江绕山峦，有所谓的"天子气"，便下令开挖秦淮河，破其"王气"。秦淮河又名龙藏浦，其发源地有二：一是今句容的华山，二是今溧水之东庐山。两水汇合后，向西北流向今江宁东南，然后沿人工开挖的渠道越石头坝山，流至今南京后分为二道，一道向南，绕今南京城而去，称外秦淮河，另一道进今通济水门，横贯城中，出三山水门，两水在今南城河汇合入江，全长约150千米。秦淮河的开凿促进了江南的航行与经济的发展。

（2）丹徒曲阿。秦始皇东巡过程中在今镇江让3000囚徒开凿"丹徒曲阿"，即云阳（今丹阳）以西至京口的大小夹岗，以通河道，因云阳至京口水位落差太大，便把直道改成曲渠以便通行，同时把云阳改成曲阿县。春秋战国尚未开通的徒阳河段初步开通，这也是江南运河镇江段的滥觞，江南运河的通江口也因此西移至京口。

（3）茱萸沟运道（运盐河）。《嘉靖维扬志》："吴王濞开邗沟，自扬州茱萸湾通海陵仓及如皋蟠溪，此运盐河之始。"西汉刘濞开凿的这条运河西起扬州北茱萸湾（今江苏扬州湾头），与邗沟相接，东通海陵仓（今江苏泰州）及如皋磻溪，使江淮水道与东边的产盐区连接起来，成为一条十分重要的运盐通道，促进了江淮盐业的发展。茱萸沟运道在物资运输上发挥了重要作用，"夫汉并二十四郡，十七诸侯，方输错出，运行数千里，不绝于道，其珍怪不如东山之府，转粟西乡，陆行不绝，水行满河不如海陵之仓"（《汉书·枚乘传》）。北宋嘉祐年间通州静海县知县张次元开凿运河自任口向北接通白蒲，主要用于外运通泰地区食盐，称为运盐河。

（4）盐铁塘。它是刘濞开凿的另一条运河，是为了运输盐铁而设，这条运河从今张家港市杨舍镇北开挖，由今西旸入常熟市，经福山、梅李、支塘入太仓市，在葛隆镇入上海市，从黄渡入吴淞江，全长95千米。盐铁塘的首口与蠡河等相通，其尾闾通过吴淞江与运河相连，这条运河开凿在捍海塘岗堤之外，可以挡住潮水，确保岗身（海堤）不受海潮的冲刷，只是后来泥水淤积，这一作用逐步湮没。盐铁塘沟通了当地不少支流、河泾，如通耿泾、海洋泾、常浒河、徐之泾、金泾、白茆塘、七浦塘、杨林塘、刘河塘等，成为汇入江海的主干河塘，是一条有利于调节江湖之水，适合于灌溉、方便粮盐运输的水道。这条河道，由于东西两岸开挖塘浦，广置堰门、斗门，控制启闭，既可堰水于岗身之东，灌溉高田，又可遏身之水，减免湖东洼地数百里流注之势，是一项分片治理的工程典范。盐铁塘的开凿，也促进了两岸集镇的兴建，形成了一串明珠似的江南集镇。

3. 魏晋南北朝时期

（1）破冈渎与上容渎。三国孙吴建都建业（今江苏南京），其主要的经济区在太湖流域。从太湖流域运送物资至建业需要绕道长江江面最阔的扬州、镇江间水道，多有风涛之险。吴赤乌八年（245年）孙吴政权"发屯兵三万凿句容中道，至云阳西城，以通吴、会船舰，号'破冈渎'，上下一十四埭。上七埭入延陵界，下七埭入江宁（金陵）界。于是东郡船舰不复行京江矣"。破冈渎连通秦淮河水系与太湖水系，使吴（今江苏苏州）、会稽（今浙江绍兴）一带的物资不再从长江历险，而是直接经破冈渎入秦淮到达建业。

至梁武帝时，又废破冈渎另开上容渎，故道在今句容县河头村东五道坝处，"顶上分流，东经洛阳河入延陵界"，一支东南流，长15千米，沿途筑16埭，均在延陵县境内；另一支西南流，长12.5千米，沿途筑5埭，均在句容县境内。到陈高祖时，由于"上容渎"埭多而水浅，又废上容渎而复用破冈渎。破冈渎和上容渎连接了秦淮河水系与江南地区镇、常一带水运之间的航运通道，沟通了南京、句容、丹阳和镇江乃至太湖流域和浙江地区，成为六朝300多年间的漕运通道。开皇九年（589年）隋灭陈，隋文帝下令废弃破冈渎，为的就是切断南京与苏、浙一带的经济联系，抑制南京的发展。

（2）青溪、运渎、潮沟等。六朝以秦淮河及运渎、潮沟、青溪构成环都城的水路，作为都城的运输大动脉，西连长江，北接玄武、金川水系，东达江南运道，都城的大交通格局完全形成。

青溪是六朝都城东面纵贯南北的河道。《东南利便书》载，东吴建都南京后，孙权"引秦淮名运渎，以入仓城。开潮沟以引江水，又开渎以引后湖（即玄武湖），又凿东渠名青溪，皆入城中，由城北堑而入后湖，此其大略也"。孙权主持开凿的青溪在都城之东，赤乌四年（241年）冬十一月凿成，北通城北护城河潮沟，其北源为玄武湖东南角的洲际根，南通秦淮河，沿途有多处弯折，又被称为"九曲青溪"。《景定建康志》载其在宋代时，宽度还有五丈（约16米），深八尺（约2米）。

运渎是六朝都城西面的一条人工河流，与潮沟西线一起构成城西水上通道。据《建康实录》记载，运渎开挖于东吴赤乌元年（238年），沟通秦淮与仓城。潮沟是六朝都城北垣护城壕，平面略呈"广"字形，重点是位于覆舟山与北极阁之间的潮沟北线，即后来的进香河段，此河北连玄武湖乃至金川河水系，南部通过运渎沟通了秦淮河。

4. 隋朝时期

隋开皇七年（587年），隋文帝开凿山阳渎。清《扬州水道记》依据嘉庆《重修扬州府志》，认为山阳渎就是邗沟东道，自扬州茱萸湾向东经宜陵折向北，经樊川、高邮三垛至宝应东面的射阳湖，北经山阳而到达末口。隋文帝开山阳渎是对邗沟旧道的疏浚、裁弯取直。隋炀帝，605年整治邗沟，基本上恢复了东汉末年建安旧道；610年又开自京口至余杭400余千米的江南河。

5. 唐宋元明清时期

唐宋时期，吴地运河系统已经比较成熟，基本沿用先前的运河水网。元明清时期吴地运河系统已经趋于稳定，主要是对城市水系的整理与疏浚。

泰伯渎（太伯渎）在当时已经淤塞，被迫重开。根据北宋著名地理总志《太平寰宇记》卷九十二记载："太伯渎，西带官河，东连范蠡渎，入苏州界，淤塞年深，粗分崖岸。元和八年，刺史孟简大开漕运，长八十七里，水旱无虞，百姓利之。"

大运河苏州段自春秋时开建，隋唐时基本定型，北起现在的相城区望亭五七桥，南至吴江区桃源油车墩，纵贯南北96千米，纵跨望虞河、吴淞江等河道，沟通长江，串联太湖、阳澄湖。望亭镇至常州奔牛镇的运河，开凿于春秋时期，距今已2500多年，是京杭大运河最早的一段河道。唐宝历元年（825年），白居易到任苏州刺史，看到虎丘河路不通，遂开凿山塘河，东起阊门渡僧桥附近，西至虎丘望山桥，使阊门与大运河相接，长约3.6千米，故俗称"七里山塘到虎丘"，在苏州古城和虎丘、大运河之间建起一条"水上高速路"，乾隆皇帝六下江南，每次都出阊门沿里山塘到虎丘。这条河在河塘旁筑堤，即山塘街。

宋元时期，应对长江中上游地区水土流失严重，秦淮河的入江运道不再畅通，开凿新开河。《康熙江宁府志》卷六载："新开河，宋、元凿，自三山桥历石城桥、定淮诸门，由草鞋峡以达于江，又自三汊河而南，过江东桥与元运道合。"实际就是今天的外秦淮河从水西门以下至下关三汊河大桥一段,三汊河大桥向南至江东门的一段新开河河道今天已经被填埋成为"郑和南路",向北的一段则已被改造成为"郑和路"。

直到明代,历代主政南京者不断开凿"渎""沟""运道"等人工河流,使秦淮河水系先后与金川河水系、太湖水系、青弋江水系、水阳江水系连接,形成了以秦淮河水系为主干并沟通皖南、两浙地区水系的水运网络体系。

明朝洪武二十六年(1393年),在秦淮河与石臼湖之间开凿了一条长达7.5千米的运河——胭脂河。由此,打通了从太湖通往南京的运粮新通道,江浙粮船从太湖出发,经胥河、固城湖、石臼湖、胭脂河,再转入秦淮河,直抵南京城下。

明隆庆二年(1568年),经巡盐御史批准,各盐场开凿新河——串场河,长万余丈,连接通属各盐场。中华人民共和国成立后,于1958年新凿从金沙通向南通节制闸的河段,裁弯拉直串场河,西由南通节制闸出江,东由吕四港入海,取首尾两地名,称"通吕运河",于1959年通水开航。与此同时,自丁堰向东至掘港经兵房入海的运河,也不再称作串场河,改名"如泰运河"。

(二)大运河淮安段的流变

大运河淮安段是大运河全线历史最早、延续最久、变迁最复杂的河段。春秋末期邗沟开凿,促进了黄河、淮河与长江之间连通的水路网络的形成,特别是隋朝开凿山阳渎等运河之后,沿线淮安城镇随之兴起与繁荣。淮安是京杭大运河与1952年建成的苏北灌溉总渠交汇处。洪泽湖为运河航道提供了丰富的水源。

(1)文渠。文渠现长达7.5千米,始建于明嘉靖年间,引西水关及东南巽关之水,分南、北、西三支,贯穿淮安旧城、新城、夹城,为明清时期城市居民的重要取给水源。明永乐年间,平江伯陈瑄开凿清江浦河,并在此设置清江造船、常盈仓等官署机构,以清江浦为名的市镇逐渐兴起繁荣。

(2)清江浦。永乐十三年(1415年),漕运总兵官陈瑄沿沙河故道开挖了自淮安府城城西管家湖至鸭陈口的清江浦,并先后修建移风、清江、福兴、新庄及板闸五闸,使清江浦河成为东向连接扬州至淮安里运河(淮扬运河),西向连接黄河运道(后来又是中运河)的必行水道。这为明清两朝淮安的运河之都地位奠定了基础。

(3)车路口与水渡口。明成化年间,因黄河暴涨倒灌,使清江闸以西的清江口淤塞,于是在今水渡口附近淮河边建立臧家码头,将淮河、里运河船上的货物驳卸用车辆转运，再装船北运南输。里运河与淮河之间由此形成一条转运的车路，车路与东西横街的交叉处，称为"车路口"，这条横街被称为车路口街。为了方便货物运输，正德六年（1511年）在今水渡口淮河边开清江坝，里运河船可直抵坝口盘驳。通坝河道与车路口街的交汇处设渡，称为"水渡口"。

（4）里运河。里运河源自杨庄到瓜州，其中淮安至扬州段史称"邗沟"。后经历代改建，先后改名渠水、韩江、中渎水、山阳渎、淮南运河、淮扬运河，到明清时期形成今里运河线路。《宝应图经》记载："邗沟十三变而运河成。……是则今日之里运河也。"清口枢纽通过不断修筑闸坝，逐渐抬升运河水位，使漕船的位置最终与黄河处于同一水平面，解决了里运河与黄、淮高差的问题。

（5）张福河。张福河是淮河昔日的一条支流，南通洪泽湖，北接码头的古运口。古时候每当运口干枯无水时皆是通过这条河引水济运。明末清初洪水泛滥，黄河水经常从清口等地倒灌淮河，洪泽湖成为黄河下游的主要滞洪区，泥沙在湖区北部沉淀。康熙初年，洪泽湖区北部等地大部淤高，洪泽湖大堤也淤没几尺，北部渐成陆地，湖水难以从清口排泄。为此先后开了张福河等引河，将洪泽湖水引入清口泄出。历经三百年，张福河是20世纪50年代以前洪泽湖唯一一条通江入海并贯通运河的河流。中华人民共和国成立以后，政府进行逢湾取直疏浚，使张福河通过大运河古运口成为淮安城区唯一通往洪泽湖的行道。张福河至今仍担负着泄洪、航运和灌溉供水的任务。

（6）清口水利枢纽。1128年，黄河发生重大改道，向东南夺淮河入海。黄河、淮河、运河三股水流在淮安的清口交汇。清口枢纽的主要功能是保证漕船安全渡过黄淮交汇处。明中期以后的数百年间，清口枢纽一直是国家治水的"一号工程"。清口枢纽分为四个部分：自东而来的里运河，依托洪泽湖的引淮工程（洪泽湖大堤），抵御黄河的御黄体系，以及渡过黄河之后的中运河。这组由水流制导与调节、防洪排涝、水文观测等工程共同组成的大型水利枢纽，体现了人类农业文明时期东方水利水运工程技术的最高水平。

（7）洪泽湖大堤。洪泽湖大堤又叫洪泽湖"水上长城"，是先民综合治理黄河、淮河、运河水系的工程。东汉建安五年（200年），广陵太守陈登主持从武家墩到西顺河二河头垒土成堤15千米，并在土堤岸边栽种芦苇和柳树，以此来阻挡洪水泛滥，始称"高家堰"。明万历年间，河道总督潘季驯制订了"束水攻沙，以河治河"的治水策略，用不断加高加固洪泽湖东侧堤坝的方法，将西来的淮河水储积在洪泽湖内，使湖水水位抬高超过黄河水位，将大堤延筑至蒋坝，大堤基本建成。大堤北起淮阴区码头镇，南迄洪泽县蒋坝镇，堤长67.26千米，全部由人工用石料砌成，至清乾隆年间方建成。这一以增强淮河与洪泽湖的力度来抵抗黄河的"蓄清刷黄——治河保运"引淮工程，始建于明万历八年（1580年），直到清乾隆十五年（1750年）才建成，历时长达171年。

（8）老三河。老三河在今淮安洪泽区东南部、金湖县西北部，为洪泽湖泄洪古道。明代起在蒋坝附近洪泽湖大堤设减水坝，坝由北向南迁移，坝下排洪河道也相应南移。清乾隆年间，老三河设仁、义、智、礼、信五坝，为主要排洪道，现"信"字坝遗址尚存，俗称头坝。清嘉庆年间，蒋坝以南泄洪道逐渐形成，代替老三河，称新三河，即今淮河下游入江水道起点，老三河已为古迹。现新三河西起洪泽湖边保子庵，经赵集、吕良桥，到韩家滩东入宝应湖。

（9）洪泽新河。宋皇祐年间（1049~1054年），自淮阴接沙河向西南开渠至洪泽，长24.5千米，称作洪泽新河，又称洪泽渠。几年后，将淮阴至洪泽30千米河段全部开成人工河道。熙宁四年（1071年），重加修浚。宋元丰六年（1083年），开龟山运河与洪泽新河连接。龟山今为洪泽区老子山镇属村。"六年正月戊辰开龟山运河，二月乙未告成，长五十七里，阔十五丈，深一丈五尺。"这样，山阳渎经沙河连接起洪泽新河与龟山运河一线，成为比较安全的漕运通道。

（10）盐河。盐河古称官河，一名漕河，是沟通淮安市淮阴区和连云港市的人工河道，也是淮北盐南运的航道。《唐会要》："垂拱四年（688年）开泗州涟水县新漕渠，以通海、沂、密等州，南入于淮。"《读史方舆纪要》："宋元符初（1098~1100年）淮南开修楚州支家河，导涟水与淮通，赐名通涟河。"即为盐河的前身。清康熙二十六年（1687年）重加开浚，用以转运淮北盐内销，因名盐河或运盐河。又因居中运河之东，又名下中河、外河。今盐河起于淮安市淮阴区淮阴水利枢纽，东北行，贯通六塘河、灌河、新沂河、五图河、车轴河、古泊、善后河达于连云港市新浦，汇于临洪河，长175千米。

（11）御黄体系。御黄体系即防御黄河倒灌、淤积的工程。清朝时，在黄河南侧修建了多座首创于北宋天禧五年（1021年）的"挑溜木龙"护堤护岸工程，以桩木结构沉入水中挑溜护岸，将黄河走向约束至东北方向，减轻向东南的冲击力。同时，通过缕堤、遥堤等堤防体系缓解汛期泛滥时黄河泥沙的影响，使洪水所携黄沙沉积在缕堤与遥堤之间，最终靠泥沙淤积而形成黄河河床。

（三）大运河宿迁段的流变

自603年隋炀帝开凿通济渠以来，大运河宿迁段在不同历史时期多次改道，形成了不同历史时期的三条河，即隋唐大运河之通济渠（老汴河）入淮河的尾闾、元明间作为京杭运河主航道的黄河故道（原泗水）下游、清康熙年间为避黄行运而开挖的中运河。这使得宿迁成为全国唯一拥有大运河三个历史阶段不同主航道的城市。

（1）老汴河。流经宿迁泗洪县境内最早的大运河，现为泗洪老汴河。隋大业年间（608年），隋炀帝开挖通济渠，从古都长安一路东来，河长千余里，过宿州、经泗州穿城而过，蜿蜒东流。泗洪县境内的老汴河河道即为当年通济渠的一段。古老的汴河如今已失去了当年"官舻客舻满淮汴"的繁忙景象，只留下了断断续续的千里故道，至今仅有泗洪县境内仍然保存着一段完好的隋、唐时期的古运河遗迹，从青阳镇至临淮镇，称为"老汴河"。

（2）黄河故道。黄河故道是黄河流域的重要组成部分，指位于今黄河河床以南、淮河流域北部、清咸丰五年（1855年）黄河北徙前夕、河南兰考以下至入海口的黄河河道。这段河道流经豫鲁皖苏四省八市，系自河南省兰考北向东南，过民权县、商丘市北，安徽省砀山县北，江苏省丰县南，穿徐州市区、铜山县、睢宁县，经宿迁市宿豫区、泗阳县南，至淮安市北清口（泗口），再折向东北方向，过涟水县南，滨海县北，由滨海县东北方向的大淤尖村套子口入黄海，全长728.3千米。这条黄河故道又被称为废黄河、淤黄河、故黄河。

黄河故道是宿迁境内一条重要的防洪、排涝、灌溉河道，对沿线生产、生活、生态用水发挥着重要作用。黄河故道贯穿宿迁中部地区，西起徐洪河，流经宿城区、湖滨新区、宿迁经济技术开发区、洋河新区和泗阳县，全长114.3千米，流域面积296.9平方千米。

（3）中运河。据《宿城镇志》记载，清康熙年间清政府开掘中运河，设宿迁东关于运河西岸，收缴关税，这便是"东关口"。清代开挖皂河至窑湾接泇河的河道，再开挖皂河到支口到杨庄的中河，形成自微山以下到淮阴杨庄的中运河。中运河是清口枢纽的最后一个环节。这条在黄河北岸开凿出的一条平行于黄河的人工运道，位于遥堤与缕堤之间，故名"中河"。漕船出清口后直接进入中河，实现了黄河与运河彻底分开，避开了黄河之险，提高了航运速度，保证了航运安全，改写了元明以来清口以北利用黄河通漕的历史，基本形成今天京杭大运河贯通南北的格局。这项奠定今日京杭大运河走势的最后一项大型工程,对康熙后迦河至清口漕运的畅通发挥了决定性作用,使濒临湮废的世界第一人工长河重新通航。

中运河一直基本保持历史线路,依然畅通无阻,川流不息,是当今苏北航运的重要水道和南水北调的主要通道,在防洪排涝、农业灌溉、水系沟通、南水北调等方面一如既往地发挥着重要作用。

(四)大运河徐州段的流变

大运河徐州段,由京杭大运河湖西段73千米、不牢河段72千米、中运河邳州段56.1千米构成,全长201.2千米。在京杭大运河流域六省市所属20座城市中,徐州是运河长度最长的城市。

徐州地处京杭大运河的中间段,是京杭大运河南下流程中自鲁入苏的第一站。"汴水流,泗水流,流到瓜州古渡头。吴山点点愁。"(白居易《长相思》)汴水即隋朝所开凿的通济渠东段,源出河南荥阳,流经开封,汴水与黄河先在徐州汇流,再与泗水合流,然后入淮河、入长江。瓜州在今扬州市南,也就是现在的京杭大运河淮扬段,所以说流到瓜州就可见吴地的青山了。

黄河在徐州流入泗水,而这段50多千米的泗水又被京杭大运河借用,因此黄河与大运河在徐州交汇。以徐州为中心,大运河在这里形成了北上齐鲁、南下江淮、西通中原、东达大海的水路交通网络,形成"汴泗交汇"之地的水运枢纽地位。

南宋绍熙五年、金明昌五年(1194年)黄河侵汴夺泗入淮,大改其道。宋金时期,徐州又成为黄河沿岸"四方都会"要津之地。

元世祖忽必烈统一中国,运河也随之改道。至元二十年(1283年),开挖济州河,连通泗水和大清河。至元三十年(1293年),通惠河建成,京杭大运河最终完工。徐州段运河属"济州河",徐州的运河航道上建起了船闸、石坝,元运河进入徐州的第一闸是"金沟闸"。自此,江南的漕粮直接经徐州,进山东,北达京都,徐州成为大运河咽喉之地。

明代大运河由南而北分为浙漕、江漕、湖漕、河漕、闸漕、卫漕和白漕七段。徐州段地处河漕与闸漕。元明时期,漕运在徐州至淮安间完全借助黄河,即"借黄行运",这段运河即称"河漕"。距离徐州市区不到20千米的汉式建筑闸——蔺家坝被称为京杭大运河江苏段的"北大门",蔺家坝旧址始筑于清康熙五十八年(1719年),徐州茶城北境山成为南下北上的"淮海第一关"。徐州段运河的繁华持续到清道光末期,直到咸丰五年(1855年),由于黄河泥沙不停地沉积,黄河水再也无法越过沛、徐、邳、清这道经数百年淤积而成的黄土分水岭，改道北徙。至光绪二十七年（1901年），漕运停办。

20世纪上半叶，战事连年，天灾频繁，运河经年淤塞，基本处于断航状态。自20世纪50年代末以来，徐州段运河全面治理和恢复，开辟了湖西、徐洪等新航道，拓宽、浚深旧航道，整修、兴建闸坝、码头，加固、修建堤防。1958年，国家为加强北煤南运，在古泗水、不牢河的基础上，开凿湖西航道、疏浚不牢河，恢复了古老徐州的运河动脉，与中运河隔微山湖相望，形成了"双水畅流、平行通运"的独特格局。如今，徐州境内共有河流213条，已定级河道51条，国家级、省级航道各1条，通航里程1065.2千米，其中京杭大运河是徐州境内的主航道。

七、江苏大运河文化带建设

（一）大运河文化带建设概述

大运河是流淌的、活态的文化遗产，是由点、线、面共同构成，今天总体上仍在使用、并不断被注入新内涵的巨型带状大遗产，是中华文明具有整体性与延续性价值的重要标志和文化承载传播载体。大运河文化带是指以大运河文化为核心，辐射大运河沿线区域，涵盖河、岸、城，综合物质、精神、制度三种遗产类型，涉及遗产保护、城市更新、传统村落保护、绿色生态、文化旅游等范畴的综合性功能空间。通过大运河文化带建设，唤起共同的运河记忆，开创文化带动区域空间结构优化的新格局，塑造新时代国家形象亮丽的标识，让大运河文化更好地在全世界引发共鸣和共情，为创造人类文明新形态贡献力量。

大运河文化带建设是党中央主导的第一个以文化为核心内容的区域高质量发展重大决策。2019年2月，中共中央办公厅、国务院办公厅印发《大运河文化保护传承利用规划纲要》，大运河文化带建设由此上升为国家战略。江苏扬州是全国唯一全域划入大运河文化保护传承利用规划核心区的地级市。大运河沿线的支点城市主要承担集聚要素资源、带动周边的功能，大运河沿线传统村落和古镇是大运河文化保护传承利用的具体单元。

（二）江苏大运河文化带建设的实践

2018年6月，江苏省大运河文化带建设工作领导小组第一次全体会议明确指出，把大运河文化带江苏段打造成先导段、示范段、样板段。大运河文化带江苏段正全力打造高品位的文化长廊、高颜值的生态长廊、高水平的旅游长廊。2018年5

月9日，无锡市大运河文化带建设工作联席会议第一次全体会议提出把大运河无锡段建设成为高颜值的生态长廊、高品位的文化长廊、高效益的经济长廊，明确无锡二市（县）五区全域纳入大运河文化带的建设范围，不再局限于40.8千米的大运河无锡段；同时，大运河文化带的建设也将从文化拓展到生态、经济等更广领域。

2019年12月，江苏省率先出台《大运河保护传承利用实施规划》。自2020年1月1日起，全国首部推动大运河文化保护传承利用的地方性法规《江苏省人大常委会关于促进大运河文化带建设的决定》实施，为文化遗产保护、坚守生态底线、壮大文旅产业提供法规保障。2021年6月3日召开的江苏省大运河文化带建设工作领导小组全体会议上，将盐城市和连云港市纳入大运河文化带建设工作体系，由此构建覆盖全省13市的网状分布的江苏大运河文化带建设格局。

大运河文化带江苏段建设要立足高品位、突出特色化，以文化遗产为载体，以大运河承载的文化价值和精神内涵为核心，把大运河文化特质与地域文化特色有机统一起来，充分挖掘传承运河沿线丰富的红色资源，精心打造独具韵味、各美其美的文化长廊，彰显"文化"这条主线和灵魂，努力把大运河江苏段建设成为传统与时尚、文化与生态、自然与景观相得益彰的江苏"美丽中轴"，使大运河文化焕发时代活力，展现恒久魅力。

据统计，全世界共有500多条运河，分布在52个国家，沿线有3000多座城市。运河文化已经成为国际对话交流的通用语言。2007年，第一届世界运河城市论坛在扬州开幕；2009年，世界运河历史文化城市合作组织（WCCO）在扬州成立，这是中国唯一的运河主题国际非政府组织。

江苏秉承共建世界运河城市命运共同体的理念，以运河城市为载体，以运河文化和江苏运河工商文化为灵魂，以大运河江苏段为纽带，传播大运河文化所蕴含的中国故事、中国精神、中国智慧，推动跨国界、跨文化的民心相通、人文交流和共同发展，让世界通过大运河深入了解中国、了解江苏，在推动共建"一带一路"高质量发展中作出江苏贡献。

参考文献

[1] 中共中央办公厅 国务院办公厅. 大运河文化保护传承利用规划纲要［Z］. 2019-2.

[2] 2021中国大运河文化带京杭对话即将在杭州开幕，活动亮点抢先看［EB/OL］.

[3] 中国大运河博物馆申遗大事记［EB/OL］.

［4］周琪.关于《江苏省人民代表大会常务委员会关于促进大运河文化带建设的决定（草案）》的说明［Z］.江苏省十三届人大常委第十一次会议,2019-9-24.

［5］江苏省大运河文化带建设工作领导小组办公室.江苏省大运河文化价值阐释弘扬规划［Z］.2021-6.

［6］以文化引领江苏省大运河文化带建设打造"美丽中轴"［EB/OL］.

［7］王宏伟,刘妍.江苏用系统性思维引领大运河文化带建设：打造最美丽最精彩最繁华的江苏名片［N］.新华日报,2020-11-13.

［8］苏雁.江苏里运河—高邮灌区：合理调控河流湖泊的典范工程[N].光明日报,2021-12-03（9）.

［9］陈璧显.中国大运河史[M].北京:中华书局,2001:59.

［10］陈璧显.中国大运河史[M].北京:中华书局,2001:64.

［11］贺云翱,干有成.秦淮河大交通体系在六朝与南唐都城时期的初步形成（四）［EB/OL］.

［12］陈璧显.中国大运河史[M].北京:中华书局,2001:69-70.

［13］燕海鸣.清口枢纽工程的智慧［N］.人民日报,2021-04-17（8）.

［14］"蓄清刷黄"与洪泽湖的形成［EB/OL］.

［15］淮安市人民政府.历史上大运河淮安段的修筑、管理及其利用［EB/OL］.

［16］徐宁.行走运河11城市⑥"宿迁"：四世运河书写今古传奇［EB/OL］.

［17］水美、富民、宜居,宿迁打造黄河故道绿色高质量发展示范样板［EB/OL］.

［18］朱颖.大运河北京段（元）通惠河与白浮"源"的认知［J］.建筑创作,2017（5）:46-51.

［19］南京：得运河滋养增运河荣光［N］.新华日报,2018-08-31.

［20］邹逸麟.中国运河志·总述·大事记［M］.南京：江苏凤凰科学技术出版社,2019：17-18.

［21］吴欣.大运河文化的内涵与价值［N］.光明日报,2018-02-05（14）.

［22］贺云翱,干有成.秦淮河"大交通网络"的鼎盛、衰落与复兴［EB/OL］.

第二章 五彩华章：江苏地域文化的形成

一、江苏地域文化概述

（一）长江文化、江南文化与江苏地域文化的联系

20世纪初，黄河流域的重大考古发现，科学印证了黄河是中华文明母亲河。20世纪中期以来，随着长江流域新石器考古工作的深入，长江同样是中华文明母亲河的认知愈发清晰。

位于北纬30°线附近的长江流域雨量充沛，具有丰富的淡水与热能资源。距今万年的上山文化，出土了栽培稻遗存。考古证明，水稻是在长江流域最早被独立驯化的农作物，这是长江流域对中国和世界的巨大贡献，水稻还哺育着全世界60%的人口。南方稻作文明和北方粟作文明，是中华文明形成的重要基础。长江流域早在史前时代就有相当高度的文化，湖南澧县城头山距今约6300年，被誉为"中国史前第一城"，入选"中国20世纪100项考古发现"。在长江流域出土的春秋晚期的吴王夫差剑和越王勾践剑反映了吴越钢铁工艺技术已达到高峰。长江流域各地多处墓葬出土种类丰富的丝织品，反映出春秋战国时期高超的丝织技术。长江文化是长江经济带11省市共有的文化传统和精神家园，长江经济带沿线区域文化包括以成渝城市群为主体的巴蜀文化、以长江中游城市群为主体的荆楚文化、以长三角城市群为主体的江南文化，以及以滇中城市群为主体的云南文化、以黔中城市群为主体的贵州文化、以洞庭湖为中心的湖湘文化、以鄱阳湖为中心的赣鄱文化、以皖江城市带为主体的安徽文化等。

近几十年来的考古发掘表明，中华文明是多源流、多根系的，历史悠久的中华文明植根于"和而不同"的多民族文化沃土，是世界上唯一没有中断的文明。中国现代考古学家苏秉琦先生提出中国文明起源"满天星斗说"，中华大地上分布着各

第二章 五彩华章：江苏地域文化的形成

区系类型文化和数以千计的新石器遗址，共同汇聚成多元一体的中华文明。中国古代社会从分散、零星，直至秦的统一，《中庸》所谓"车同轨，书同文，行同伦"的融合奠定了中华文化的底色。

冯天瑜在《中国文化生成史》中指出："几千年来，中国文化的中心多有转换，大体沿着自东向西（从河洛向关中），继之又由西北而东南的方向转移。"在近代，"文化中心进一步向东南转移。东南沿海成为中国近代文化的能量发散中心。"因战乱，中国古代历史上有三次大规模的人口迁徙，第一次发生在从东汉末年至魏晋南北朝时期，第二次发生在唐天宝十四年的"安史之乱"，第三次发生在从北宋末年的"靖康之难"至南宋末年。由此，北方大批氏族与平民迁移到南方，给南方地区带来了充足的劳动力和先进的生产技术，长江流域的自然条件又在整体上优于黄河流域，南方地区得到了极大的发展，我国经济重心逐步南移，长江流域成为中国的经济文化重心。

从总体上看，以太湖为中心的江南地区是长江文明的重要发祥地之一，江南文化是长江文化中具有影响力的重要组成部分。而江南文化的地位在很大程度上得到了长三角城市群的有力支撑。中唐时期，太湖地区每年向朝廷输送谷物达30万石以上，大约占当时南粮北调的1/3，可见地区何等富庶。白居易在《苏州刺史谢上表》中记载："况当今国用，多出江南；江南诸州，苏最为大，兵数不少，税额至多。"从明代到清代，长江三角洲有影响力的商业与手工业城市，包括纺织业及其交易中心的南京、苏州，粮食集散地的扬州、无锡、常州。中国近代史开端的标志是《南京条约》的签订。晚清洋务派官员在19世纪60～90年代开展了向西方学习的洋务运动，曾国藩、左宗棠、李鸿章、张之洞等洋务派主要代表人物，都曾长期担任长江流域的地方督抚，他们纷纷在辖区内引进西方机器和技术，长江流域的近代工商业发展走在了全国前列。近代是对外开放条件下商品经济初步大发展时期，也是长江三角洲地区新兴现代工商业城市群的形成和发展阶段。长江三角洲城市群作为中国资本主义萌芽最早、现代化进程开始最早的地区，现在已成为中国经济最发达、城镇集聚程度最高的城市化地区，并锁定全面建成具有全球影响力的世界级城市群的目标。根据2016年国务院批准的《长江三角洲城市群发展规划》，长三角城市群包括上海、江苏、浙江、安徽三省一市的26个城市，其中，江苏省有南京、无锡、常州、苏州、南通、盐城、扬州、镇江、泰州9个城市。

在勾吴雄风的冷兵器时代，吴地以发达的青铜冶炼技术闻名于世，吴人更以悍勇善战著称。泰伯的南下奔吴，昭示着中原文化与江南的第一次相遇。泰伯在吴地广泛传播中原文明。"山泽多藏育，士风清且嘉。泰伯导仁风，仲雍扬其波。"陆机的《吴趋行》反映了吴地所受中原文化的影响。明人姜渐在《吴县修学记》中写道："自泰伯以天下让，而吴为礼仪之邦；自言偃北学于圣人，而吴知有圣贤之教。"唐代韦应物、白居易、刘禹锡三位诗人刺史，不仅塑造了苏州在经济、政治上的辉煌，更带动了江南文化的繁荣。"为美而生，向美而在"的江南文化不仅给长三角区域的经济社会发展提供了源源不断的精神动力，更是推动了区域各城市养成独特文化特质，它们既联系紧密又彼此区别，汇聚融合共同绘就了江南文化的肌理和底色。长三角城市群各城市有着共同的文化基因和文化谱系，文脉同根同源。以"经济—审美"为基本理念的江南文化，为构建一种具有包容性和持续性的生产生活方式提供了理念和智慧。

（二）江苏地域文化多元融合发展

"日出江花红胜火，春来江水绿如蓝"。浩瀚黄海勾勒出一道优美的海岸线，浩荡长江和大运河交织，拉开江苏省域的框架，大运河纵贯南北，太湖、洪泽湖、骆马湖、高邮湖等大小湖泊连通着江苏大地的大河小溪，10.72万平方千米的国土，水域占了1/6的面积，一省汇集江、河、湖、海。

上善若水利万物，江、河、湖、海孕育了江苏的千年文脉，《孙子兵法》《世说新语》《后汉书》《文心雕龙》《三国演义》《西游记》《水浒传》《红楼梦》都与江苏渊源深厚。项羽"力拔山兮气盖世"的英雄情结，刘邦"大风起兮云飞扬"的雄图远略，范仲淹"先天下之忧而忧，后天下之乐而乐"的胸襟胆魄，顾炎武"天下兴亡，匹夫有责"的责任担当，都是这片土地上撼人心魄的历史回响。

地理环境、气候条件、经济发展水平、政治军事因素作用下的历史封建割据造成了各个区域发展的不同特点。江苏地域文化呈现出区域性与多元性特征，以空间来划分，可分为吴文化、金陵文化、楚汉文化、淮扬文化、海洋文化五个文化区间。这五种地域文化既是江苏文化的有机组成部分，又独具个性、特色鲜明、各领风骚，体现了江苏文化的源远流长和丰富多彩。

这五种地域文化的空间划分并非界限分明，如《江苏省志·方言志》中提及的淮扬方言，大致包括扬州、淮安、镇江、盐城、连云港。又如，扬州的地理位置在长江以北，显然是江北城市，并不属于"江南"的范畴，但从古至今，文人墨客都把它当作江南城市，无数帝王与文人都对扬州的"江南"美景进行了反复的描述与赞美，唐代诗人杜牧写的《寄扬州韩绰判官》开头就是"青山隐隐水迢迢，秋尽江南草未凋"。扬州古代经济发达、物产富饶、政通人和，符合所有人对"美好生活"的向往，便使扬州成为文化意义上的"江南"。

这五种地域文化皆以开放的态度吸纳异质文明的养分，并源源不断地输出自身文化。特别是大运河的开通使得它们之间的沟通更加便利，它们在历史长河中不断吸纳与输出、充分交流与融合，融入中华文化，促进了江苏全域经济、社会与文化的发展繁荣。地方文化既包括戏曲文化、饮食文化、地方风俗、民间传说，又包括建筑文化、书画文化、服饰文化、器具文化等；既有观念文化、制度文化、行为文化等"软文化"，又有物质文化等"硬文化"。

二、"诗画江南"吴文化溯源

从历史发展过程来看，吴文化最早可以追溯到太湖三山遗址等旧石器文化，并绵延发展至今；从地域范围上看，吴文化根植于长江三角洲，以目前紧靠太湖的苏、锡、常地区为中心地带，旁及镇、杭、嘉、湖、通、扬等地区。吴文化有狭义和广义之分，狭义的吴文化专指周代的吴国文化，广义的吴文化泛指吴地的文化。如果将吴国文化前后的源流以至后世吴地文化的发展均包括在内，可划分为先吴（古吴）文化—吴国文化—后吴文化，其具体发展过程如下。

（1）先吴文化阶段。大约1万年前至公元前11世纪，此时是吴文化的孕育期。吴地先民在认识和适应吴地环境的过程中，开始种植稻、犁耕、养蚕、舟楫和玉器制造，创造了灿烂的史前文化。吴地是我国稻作农业的发源地，"饭稻羹鱼"是吴地饮食文化的最大特色。此时吴地处于氏族社会制度，后期出现了阶级分化。

（2）吴国文化阶段。大约公元前11世纪至公元前5世纪，此时是吴文化的萌芽期。标志性事件是句吴国的创立，泰伯等人将中原文化带到吴地，进行了较为深入的文化整合。这一时期邗沟、胥溪等水利工程的兴修，既促进了稻作文化的进一步发展，也促进了周边的文化交流。另外，以铸剑为代表的冶炼技术的发达，加上统治阶级征战的需要，吸引异域的孙武、伍子胥在吴国创造出深邃的军事思想；吴王寿梦及其子季札开始学习中原文化并传播吴文化，对后世吴地儒风盛行产生了较大的影响；丝织、陶瓷等手工业发达，促进了多元经济结构的萌芽。

2007～2008年镇江吴文化考古发掘的重大突破——丹阳珥陵葛城遗址的发现，

为"西周以后，吴国都城逐步南迁"提供了重要的文物证明。葛城遗址是迄今为止江南发现的商周时期年代最早、延续时间最长、保存较好、内涵丰富的城址，其使用年代贯穿吴国历史的整个过程。遗址证明，无论是从吴都城逐步南迁的角度看，还是从葛城四面城门的建制以及城内试掘的一座大型房址来看，该处都曾是吴国贵族用以政治和宗教活动的礼仪性建筑。

（3）后吴文化阶段。大约公元前5世纪至今，此阶段跨度巨大，首先是先秦时期，吴国被越国所灭，后越被楚所败，在历秦、汉、唐、宋、元、明、清至近代，吴地受到越、楚和汉文化的冲击和包容，特别是秦汉一统（包括文字、典章制度）使得吴文化逐渐成为中华文化的区域文化之一。鸦片战争后西方文化侵入，吴地先进人士较早感受到了西方近代文明的冲击，认识到自身局限，开始向西方学习先进技术和文化，丰富了吴文化，吴文化和吴地经济社会一起继续发展。

如果我们将后吴文化进一步划分，该阶段可划分为以下四个时期：

① 第一个时期是吴文化的成长期，大约公元前5世纪至5世纪，即战国、秦、汉、魏晋南北朝时期。在此阶段，吴地经济由低谷逐步转向发达。秦汉时期，大一统的体制既给吴文化带来了巨大的冲击，同时也为其成长提供了平稳的社会环境。秦初曾修筑驰道，直通吴越，后又开凿"曲阿"，连通吴地水道。西汉初年，吴王刘濞充分利用自然资源，大力发展封国内的社会经济；汉武帝时"黜百家，尊儒术"，吴地崇文重经之风盛行；西汉晚期至东汉，吴地经济发展步伐逐渐加快。魏晋南北朝时期，政治风云变幻，导致北方人口大规模南迁，为吴地经济发展提供了人口条件；也打破了秦汉以来的衣冠制度，形成了"乱世冠巾杂"的服饰文化。

② 第二个时期是吴文化的发展高峰期，大约5世纪至15世纪，即隋唐、宋、元及明初时期。"安史之乱""靖康之难"后，中原北人又一次大批南迁，吴地的人口增加，建制镇增多，农业、手工业和商业迅速发展，形成了都市文化、水乡文化和市井文化共同繁荣的景象。书院兴起，崇文重教之儒风盛行；"重商主义"也随之出现。

③ 第三个时期是吴文化的成熟转型期，大约15世纪至19世纪末，即明中叶以降、清代和近代时期。这一时期，封建主义式微，资本主义萌芽。商品性农业与手工业发达，行业分工细化，中心城市和专业城镇出现，外贸业发展，市场网络形成，江南园林兴盛，乡村城市化发展。

④ 第四个阶段是吴文化的转型发展期，大约19世纪至今，即近代和当代时期。伴随着西方列强的入侵，"西学东渐"的深入，吴地出现了一批思想家、实业家、科学家和外交家，传播西方科技知识和资本主义思想，创办民族资本工厂，开展对外贸易，推动了吴地工业化、城市化发展，吴地成为中国民族工商业的发源地。民风转向崇文、重科技、重工商，同时形成了西洋化与封建化风俗汇合渗透的特殊风气。中华人民共和国成立以来，吴地经济文化发展更为迅速，乡镇企业发达，集体经济壮大，城市化水平不断提高，形成了现代都市圈。

不难看出，吴文化的孕育、成长、成熟和转型发展过程中受自然与社会环境的影响巨大，吴文化在各个历史阶段的系统演进都围绕着"自然—文化—社会"相互作用关系的主线展开，并通过文化系统各要素的整合，实现文化的不断发展，吴文化由尚武逞勇、"剪发文身"、朴拙民俗逐渐演变形成崇文尚教、商农并重、典雅精致、感性细腻、开放包容的特征。

三、"漕盐都会"淮扬文化溯源

淮河是黄河与长江之间最大的一条自然河，淮河以其丰沛的流水沃灌着下游土地，也为这里的人民提供了舟楫便利。淮河流域地处南北分界线，淮河流域有一条清晰的史前淮系文化廊道。约四五万年前，就有泗洪下草湾人在淮河下游活动（《淮阴市志》卷四十六），比同处这一阶段的北京周口店山顶洞人还早两三万年。淮河上游有不少于8000年的贾湖文化和裴李岗文化。20世纪50年代初发现的淮安青莲岗文化，源自西边淮河支流古濉河流域距今8000～8500年前的宿迁顺山集文化，并且与淮河中游的安徽石山孜遗址、双墩遗址、侯家寨遗址，以及江苏高邮的龙虬庄遗址，山东的北辛文化、大汶口文化有紧密联系。大约5000年前，环太湖流域的良渚文化与海岱地区的大汶口文化在此发生了激烈的碰撞与融合，分别占据了淮河南北，此后源自大汶口文化的龙山文化顺势南下，占据了整个淮河故道。2018年在现淮安市清江浦区徐杨乡黄岗村发现的黄岗遗址，丰富和完善了淮河故道沿线距今7000～5500年新石器文化谱系，体现了淮河流域文化大熔炉的特征。

淮扬地域既是一个自然地理概念，也是一个历史概念，目前比较稳定地指代淮河与长江下游之间的广大地区，即相当于今江苏、安徽二省江、淮之间的范围。淮扬文化则是指在该地域内形成的全部物质文化和非物质文化的总和。淮扬地域地势低，河网密布，水是淮扬文化的基础性元素之一。早在春秋末年，邗沟的开凿沟通了长江与淮河；鸿沟的开凿，连接了济水、汴水、泗水与淮河，沟通了黄河与淮河。这样，江、淮、河、济四水便连接成为一个完整的水路运输系统。在这个水道系统中，淮河及其支流起着纽带的作用，而淮阴、淮安则成为控制着黄、淮与江、淮交通的咽喉。淮扬文化发端于春秋，发展于隋唐，形成于明清，有2500多年历史。特殊的地理位置使得淮扬文化兼收南北之长，在语言、饮食、习俗等方面呈现出南北兼容的特点和轻灵雅秀的特质，极具灵动性，呈现出"包容开放、从容坚韧"的胸怀和品质。

淮扬文化的一个重要特征是盐商文化。淮扬盛产食盐，淮盐产量大、品质高，在全国享有盛誉，淮盐的生产和贸易十分繁荣。各路盐商纷纷集聚淮扬，并在很大程度上改变了淮扬人口的结构和文化创造的主体，对淮扬地域经济、社会、城市变迁、文化生活、社会风尚产生了深远的影响。淮扬文化也是一种具有世界视野的开放性文化。淮扬东濒大海，南部可由长江出海，北部可由淮河出海，如此特殊的地域形势和交通条件，使得淮扬历来与外界保持着密切的商贸往来和文化联系。尤其在唐代，海船可直达扬州城下，加之政府实行开放政策，奠定了扬州海外贸易的基础。在这一过程中，陆路与海路并举，形成了通往中亚、西亚、东南亚、南亚、东北亚等地的国际商贸大通道，扬州也因此成为著名的国际商贸城市。淮扬文化精工细作、日用实在、刚柔并济，折射出开放包容、合作共赢的人文价值。

四、"雄武厚土"楚汉文化溯源

徐州所在的江苏北部地区是中国古文明最早发达的地区之一。楚汉文化以彭城（今徐州）为中心，覆盖徐、淮、盐、宿、连地区，是两汉文化的先声。它起源于6000年前的青莲岗文化、邳州的大墩子文化、新沂的花厅文化乃至更早的下草湾智人文化。原始社会末期，尧封黄帝后裔彭祖于大彭氏国（今徐州），曾为夏商时期的五霸之一。先秦的道、儒、墨家等创始人出生地均在徐州周边地区。老子先后两次入沛，孔子曾"南之沛，见老聃"而问道。道、儒、墨等先秦诸子思想的文化浸淫为以后这一地区的人文发展打下了厚重的底色。

楚汉文化上承炎黄文化优良传统，秉持本土文化的丰厚滋养，融合先秦黄河、长江两大文化体系，融汇关中秦文化、齐鲁文化、燕赵文化，形成于秦汉之际的"楚汉争霸"时期，源远流长，南北共塑。徐州地区在汉代已形成吸纳外来文化的传统，徐州狮子山西汉楚王陵出土的文物就有带有中西亚人文风格的装饰品、器皿及大批铁制兵器等。这种对中外文化的兼收并蓄，既促进了徐州的发展，又充实了徐州人文精神的内涵，并留下了丰富的文化遗存。

徐州"东襟大海，西据中原，南屏江淮，北扼齐鲁"，这一地理环境深深影响了区域人民的性格特征，赋予楚汉文化巍巍雄风。汉王刘邦和楚霸王项羽的楚汉相争，对后世文化产生了深刻而长远的影响，这种楚风汉韵一直成为徐州人文精神的独特标志和基本内蕴。徐州地区多山少水、丘陵绵亘。在悠悠岁月中，更是洪水侵扰、战患不断。"自古彭城列九州，龙争虎斗几千秋。"徐州自古以来乃兵家必争之地，在6000年的历史中曾经发生过大小战争300多起。12世纪末黄河决口，改道经徐州城下，肆虐而向东南夺淮入海，徐州水系被彻底破坏，致使该地区水患不断，洪水泛滥，形成几百年水灾。这些灾难磨砺了徐州人坚忍不拔的意志，楚汉文化古朴雄浑，豪放壮美，遵礼重义，刚毅尚武。

历史上徐州地区曾出过九个开国皇帝，故有"九朝帝王徐州籍""龙吟虎啸帝王州"之称。2000多年前，汉高祖刘邦在沛泽（今沛县）斩蛇起义建立大汉王朝。至今世界各国称中国文化为汉文化，称中国的主体民族为汉族，称中国主体语言为汉语，应该说都与刘邦建立的汉朝有着一定的关联。汉代对于中国文化具有开创性和奠基性的意义。

徐州是汉文化的重要发源地，并对于复兴先秦文化、促进文化统合、汇通儒释道、弘扬大汉文化作出开创性贡献。徐州还是汉文化资源的重要保存地，徐州汉墓多达3000多座，已经发现的汉画像石有700余块。汉初确立的"民为邦本""得民心者得天下"思想，成为中国古代治理文化的根基，为"以人民为中心"的发展思想提供历史借鉴。汉文化刚健有为、民为邦本、尊礼重义、和而不同的价值理念融入中华文化底色，成为中国文化软实力的重要组成部分。

五、"十朝文枢"金陵文化溯源

相传夏朝曾把统治范围分成9个行政区域，当时南京地区属扬州。商初，江苏南部和浙江一带的九夷、十蛮和断发文身等方国部落都处在商王朝的统治之下。其中断发文身方国部落所在地，就是今南京一带。

1973年，南京博物院在桦墅村（现栖霞区西岗街道）发掘，出土器物以磨制石器为主。文化层分为三层：最下层文化为新石器时代晚期，中层为湖熟文化早期,上层为湖熟文化晚期。湖熟文化大体相当于中原地区的商周时期,它处于一个由石器到青铜器、铁器的过渡时代。被视为"南京文化源头"的湖熟文化,因在秦淮河中游江宁湖熟首先发现而得名。

湖熟文化的南京先民,用辛勤的劳动开拓了南京最早的"粮仓",即秦淮河流域。其居民点大致可分为四个:最密集点是秦淮河流域;其次是西南沿江地区,即今宁赣铁路一线;再次是金川河流域经玄武湖到东北沿江地区;最后是在长江北岸的浦镇、大厂、六合和江浦等地。这一时期最突出的成就是青铜冶炼技术的掌握,实物方面也较前大为扩充。

自229年东吴孙权迁都南京以来,历史上先后有10个朝代在此建都,故有"十朝都会"之称。历史上三国时期的吴国,东晋,以及南朝宋、齐、梁、陈"六朝"定都于南京,而且存续时间比较长。280年东吴灭亡后,晋朝宗室司马睿于317年在建康建立东晋王朝。420年东晋灭亡后,一连又有4个小国在此建都,即南朝的宋(开国君主刘裕,史称"刘宋")、南齐(开国君主萧道成)、梁(开国君主萧衍,史称"萧梁")、陈(开国君主陈霸先)。南京"六朝古都"之说即发端于此。"十朝都会"是:东吴(229~280年)、东晋(317~420年)、南朝(宋、齐、梁、陈)(420~589年)、南唐(937~961年)、明初(1368~1420年)、太平天国(1851~1864年)和中华民国临时政府(1911年)。

建康(南京在六朝时期的名称)盛行麻纸,著名书法家王羲之父子就是在麻纸上创造出了惊世骇俗的艺术品。齐时,建康城还制成了一种名叫"银光纸"的高级纸张。纸张的大量使用,加上朝廷明令宣布废除竹简,一律用纸张,使中国的文化向前迈进了一大步。

南北朝时期,佛教在中国盛行。南朝在南京周边也兴建了大量的寺庙,如今仍有栖霞山上的栖霞寺。栖霞寺唐代时称功德寺,规模浩大,与山东长清的灵岩寺、湖北荆山的玉泉寺、浙江天台的国清寺,并称"天下四大丛林"。

到了明代,商业区主要在秦淮河两岸,东起大中桥,中经镇淮桥,西到三山门,从内桥向南直至聚宝门一带,以及由三山门到大功坊的三山街,均为闹市区。内桥东南承恩寺附近各种行业齐全,日用百货琳琅满目,游艺杂耍比比皆是。明人所绘《南都繁会图卷》中,仅店铺招牌就有109种。明太祖实行了发展商业的措施。洪武初年,命在京兵马指挥领"市司","每三日以校勘街市度量衡,稽牙侩物价",以加强对市场管理。对于军民嫁娶丧祭之物以及舟车丝布之类均免税,因此四方客商争相来南京做生意。又因为"京师军民居室皆官所给，比舍无隙地，商货至，或止于舟或贮城外，驵侩上下其价，商人病之"。为了给商人提供方便，明太祖下令在三山诸门邻近河旁建货栈，供商人储存货物。商业活动大部分是在街道两旁的廊下进行的。在政府专门搭建的廊下买卖货物，可避风雨。因此，南京有不少旧地名都用"廊"来命名，如估衣廊、明瓦廊、裱花廊等。秦淮河延续着南京的人文脉络，在中国都市文化版图上被誉为"文化含金量最高"。金陵文化悠久厚重、南北交融、兼容并蓄、开放包容，具有汇通、大气和天下己任的担当精神。

六、"兼容并包"海洋文化溯源

江苏沿海954千米海岸线形成了特色鲜明的海洋文化区。秦时赣榆人徐福东渡扶桑，是日本稻谷之神和日本人民崇祀的先祖，中日文化交往的第一位使者。唐代扬州高僧鉴真，历千辛万苦东渡日本，弘扬佛法、传播文化。鉴真之后，日本圆仁和尚来扬州学习佛法。明代航海家郑和七下西洋，传播中华文明。唐代以后，扬州逐渐成为海上丝绸之路的重要起点城市和著名港口。元代于太仓建海运仓，作为海上漕运的中转站。

从地理特征上看，江苏沿海文化属于海陆相融型海洋文化，以海为邻同时也具备内陆特性。从历史发展上看，江苏沿海文化富于交融性，北方文化进入江苏及沿海地区，进一步丰富了江苏沿海文化。从文化特征上看，江苏海洋文化处于中原文化向淮扬文化、江淮文化向吴越文化几个过渡交汇点上，具有明显的混杂形态。

江苏沿海三市南通、连云港、盐城，有一种海纳百川、无畏开拓、胸襟博大的特质。江海文化、山海文化、海盐文化有机融合，与江苏其他区域的内陆文化特征形成互补。

"煮海之利，重在东南，而两淮为最。"两淮盐区的中心在淮河，淮河以北称淮北盐场，淮河以南称淮南盐场。

大丰西团一带出土的古陆生物化石表明，盐城至少在两三万年前即已成陆。阜宁县羊寨一带的石器、骨器的发现表明，至迟在4000年前的新石器时代晚期，盐城境内就有靠渔猎为生的原始部落群活动的踪迹。远在西周初年，鲁侯伯禽令奄民南迁，途中有部分奄民留在盐城一带定居，成为盐城早期的开拓者。盐城是淮南盐业的中心，是大运河盐文化的核心组成部分，是大运河盐文化的支柱城市，独特的区域地理塑造了盐城鲜明的地域文化。盐城历史上第一部县志的编纂者、明代的盐城县令杨瑞云对于盐城形胜和人文的重要特征是这样描绘的："盐城者，其地则据滨海之胜，其人则多忠孝节义瑰玮之行，其著作则有皇汉之文。"海盐文化是盐城地域历史文化发展的基础。

连云港是淮北盐生产基地，淮北盐业对海州（今连云港）一带的经济发展发挥了重要的促进作用。明清时期，海州、板浦商贾云集，市场繁荣。民间流传"穿海州，吃板浦"。新浦的形成和兴起，也是盐业发展的结果。

元代，全国盐场125个，淮南有25场，淮北有10场，年产量仍以两淮最多。两淮盐税占全国总盐税之半，全国盐税又占赋税的十分之八，故有"两淮盐税甲天下"之说。以盐城和连云港为中心的运盐业是大运河主干道不断疏浚扩容、南北延长的重要推动因素。盐运河体系辐射深远，塑造了江淮一带大运河沿线的城镇布局结构，促进了沿线城市的文化繁荣。

参考文献

[1] 黄岗遗址，地下六米隐藏七千年前文化密码［N］.新华日报，2019-01-04（11）.

[2] 徐州地区人文精神的渊源与内蕴［EB/OL］.中国社会科学网，2020-11-01.

[3] 许思文.江苏沿海区域文化比较分析与缺失反思："一带一路"视阈下江苏沿海文化开发研究之二［J］.港口经济，2016（3）：23-26.

[4] 陈书禄.江苏文化概观［M］.南京：南京师范大学出版社，1998.

[5] 徐强.弘扬江苏地方文化　倾力打造文化强省［N］.中国文化报，2017-10-24.

[6] 钱智.吴文化区域系统初步研究［J］.地理学报，1998，53（2）：123-131.

[7] 王宏伟.刘士林：当滚滚长江遇见江南文化［N］.新华日报，2021-09-03（17）.

[8] 王宏伟.从长江视角看中华文明起源：本报记者对话江苏省考古学会理事长、考古学家林留根［N］.新华日报，2021-09-17（16）.

[9] 王宏伟，于锋，傅秋源.舞动汉风，再唱新时代"大风歌"：首届汉文化节论道以千年文脉滋养现代发展［N］.新华日报，2020-10-19（1）.

[10] 于锋.重新定义长江文明的历史角色：与武汉大学人文社科资深教授冯天瑜等探讨长江文明发展历程［N］.新华日报，2021-11-05（16）.

[11] 聂运伟.献给母亲河的赞歌［N］.光明日报，2021-10-23（12）.

[12] 潘法强.地方文脉梳理凸显城市发展自信［N］.新华日报，2021-10-26（13）.

第三章 商流不息：江苏运河工商文化的形成

一、运河工商文化的形成

大运河早期的主要功能体现在政治和军事方面。然而，随着漕粮由江南源源不断地运往北方，大运河日益显现出重要的经济与商贸价值。唐、宋、元、明历代，大运河都是海上丝绸之路商旅货物运往中原，抵达各地的最便捷通道。大运河长期成为"东方世界主要国际交通路线"。唐代文学家皮日休在《汴河铭》中曾对大运河的作用评价道："北通涿郡之渔商，南运江都之转输，其为利也博哉！"《宋史·河渠志》指出："汴水横亘中国，首承大河，漕引江湖，利尽南海，半天下之财富，并山泽之百货，悉由此路而进。"据史料估计，明清时期每年沿运河流通的粮食达数10亿千克，丝绸、瓷器、铁器、杂货、干果等商品更是不计其数，当时官府为此专门在天津、临清、济宁、杭州等地设立钞关征收商税，以此增加财政收入。水利资源的开发利用，使耕地面积不断扩大，促进农业生产的发展，有利于鱼类、桑、麻、茶、竹的生长，并促进了纺织业、制茶业及其他手工业的发展。

大运河的开凿和河道疏浚提供的便利交通与运输条件，以及漕运和漕运中的私货运销活动，刺激了沿岸地区工商业的发展，促进了运河两岸商业、手工业的兴起，工业也渐成雏形并不断发展，构成了运河城市雄厚的物质基础。随着大运河沿岸人口不断集聚，南来北往的人群将故乡的文化习俗带到了运河沿岸各地，并与当地文化相互交融，逐渐形成了一种新的文化类型。由此，大运河既是经济带也是文化带的特征日益鲜明。

二、运河城市的兴起

文化传承不能脱离城市经济社会发展而单独存在。世界著名城市史学家刘易斯·芒福德说:"城市不只是建筑物的集群,它更是密切相关并经常相互影响的各种功能的复合体——它不单是权力的集中,更是文化的归极。"西方把城址作为文明形成的重要标志之一,城址集中反映了政治、经济、文化、军事、社会分工等的综合发展水平。周代,由于社会生产的发展和人口的增多,聚居点增加,促进了手工业与商业的发展,形成一些交通发达的商品集散地或繁华的市场。《周礼·地官》曰:"大市,日昃而市,百族为主;朝市,朝时而市,商贾为主;夕市,夕时而市,贩夫贩妇为主。凡市入,则胥执鞭度守门。市之群吏,平肆展成,奠贾上旌于思次,以令市,市师莅焉。"所谓"市师",即"司市"。"司市,掌市之治教、政刑、量度、禁令。以次叙分地而经市,以陈肆辨物而平市,以政令禁物靡而均市,以商贾阜财而行市。"这反映出周代城邑发展的自然需要,当时不论是天子王都,还是诸侯国邑,都城与市肆逐渐有机地结合,这是当时社会经济特别是手工业、商业发展的必然结果。

记载有复合概念"城市"的文献在春秋战国时期已出现。《韩非子·爱臣》篇载:"大臣之禄虽大,不得藉威城市;党羽虽众,不得臣士卒。"这与之前的城、邑等单一概念是完全不同的,具有质的差别。《战国策·赵一·秦王谓公子他》中也有相似的记载,"上党守冯亭使者至,曰:'今有城市之邑七十,愿拜内之于王,唯王才之。'"

生命,因水而生;城市,伴水而兴。大运河给沿线带来了大量的人流和物流,粮食、茶叶、布、盐业、渔业、建材业、陶瓷业、娱乐业、服务业等都在运河沿岸进行贸易,沿岸区域逐渐形成了以大运河为商品流通主干线的城乡市场网络,促进了多种新经济业态的发展,集聚了相当数量的物质产品和居民人口,推动了城镇的发展。元代,意大利旅行家马可·波罗在《马可·波罗游记》中记载其在运河城市游历的所见所闻,在欧洲及世界引发了巨大反响。明宣德四年始,设置运河钞关,征收过往船只、商品的关税,反映了运河畅通带来的商业繁荣。在运河沿岸的一些水陆交汇点或交通枢纽地区,兴起了一座座商贾云集、市井繁华的工商业城市。不同于"重农抑商"、顺天应命、守望田园、精耕细作的农业文明城市,在运河两岸兴起的城市是区域经济中心、物流运输中心、商业贸易中心和消费中心,本质上是商埠型城市,在中国古代城市体系中自成一格,并且代表了中国古代城市发展的最高水平。如今,大运河沿线8省市已成为我国经济社会发达、城市化水平突出、发展动力强的区域。

大运河连通了流淌在江苏大地上的所有大型水系，包括淮河水系、沂沭泗水系、长江干流水系、太湖水系，并把江苏的各个水体以及依水而建的城乡聚落编织成网络体系。大运河不仅流经江苏徐州、宿迁、淮安、扬州、镇江、常州、无锡、苏州8个地级市的中心市区，重要支线又连接了南京、泰州、南通、盐城、连云港各市，还流经包括邳州、泗阳、睢宁、宝应、高邮、仪征、丹阳、吴江、太仓等县级运河古城，奠定了江苏城市发展的基本格局，滋养了江苏城市体系，形塑了江苏"沿运、沿江、沿海"的城市群格局。

三、江苏运河城市溯源

（一）运河原点、海丝枢纽——扬州

"堤绕门津喧井市，路交村陌混樵渔。"古运河扬州段是整个运河中最古老的一段，扬州因运河而起，与大运河同生共长，依水而建、缘水而兴、因水而美，是中国大运河原点城市和申遗牵头城市，是国家重要历史文化名城。扬州地理位置独特，地处江苏中部，长江下游北岸，江淮平原南端，交通条件、自然资源优越，且自古擅鱼盐之利，是东南地区有名的财富区。它兴起于两汉，鼎盛于中晚唐，繁荣于清初。它一头连接长江，可联系长江流域的广大地区并通向大海，另一头通过邗沟连接淮河，向北可联系淮河流域及中原。长江和大运河在此交汇，陆上丝绸之路与海上丝绸之路在此联系，是海上丝绸之路的重要节点城市和东方著名港口，在对外经济文化交流中长期具有举足轻重的地位。当年运送中国丝绸、瓷器的货船，从扬州港口出发进江入海，来自国外的香料、珠宝，在扬州上岸，运送到全国各地，从江都王刘非墓出土的波斯银器和铸铜鎏金亚洲象、亚洲犀等，即可看出当时的扬州已与东南亚地区实现了海上交通。

汉代，吴王刘濞以广陵为都城，割据一方，大力发展经济，汉代扬州经济出现了历史上第一次兴盛。当时，汉代盐铁是官方经营的，并设有工官。刘濞为了发展煮盐和冶炼业，首先解决的是交通问题，也就是开邗沟的支道，使盐运更为便利。在冶炼方面，扬州在当时全国范围内有一定地位。在出土的汉墓中有大量铜器，其中不仅有实用的锅碗瓢盆，还有造型优美的铜镜、铜制的武器。在铁器铸造上的成就更为突出，不仅出现了生产生活用的器具，还有武器。后世冶炼铸造的成就，与刘濞当时在扬州发展冶铸业打下的良好基础是分不开的。

自西汉以来，扬州农业、手工业的发展，带来了商业的繁荣。《宋书·沈昙庆

转》曰："扬部有全吴之沃鱼、盐、杞、梓之利充盈八方、丝绵布帛之饶覆衣天下。"这也说明了扬州经济的外向性。鲍照在《芜城赋》中谈及扬州的繁华："车挂轊，人驾肩。廛闬扑地，歌吹沸天。孳货盐田，铲利铜山，才力雄富，士马精妍。"勾画了广陵人丁兴旺、都市繁荣、经济发达的景象。而这种繁华依赖于采铜山铸钱、煮海水为盐的殷实和富庶，以致《汉书·荆燕吴传》说刘濞"富埒天子"，他自己也称："寡人金钱在天下者往往而有，非必取于吴。"1979年春，在高邮天山所发现的汉墓中，出土大批文物，内有达千件之多的金器、银器、铜器、铁器、玉器、漆器、陶器、木俑、丝绸、绣品，反映出扬州手工业的发达和商业的繁荣，印证了鲍照描述的真实性。

唐代扬州是国本所系之区。唐代有两个重要经济地区，即黄河中下游和长江下游，而扬州为长江下游经济地区的中心。在唐代，扬州是中国繁华的商业城市，东南第一大都会。当时"扬一益二"之说，说的就是在当时全国最富裕的城市中，扬州排第一，益州（今成都）排第二。可以说，唐代政治中心在关中，其经济却仰赖江淮。扬州雄富繁盛，是维系唐朝政治局面的经济基础，在"安史之乱"后，唐朝所需各项经费及物资，主要来源江淮。《旧唐书·第五琦传》中记载，第五琦奏事至蜀中，谒见玄宗奏言："方今之急在兵，兵之强弱在赋，赋之所出，江淮居多。"

唐代仍沿用隋代运河系统，改通济渠为广济渠，把江淮流域的粮食和其他物资输往关中，于是兼具河港和海港的扬州发展为黄河、长江、钱塘江流域的漕粮和盐铁的运转中心，同时也成为联系东南对外贸易的港口和长安（今西安）的关键节点。当时，从扬州入江，东连大海，为南路通往日本的大道；溯江西商，至九江而南，可达饶州（今江西南昌）；沿赣江、北江转向交州、广州，可远航东南七道的财货，即使益州、荆州的出产，也可由水道直达扬州。所以，当时吴地的丝绸、江南茶区的茶叶、江西的木材和瓷器、四川的蜀锦和药材都以扬州为集散地。就国内市场而言，唐代"广陵当南北大冲，百货所集"（《唐会要》），一派繁忙热闹场景。

不仅中原地区富商大贾来扬州经商，也有不少外国商人在扬州经商。当时全国有广州、扬州、泉州、明州（今宁波）四大对外贸易口岸，扬州地位仅次于广州，其中大多数外商为大食人（今阿拉伯一带）、波斯人（今伊朗一带），也有来自日本的商人。外国商人在扬州主要经营珍宝和高档药材，他们将玻璃、玛瑙、红石头、绿石头、猫眼等总称为回回石头的各种珍贵宝石，此外还有象牙、犀角，还有龙涎、乳香等药材输入，而将我国的珍珠、药材等输出，这样以体积小、重量轻达到运输便利、获利丰厚的效果。他们的商业活动促进了中外商品贸易。扬州出土数量最多的文物是瓷器，品种有青釉、白釉、黄釉、酱釉、褐釉、彩釉；窑口有长沙窑、景德镇窑、宜兴窑、越窑、寿州窑等；形器有碗、钵、碟、壶、杯、盂、盏，还有人物和玩具，不仅有中国器皿人物，还有胡人、马来人形象。扬州附近没有大型窑址，可见大量瓷器当从各地集中，再运转他处，或直销海外。

商业活动也促进了扬州手工艺行业的发展。扬州有铜坊、纸坊、冶成坊、官锦坊等行业，其中尤以金银制造、纺织、皮革、造船、鞋帽著称，木器、珠宝、服饰、玩具、刺绣业的作坊也很多。《旧唐书·杜亚传》提及："扬州侨寄衣冠及工商等，多侵衢造宅，行旅拥弊。"多处历史遗存都发现扬州唐代手工作坊，其中包括骨制品作坊，成品中尚有贝雕、骨石雕和磨制工具。1975年，扬州西郊发现熔铸作坊遗址，清理出炉灶22座，窑井72座，陶缸4只，灰坑27处，出土了铜坩埚等大量工具。

作为江河交汇的城市，扬州自古为造船重镇，造船业发达。1979年在神居山挖掘的一号墓中，有着汉代最高等级的"黄肠题凑"，在部分木椁上发现了一些漆书和凿刻的文字，从中发现"广陵船官材板广""广二尺二寸，长丈四口一板"等字样，这就证明了在西汉时期，扬州就设有官办的造船工场。《唐语林》载，唐代宗大历年间，刘晏为盐铁转运使时，在扬州设10个造船厂，造船达两千余艘，专造运输漕船，以适应交通运输业的发展，可见造船业规模之大。西安发现的《唐逊墓志》中记载："美于造舟"的唐逊，在唐太宗李世民时代，曾担任"扬州道造船大使"，督造过大批战船，可见当时的扬州造船业，已经具备打造出海船只的能力。

（二）江南运河屋脊——镇江

镇江文化诞育于远古时期中华文明发端阶段。从40万～20万年前的旧石器时代，句容境内茅山山脉放牛山就有古人类活动，这填补了江苏南部地区旧石器文化的空白。

"何处望神州？满眼风光北固楼。"站在北固山远眺，长江与大运河形成黄金十字交叉。"潮平两岸阔，风正一帆悬。"地雄吴楚东南会，水接荆扬上下游。镇江是一座与大运河紧密相关的历史文化名城，是江南运河的起点。清代诗人查慎行的名句"舳舻转粟三千里，灯火临流一万家"，描绘的就是镇江因运河而人来人往的繁盛景象。

大运河镇江段开凿于秦，有着"江南运河屋脊"之称，镇江境内最早的运河是秦始皇于公元前210年开凿的丹徒水道，镇江地处长江和江南运河的交汇处，居于江南江北运河连接的枢纽地位，是长江中下游地区重要的物资中转港口，在解决运河跨江、高岗夹河等问题方面探索出先进的水工技术，充分显示了我们祖先科学治水用水的智慧。自唐宋以来，京口闸作为漕运咽喉，运河上南来北往的商船必须经过此地。西津渡自三国以来便是兵家必争之地，也是北人南下渡江第一站。西津渡就在京口闸附近，通过运河转运物资，大都要通过京口闸，从西津渡过江北上。京口闸是大运河上重要的标志性水工设施。北宋元符年间由曾孝蕴主持修筑的京口澳闸系统由五道闸和两个水澳形成，同时兼有通航、蓄水、引水、引潮、避风等多种功能，京口闸是其中第一道闸。在清代，京口闸因河道淤塞而废弃。被称为当代"江南运河第一闸"的是镇江谏壁船闸，它是重要的水上交通枢纽，是京杭大运河苏南段重要的直达通江口门，承担着重要的通航功能，年通过量超亿吨。鸦片战争后，镇江被动开放，成为长江流域率先开埠的通商口岸，中西文化激荡交融，促使镇江文化绽放，开篇近代。

（三）运河之都——淮安

"沿溜入阊门，千灯夜市喧。"淮安是一座"漂在水上的城市"，千里淮河和千年运河在这里交汇。南齐永明七年（489年），割直渎、破釜以东，淮阴镇下流杂100户置淮安县，"淮安"之名由此而得。隋唐五代时期，大抵淮北属泗州（今盱眙县城北淮河对岸），淮南属楚州（治今淮安区淮城镇），楚州、泗州成为运河沿线的两座全国性名城。

《淮系年表·序言》称包括市境在内的古淮河中下游地区为"交通灌溉之利甲于全国"。傅崇兰在《中国城市发展史》中写道："淮安地处徐州、扬州、盐城中心地带，为南方诸行省漕运北上的咽喉，经济繁荣，街市繁华。"淮安因漕运而兴，是南北水运的枢纽，东西交通的桥梁，素有"七省咽喉"之称，从一个不起眼的小城镇发展成为历史上重要的区域中心城市。淮安拥有世界文化遗产区2处（清口枢纽、漕运总督遗址），遗产河道1段（包含里运河、里运河故道、古黄河、中运河、张福河的淮扬运河淮安段），遗产点5处（清口枢纽、双金闸、清江大闸、洪泽湖大堤、总督漕运公署遗址），国家和省级文保单位10处。历史上的淮安曾是漕运枢纽、盐运要冲、全国漕运指挥中心、河道治理中心、粮食储运中心、盐榷税务中心、漕船制造中心，有"运河之都"的美誉。唐宋时期，楚州城市繁荣，夜市颇具规模，商品经济发达，甚至有日本、新罗等国的商人来此贸易，唐代白居易把淮安称作"淮水东南第一州"(《赠楚州郭使君》)。永乐十三年(1415年),陈瑄开埠,掀开了清江浦浓墨重彩的历史。明代诗人方尚祖的一句"最是襟喉南北处,关梁日夜驶洪流"道尽了这里优越的地理条件。明成化年间,清江浦就成为全国性的商业中心。光绪丙子《清河县志》留下了"船一靠岸,千车万担"的记载。据高贯成编撰的《江苏票号史》记载:"清代前期,清江浦、杭州、苏州、扬州为运河沿线上的四大名城,乾隆年间市区有人口五十四万人,是当时繁华的城市。"

明清两代,淮安及清江浦依托大运河而有漕运总督、河道总督的驻节,使淮安城俨如省会,从"末口"到"清口"有十多个城镇,傍运河"夹岸数十里,街市栉比",淮安城内外"烟火数十万家"。明清时期,漕运最高管理机关——漕运总督衙门及其附属官僚机构的漕政涉及湖广、江西、浙江、江南甚至山东、河南诸省,淮安成为保障北京经济安全的枢纽性城市,由此可见城市地位之重。淮安漕运总督署遗址是2002年中国重大考古发现之一。清康熙年间,河道总督署常驻于清江浦,管理黄、淮、运河的治理与运输。清晏园是中国历史上级别最高、延续时间最长、任职官员最多的治水古衙署旧址,也是我国治水史和漕运史上唯一保存完好的总督级别的官家园林。清乾隆年间,清河县治迁此,成为清河县的行政、文化与经济中心。清江浦与淮阴区的王营镇,号称"南船北马",即从清江浦石码头等处舍舟登陆,至王家营换成车马北行,为通京大道上的重要节点。清江浦是一座因漕运而兴盛的城市,它的发展不仅与运道走向、漕运方式紧密联系,而且逐渐形成了南北文化交汇融合的地方特色。晚清至近代,清江浦地位随漕运衰落、贸易萎缩,渐渐沦为苏北一个区域性的贸易集散中心。

明清时期,淮安城形成较为罕见的旧城、夹城、新城三城鼎峙的城市空间格局。目前,城市的中轴线和街巷布局基本未变。老西门大街等处保留着较多历史建筑与文物古迹,包括霍培元皂厂等商业遗迹,且分布有大量的民居。河下是明清盐业转运枢纽,大批盐商曾麇集此地,盐商园林与会馆等建筑密布其间,是淮安历史上商业功能最为发达的街区。至今,河下仍保留与运河紧密衔接、相互融合的空间格局关系,城镇街巷布局和历史风貌基本未变,是目前保存最为完整的少数运河城镇之一。淮安市淮阴区双金闸是江苏省第一个使用水泥作为胶结材料的工程。

《2022淮安市情简介》表明,2021年,淮安市辖清江浦、淮阴、淮安、洪泽4区和金湖、盱眙、涟水3县。

淮阴区县治王营镇与清江浦区仅隔废黄河,东邻淮安区,东北邻涟水县,北与沭阳县隔六塘河相望，西邻泗阳县，西南濒临洪泽湖。淮阴因地处淮河南岸而得名，秦时建县，为淮安地区最早出现的县级政区。秦汉之际，淮阴县开始修筑城垣，汉代沿袭。东晋至南宋时期，淮阴城址多次迁移。元初以后，淮阴城不复存在。南宋咸淳九年（1273年），在淮河北岸置设清河县城，即大清口城。受水患等因素的影响，元代清河县先后迁至甘罗城与旧县等地。

洪泽区位于全国第四大淡水湖洪泽湖的东畔，与泗洪、泗阳隔湖相望，南与盱眙毗邻，北与淮阴区接壤，东与淮安区、金湖县水陆相依。三国时期，曹魏筑石鳖城（今共和乡、三河镇境内），修筑白水塘，屯田垦殖，发展农业灌溉。隋朝大业年间，隋炀帝游幸江都，途经破釜涧，适逢久旱降雨，惊喜不已，遂改破釜涧为洪泽浦，"洪泽"之名由此产生。史载"洪泽镇市，人烟繁盛，倍于淮阴故城"，可见当时的洪泽虽建置为镇，其经济实力却较强劲。

隋大业年间，隋炀帝修凿通济渠，引汴水至盱眙城对岸入淮河，盱眙城恰位于通济渠（即古汴河）与淮河交汇处，唐宋时即有"水陆都会"之称。唐宋时期，通济渠的开凿使得泗州城和盱眙县城成为南北漕粮运输与商业贸易的要地。

盱眙县地处淮河下游洪泽湖南岸，境内群山环绕，地势险要，为历代兵家必争之地。盱眙县始置于秦代，最初的城池修筑于今甘泉山、圣人山一带。与此同时，在盱眙故城之东置设东阳县，亦建有城，称东阳城（今马坝镇东阳村境内）。秦汉之际，盱眙成为楚怀王、刘邦、项羽等军事力量的征逐之地，故有楚王城、项王城等城址。南朝东晋义熙年间，盱眙县城和治所从秦汉时代淮河南岸的甘泉山一带，迁移至今第一山周边地区。北周时期，在淮河北岸兴起泗州城。

金湖位于江苏省中部，淮河下游地区，县境东部滨白马湖、宝应湖、高邮湖，北与洪泽区相连，西与洪泽区、盱眙县毗邻，南接安徽省天长市，三河和淮河入江水道贯穿境内。虽然金湖于1959年始从宝应县析出置县，不过其历史却很久远。秦代境地属东阳县，西汉分属东阳、平安、高邮三县。唐代以后，金湖境域长期分属宝应、高邮两县（州）。三湖环抱，毗邻宝应、高邮的特殊地理位置，成就了明初金湖短暂的漕运使命。

汉武帝元狩六年（公元前117年）设置淮浦县，此为涟水建县之始。三国两晋时期，先后隶属广陵郡、海西郡。北魏太和年间，涟水县境成为兵家戍守之地，时有连口之称，是淮北重要的鱼盐稻米集散地。北魏时期，在县北境置设襄贲县。隋开皇五年（585年），改襄贲县为涟水县。唐武德四年（621年），置涟州，治所在涟城（今涟城镇），在北境分置金城县（今红窑镇浅集境内），后称金城镇，今其名不存。

唐宋时期，涟水已经凸显在盐业贸易中的重要地位，成为与湖州、越州、杭州并称的东南沿海四大盐场之一。宋代张耒《过涟水》诗云："城头落日在旗竿，城外长淮水浸天。左海门前灯火尽，橹声讴轧夜深船。"反映了当时涟水城市商贸繁荣的景象。宋景定三年（1262年），改涟水县为安东县。南宋及元代，曾一度置设涟水军。明清时期改称安东县，属淮安府。专门管理淮北食盐事务的淮北盐运分司，曾设置于安东县，吸引了徽州等地的大批商人集聚于此。文震孟在《安东县创筑城垣记》中说"安东为河、淮入海之路，淮北锁钥，百万盐策辐辏于此"，安东县成为盐商谋利的绝佳之地。

涟水县石湖镇位于涟水县境的东北边缘。石湖为古地名，附近为湖荡田，居者多为佃户，故又名佃湖，为淮安境内地势低洼地区。佃湖距离云梯关仅5千米左右，明代即为海防重地。清乾隆年间，开始设立都司衙门，并派兵驻守，称为佃湖营。佃湖及佃湖营在苏北海防史中占据较为重要的地位。

（四）水陆要津，咽喉据郡——泰州

泰州，别名海陵、凤城、海阳、祥泰之州。南依长江，北襟淮河，东临黄海，依江而建、因海而生，泰州的"泰"字由"三""人""水"构成，蕴含了人在江、淮、海三水之间，国泰康宁之意。泰州，南唐时为州治，取"国泰民安"之意，始名泰州，是中国历史文化名城，有2100多年的建城史，秦称海阳，汉称海陵，州建南唐，文昌北宋，兼融吴楚越之韵，汇聚江淮海之风。灶烟海边、煮海煎盐、筑堰修堤，泰州先民们经历了无数风雨，塑造了泰州人勇立潮头、坚忍顽强的气质品格。

远古时代，泰州这块地方原在长江口外的浅海中，7000~10000年前开始成陆，5000年前已有人类居住，夏、商时，为滨海临江地区，属《尚书·禹贡》所称"九州"之一的扬州。泰州有文字记载的历史可以追溯到2000多年前的西周初年。

西周时属吴国。春秋战国时属吴、越、楚，楚时为海阳邑地。西汉，建海陵县，属临淮。东汉，海陵县属广陵郡。隋炀帝大业初年，扬州改为江都郡，海陵县属江都郡。江浦县又并入海陵县。唐以后县治位于今泰州市市区（海陵区）。

南唐元宗保大十年分海陵县如皋场设置如皋县，泰州增辖如皋县。同年又于海陵县东境设置静海制置院。马令《南唐书》卷一："改元升元……以扬州海陵县为泰州。"王象之《舆地纪胜》卷四十："相传以为取通泰之义。"海陵县为泰州州治所在地。后周，以泰州为团练州，属扬州。

宋太祖乾德五年，泰州由团练州降为军事州，属淮南道。元世祖至元十四年，设置泰州路，属淮东道，至元十九年属江淮行省。至元二十一年，泰州路改为泰州，属扬州路。泰州辖海陵、如皋两县。明代，太祖洪武初年，海陵县省入泰州。泰州属扬州府，辖如皋县。清代，泰州属扬州府，辖如皋县。世宗雍正三年，如皋县改属通州，从此泰州不再辖县，成为散州。高宗乾隆三十三年分泰州东北境设置东台县。

1949年1月22日设立泰州市，属华中行政办事处第一行政区。1954年11月，泰州市改为省辖市，并受扬州专署督导。1958年7月，又改为专署辖市，属扬州专区。1962年5月24日，泰州县撤销，泰州市建制恢复，泰州市政府驻泰州，仍属扬州专区。1996年8月12日，经国务院批准，调整扬州市行政区划，县级泰州市从扬州市划出，组建地级泰州市。

（五）项王故里——宿迁

宿迁古称下相、宿豫，地处苏北腹地，位于江苏北部。宿迁是"淮河文明之源"，顺山集遗址是江苏最早的新石器时期文化遗址。宿迁又是"西楚文明之魂"，出生于这里的西楚霸王项羽，起兵反秦，而后封王称霸，成为西楚文化的精髓。两汉时期，宿迁郡国并置。东晋义熙元年（405年）置宿预县。隋炀帝开通的通济渠穿过宿迁境内，首次提升了宿迁位处南北交通枢纽的地缘优势。因处于淮泗汇聚之地，到了唐朝开元年间，没有逃脱被黄河无情吞没的厄运，"城为水漫，县治北徙"，宿预县治所被迫迁到了原秦立下相县城址（今宿迁中心城区南边一带），后来，当唐代宗李豫即位，由于这座城毕竟是因避洪而搬迁过来的，县名用"迁"避其名讳。1577年夏季，同样因为黄泛，已易址到今项王故里附近的县城。明万历四年（1576年），黄河决口再次浸淹宿迁城，县城向北迁移1千米。新建的宿迁城，被山（马陵山）带河（古黄河）。次年秋，黄河洪水又犯，但新县城安然无恙，宿迁城就此存活下来。清代康熙年间中运河的开通，使宿迁成为以漕运为特色的历史重镇。

1996年7月宿迁被国务院批复同意设立地级市，境内平原辽阔、土地肥沃、河网交织、水系密布，是全国唯一拥有大运河三个历史阶段（隋至元、元至清和清以后）不同主航道的城市，也是全省乃至全国唯一一个境内拥有洪泽湖、骆马湖两大著名淡水湖的设区市，自古便有"北望齐鲁，南接江淮，居两水（即黄河、长江）中道，扼二京（即北京、南京）咽喉"之称。

（六）运河名城——徐州

"自古彭城列九州，龙争虎斗几千秋。"徐州是我国历史文化名城，物产丰富，经济繁荣，作为两汉文化重要发源地，这里拥有5000多年文明史和2600多年建城史，为江苏境内出现最早的城邑，留下了灿若星河的文化遗址和独特人文积淀。泗水河、汴河、黄河、大运河四水绕徐州，水运成全了徐州"五省通衢"（鲁、豫、皖加之大运河南通浙江、北达河北）的交通要道战略地位，成为京杭大运河上最重要的大码头，素有"九州转输"之名，既是航运枢纽，也是商业枢纽和军事枢纽，形成"东南漕运岁余万艘，使船来往无虚日，民船贾舶多不可籍数"（李东阳《李文正公集》）之盛景。运河边的窑湾古镇鼎盛时曾有10多个省的商会和会馆汇集。

徐州商业发达，市井繁华，店肆林立，街巷交错，有街十四、坊二十一。"万历六年，户三万七千八百四十一，口三十四万五千七百六十六"。（《明史》卷40）徐州的外地人很多，"一切布、帛、盐、铁之利，悉归外商""百工技艺之徒，悉非土著。"（《古今图书集成》职方典卷171《徐州民俗考》）

汉代徐州的手工业主要有采铁炼铜，徐州采矿和炼铁在汉代已初具规模，到宋朝时成为全国重要的采冶中心。北宋统一全国后，社会经济有所发展。宋初，矿山准许民众自由开采，因此，北宋前期各种矿业的产量均有大幅度增长。这一宝藏的发现与开采，要首推苏轼。熙宁十年（1077年），苏轼由密州（今山东诸城）改知徐州，到任不久即派人到徐州附近寻找石炭矿藏，以供军需民用。在他的积极努力下，沉睡地下的黑金终于破土而出，造福于邦国和人民。元明之际和明末清初，徐州煤矿曾经一再出现过荒废停产阶段。除萧县白土镇之外，其他各县大概也有零星煤矿开采，规模均不很大，已不能同苏轼当年开采的盛况相比。19世纪后期清朝末年，洋务运动兴起。1881年9月，两江总督左宗棠上书清廷，为"筹备海防，制造枪炮及各省机器轮船，所需煤铁最为大宗，请开办江苏利国煤铁。"次年，清廷正式成立组建"徐州利国驿煤铁矿务总局"。自此之后，徐州煤矿废弃落后的土法生产而进入近代化的行列。

（七）淮南盐业中心——盐城

与海相伴、向海而生，盐城位于江苏省中部，地处黄海之滨，拥有江苏省最长的海岸线、最大的沿海滩涂、最广的海域面积。先秦时期开始零星煮盐，不仅产盐早，而且盐场多，因淮盐而得名，其盐场属淮南盐场。从春秋战国时期开始，盐城就一直是我国海盐生产的中心地区之一。两千年来，从事海盐的生产、运销一直是世代盐城人生活的主要内容。

周以前为淮夷地，周时属青州，春秋时属吴、后属越，战国时属楚，秦代属东海郡，西汉初为射阳侯刘缠封地，至迟公元前201年在今天的盐城市区范围内就设置了"盐渎县"（《江苏地方文化史·盐城卷》），这是盐城置县的开端。《江苏建置志》对"盐渎"二字解释道："以其地产盐，复有运盐之水道，故名。"汉武帝设盐渎县的同时，也设了盐铁官署，专门管理盐政。据《新唐书·地理志》记载，当时盐城有"盐亭一百二十三所"，可见盐业的发达繁荣。到东晋义熙九年（413年），"盐渎县"改名为"盐城县"，"盐城"之名在历史上首次出现。南北朝时称盐城郡，唐初复置盐城县。明朝时，"盐城"又叫"瓢城"，这是因为明代所筑造的盐城城池为长椭圆形，"东阔西狭长如瓢"。洪武初年，朱元璋下令将苏州、松江、嘉兴、湖州、杭州等地4000多户迁居盐城，充当"烧盐煎丁"，史称"洪武赶散"。清乾隆十二年纂修的《盐城县志》记载："为民生利，乃城海上，环城皆盐场，故名盐城。"清代海势东移，盐产日薄。到1931年，淮南只剩下6场，大量土地荒废，"废灶兴垦"，滩涂经济开发逐渐兴起。

作为淮南盐业的中心，拥有盐运河故道、串场河故道、众多沿串场河分布的盐场遗址和盐业历史城镇、盐业生产的工具和技艺等大量与大运河直接相关的盐文化物质文化遗产与非物质文化遗产。贯穿盐城南北的串场河，连接起富安、东台、白驹、刘庄等城镇，它们因盐而生，因盐而兴，繁盛了数百年。据调查，盐城境内大运河盐文化遗存达千余处（件）。

（八）淮北盐生产基地——连云港

海州古城是连云港的城市之根，有两千多年的历史，自秦汉以来，一直是海、赣、沭、灌地区的政治、经济、文化中心，素有"淮海东来第一城"的美称。古城位于连云港市新海城区的西南部，北临秀丽玉带河，南依巍巍锦屏山，是连云港人追山逐海、城市东进的见证。连云港位于江苏省最北端，有古盐河、莞渎场、板浦场、新安镇等大运河盐文化遗产，灌云县、灌南县皆由当年盐场发展而来。通过距今已有1300多年历史的人工开凿的南北向内河河道，沟通连云港和淮安大运河，使连云港与大运河产生了空间上的直接关联。明代，两淮盐业发展达到顶峰，连云港作为淮北盐生产基地，建立起贯穿生产、储存、运输、销售等环节的完整的盐运体系，一直沿用至清末民初。

（九）江海门户——南通

南通又称"中国近代第一城"。南通位于长江入海口北翼，素有"江海门户"之称，五山地区坐落于长江之滨，五山之首的狼山有着"江海第一山"的美称。

盐文化，是南通地方文化的重要历史根脉。通吕运河，东西横向贯通江海平原，全长78.85千米，东头是吕四港，西头通长江，恰如一条纽带，把长江和大海连接起来，被称作南通"第一运河"；通扬运河南北纵向贯通江海平原。这两条水路运输大动脉，从西汉到清末，作为南通盐河水系的骨干，以各盐场场署所在地为重要节点留下了厚重的历史建筑遗存，并串联起大大小小的河流沟渠，使南通地区成为全中国少有的不忧旱、不惧涝，旱涝保收的"鱼米之乡"。

（十）江东一都会——苏州

苏州在春秋时期是吴国的政治中心，西汉武帝时为江南政治、经济中心，司马迁称之为"会"（《史记·货殖列传》），唐代时是江南唯一的雄州，并有"甲郡标天下"之称。晋代以后，苏州已逐渐成为商贾云集、店肆栉比的富庶大州。南宋时期的昆山人龚明之，撰有《中吴纪闻》记载道："姑苏自刘、白、韦为太守时，风物雄丽，为东南之冠。"宋时，全国经济重心南移，陆游称"苏常（州）熟，天下足"（《奔牛水闸记》），宋人进而美誉为"上有天堂，下有苏杭"。明清时期更是一派繁华气象。"吴阊至枫桥，列市20里""耕织纷纭，商贾云屯，市廛鳞列，为东南一都会"。明清时期苏州成为"衣被天下"的全国经济文化中心之一，明代时税赋曾占全国的十分之一，清代曹雪芹在《红楼梦》中还把阊门、山塘一带称为"最是红尘中一二等富贵风流之地"。

苏州先后为春秋吴国、三国东吴（前期）、元代农民政权周等政权都城，作为吴国国都的时间长达百年以上，以致苏州古称东吴。隋开皇九年（589年），因为古城西南有姑苏山，以山名改吴州为苏州，苏州之名由此出现。"人家尽枕河"的苏州古城基本保持着古代"水陆并行、河街相邻"的双棋盘格局、"三纵三横一环"的河道水系和"小桥流水、粉墙黛瓦、古迹名园"的独特风貌，古城内宋代有河道82千米、桥314座，清末有河道58千米、桥241座，现存河道35.28千米、桥168座。

望亭是京杭大运河进入苏州的第一镇，白居易诗"灯火穿村市，笙歌上驿楼"，描绘了古时望亭的繁华盛景。望亭传承了4000多年的稻作文化，享有"稻香小镇"之誉。"先有浒墅关，后有苏州城"。沿着京杭大运河望亭段向南，即是浒墅关，明宣德四年（1429年）设钞关，景泰元年（1450年）成为七大钞关之一，素有"江南要冲地，吴中活码头"之称，是一座因大运河而繁盛的千年古镇。枫桥位于苏州古城之西，横跨于运河支流枫江之上，是古驿道必经之地，是京杭大运河进入苏州古城的重要入口，至少在唐代，枫桥就已是水陆要冲，舳舻相接，南北舟车在此交汇、漕运繁忙。明初姚广孝在《重修寒山寺记》中如此回溯枫桥的繁华："北抵京口，南通武林，为冲要之所。舟行履驰，蝉联蚁接，昼夜靡间。"明清时期的枫桥是全国最大的米豆集散地，古谚云"打听枫桥价，买米不上当"，枫桥米市的"枫斛"成为全国度量器具的标准。盘门，古称蟠门，为吴都八门之一，拥有全国现存唯一的水陆城门、江苏现存最高的单孔古石拱桥——吴门桥。盘门曾是苏州西南交通枢纽，是范成大笔下"人语嘲喧晚吹凉，万窗灯火转河塘"的热闹之地。横塘驿站是京杭大运河沿线为数不多的水陆两用驿站，是大运河沿线现存的唯一一个完整的古驿站建筑，位于胥江小岛南端彩云桥堍，为京杭大运河和胥江交汇处，"背城面河，气势宏敞"，以横塘驿站为代表的古代苏州驿站，素有"姑苏驿递南接行省，北抵大江，东南贡赋并两浙，闽海之供，悉由兹道，是以送往迎来，岁无虚日"之说。石湖位于苏州古城西南，在大运河水的浸润和滋养下，蠡墅酿酒、刺绣、眼镜、造船行业闻名一时，留下了繁华又不失宁静的岁月记忆。平望镇位于现吴江区中部，素有"天光水色，一望皆平"之美誉。京杭大运河自此向南到钱塘一分为三，与太浦河纵轴交汇，形成了四河汇集、四水共流（大运河、老运河、太浦河、頔塘河）独特禀赋，造就了水运时代"大商巨舶""百货凑集""可与通都大邑等量齐观"的"巨镇"。

（十一）运河绝版地——无锡

早在宋代，无锡就已成为南北交通的枢纽和全国物资集散中心。明清时期，无锡成为全国漕运中心。近代以降，无锡运河两岸，涌现了一批米市、布市、丝埠、钱埠及码头，记载着近代无锡民族工商业的兴盛。古运河无锡段保存了近千年来遗留下的诸多文化遗产，且在古运河沿线城市之中具有极高的区分度，堪为"运河绝版地"。工商文化是"运河绝版地"内涵的重要组成部分，无锡工商文化对于无锡地方经济发展与社会进步产生了重要的推动作用。

大运河无锡段形成于春秋，发展于隋唐，兴盛于明清，是文字记载江南运河最早的段落，全长40.8千米。大运河无锡段西北自洛社五牧入境，从黄埠墩西侧向南转弯，在锡山东麓再转向东南，穿过梁溪，到外下甸桥接上南门古运河，向东南过新安沙墩港出境,当代仍发挥着重要的航运功能。

无锡是一个依水而筑、由水而环的水城,在历史的长河中,大运河及其支流水系深刻影响了无锡城区的变迁,形成了"千里运河独此一环"的城市景观。先有大运河,再有无锡城,无锡具有3100多年文字记载史和2200多年建城史。良渚文化在此孕育,吴文化在此发源。公元前12世纪后期,周王古公亶父之子泰伯、仲雍二人南迁江南梅里平墟(今无锡梅村)建"泰伯城",此城为无锡有史记载最早的"城"。古代无锡水网密布,洪涝灾害频发。公元前1122年,泰伯在无锡开泰伯渎。泰伯渎西起运河,东达蠡湖,入吴县界,长40千米,引水以灌溉农田,排涝以入太湖,成为江南地区的第一条人工运河。它的开凿也为此后吴王夫差开"吴古故水道"(即古江南运河)奠定了基础。

公元前514年,吴王阖闾令伍子胥建造"阖闾城",此为无锡有史记载第二个"城",位于太湖边无锡与武进交界处的闾江口一带。周敬王二十五年(公元前495年)吴王夫差开挖了苏州至孟河的江南运河,在经过无锡时,首先同泰伯渎交汇,随后一路北上,与古梁溪河交汇于芙蓉湖入口处,这就确定了以后江南运河无锡段的基本格局,同时也加强了原始的运河与其他水系的沟通,河湖交汇处也逐渐形成了繁荣的集市。

楚考烈王十五年(公元前248年),春申君黄歇请封于江东,以故吴墟为都邑,地点在无锡县西开源乡,史称"黄城",位于现今的无锡钱桥、舜柯山一带。黄歇对运河穿芙蓉湖段水系进行了大面积改造,"治无锡湖,立无锡塘",打通了太湖与芙蓉湖之间的水路,为江南运河苏州至无锡段以及无锡北段的形成奠定了基础。无锡城北的圩地建设也始于此,之后逐渐发展成为城镇。

汉高祖五年(公元前202年)置无锡县,乃有无锡城。据东汉《越绝书》记载:"无锡城周二里十九步,高二丈七尺,门一楼四。其郭十一里百二十八步,墙高一丈七尺,门皆有屋。"无锡子城在"运河西、梁溪东",即旧志所说"东接运河,西距梁溪"。此时,无锡中心地带集中于江南运河以西,运河在无锡古邑东侧"傍城而过"。不过,无锡古邑还位于南北向的古运河同东西向的梁溪、莲蓉河(转水河)、泰伯渎的交汇处,地理位置十分优越。因此,很快就发展成太湖地区的漕运、物流枢纽,建起了大量商埠、码头,人口也随之激增,无锡县城的规模得到较大扩展。

东晋南时期,城厢向南扩张。隋代大运河南北全线贯通,大运河无锡段东侧建利津桥（大市桥），运河以东得到开发。

唐宋元时期大运河得到了不同程度的修缮，运河东侧出现了大量的民居建筑和商业建筑，无锡县城基本沿着运河两岸而起，分东西两邑，城区建制基本定型。原来"傍城而过"的运河，逐渐发展成为"穿城而过"的态势，无锡市区运河由此称"城中直河"。人们在城中直河两侧开挖大量河道，形成了以运河为轴线的城市水系。绕城运河形如弓，称弓河，其间东西向九条河道与弓河相交称箭河形成"一弓九箭"。

明嘉靖时期，城东的外护城河成为无锡大运河的主航线，城东航行漕运船、重船，城西则行官船、轻船。由此，城中直河的航运功能被护城河取代。同时，疏拓西水墩至南门的新护城河，连接了梁溪与古运河，使之成为重要的运河支线。

中华人民共和国成立后，无锡城市的快速发展对水运提出了更高的要求。无锡段新大运河大规模整治分1958～1965年、1976～1983年及1983年后三个阶段：1958～1963年开挖梁溪至下甸桥段7.2千米，1965年完成（六级航道标准）；1976年新运河续建开工，至1983年完成了自黄埠墩向南，至梁溪段四级航道工程，长4.04千米。1983～1997年实施了新开河段护岸工程（1988年完成）、梁溪至南门下甸桥段四级航道水下开挖工程（1989年完成）和无锡境内其他河段的四级航道整治（1997年完成）。2000年绕城段新运河底宽60米，其他老运河段底宽35～90米。至此，无锡大运河改道工程全面完成，新运河的开通使京杭大运河完全绕城而过，改善了航运条件，有效提高了市区河道的排水能力。

如今，无锡城区古运河分为三段：北段吴桥至江尖，为古芙蓉湖的遗迹，是历史上无锡米市的主要场所。中段江尖至南门，分东西二线环抱古城区而过，是无锡在全国率先崛起民族工商业的发源地。南门至清名桥段，民居夹岸，前店后河，被称为"江南水弄堂"，是无锡古代商业街的典范。

（十二）中吴要辅——常州

常州的新石器时代村落遗址距今已有6000余年，有马家浜文化与崧泽文化叠压地层。1976年发现的天宁区青龙镇潘家塘、奚蒋塘、刘家村一带的潘家塘聚落遗址，距今5500多年，下层属于马家浜文化时期，浅层属于崧泽文化时期。1986年发现的戚墅堰区丁堰镇排姆村附近的常州果园遗址，距今5000多年，属马家浜文化后期。1973年发现的武进区郑陆镇三皇庙村寺墩遗址，距今约4500年，属良渚文化时期。

这座有着3200多年历史的江南文化名城，地处长江下游南岸，太湖流域水网平原，春秋时期的公元前547年，建邑立邦，始称延陵。秦置县。自西晋起，常州一直是郡、州、府治所在地，素有"三吴重镇、八邑名都"之称。隋文帝开皇九年（589年）始称常州，于1949年设市。常州在大运河通航之后，"上通京口，下引姑苏，襟江带湖，形胜甲于东南"，区位优越，商业繁华，成为"三吴襟带之邦，百越舟车之会。"常州是南朝齐梁故里，自古崇文重教、人文荟萃。淹城遗址是中国目前西周到春秋时期保存下来的最古老城区，也是世界上仅有的"三城三河"形制的古城。

（十三）十朝古都——南京

南京并非大运河沿线城市，但有发轫自先秦的密集的运河系统，通过长江、太湖等水系与大运河连接，与之共生共荣。南京地区运河多达38条。

秦淮河是南京城市诞生和发展的生命之源，两岸是人烟密集的居住区，市井喧嚣、烟火漫卷。早在3000年前，分布于秦淮河两岸的南京先民们就已经掌握了铁和青铜的冶炼技术，并以此制作了箭、矛、刀、斧等器具，用于打仗、渔猎、生活。此外，他们还饲养了牛、羊、猪、狗、鸡等家畜家禽，特别是在长干里、横塘、秣陵等地，集聚形成了南京最早的手工业、商贸、水运等业态，促进了秦淮河两岸最初的繁荣，南京最早的市场就在秦淮河两岸形成。两千多年来，这里一直商业繁荣，人口稠密。南京古城的雏形，也就此形成。越城是南京有确切年代可考的最早的古城，南京城的历史，从越城算起，已经有2400多年。越城范围不大，城周"二里八十步"，按南京大学收藏的东周铜尺为23.1厘米折算，不过942米，不足1千米，约合60000平方米，但它背倚雨花台，前临秦淮河，扼住了秦淮河入江处的咽喉要地，有着重要的战略意义。

东汉末年，孙权在江东积极扩张势力，建安十六年（211年）将治所自京口迁来秣陵，并改秣陵为建业（今南京），取建功立业的意思。212年，孙权在石头山原楚国金陵邑的基础上修城，用来储存军粮、器械，这就是著名的石头城。三国吴黄龙元年（229年），孙权于武昌称帝，将都城从武昌移至建业，开启了南京1800多年的都城发展史。

建业地区农业生产发展很快。西晋文学家左思在《吴都赋》中描写道："国税再熟之稻，乡贡八蚕之绵。"水稻一年两熟，蚕茧一年收多次。织锦技术从蜀地传来后，丝织业也兴起了，皇宫中有上千名的宫女从事丝织业。那时的建业市场趋于繁荣，货源也很充足，横塘（从中华门到水西门的秦淮河两岸）是当时最繁华的商业区，东吴境内最大的商市大市就在这一带。

东吴的其他手工业也随着农业的急速发展而突飞猛进。陶瓷是名扬一时的行业，南京地区发掘出土的青瓷器造型十分优美，反映出当时很高的制作水平。更值得称赞的是发达的造船业，东吴造的大船，一般都有二十余丈长，有的船上下五层，可装载五六百人，载重千吨以上，有些大船甚至可以承载3000余人。

晋统一全国，改建业为秣陵，282年分秣陵北部为建邺，改"业"为"邺"。建邺成为司马氏的根据地。313年，建邺县改称建康县。西晋灭亡后，司马睿于317年春在建康称帝，建立起偏安江左的东晋王朝。从西晋末年开始，由于北方战乱而渡江南迁的汉族人很多，数量甚至超过了土著人口，因而大大改变了建康的传统风俗和习惯。从此，建康城不再是单纯的江南城市，逐渐形成为融会南北风格于一体的全国性大都市。

隋唐时期，战乱使六朝建康城成为一片废墟，唐代著名诗人杜牧笔下的金陵是"六朝文物草连空"的景象。但是，由于金陵地形重要，加上六朝300多年的经营，奠定了比较坚实的政治经济和文化基础，所以到唐朝中期，这里的生产和文化又逐渐恢复和发展起来。同时随着当时江南经济的迅速发展，全国经济中心继续南移，金陵地区的经济也逐步繁荣起来。秦淮河两岸商业趋于兴旺，居民密集，市集相连，形成了今天所遗存的一段"十里秦淮"历史风光带。

南唐前期，实行新的货币制度，将钱名改为"宝"，如大唐通宝等，金陵城内已经出现我国最早的银行。南唐金陵成为当时全国繁华的商业都会，传统的丝织业和造船业也在这里重新得到发展。市场上出现了一批拥资巨万的富商大贾，他们以南方的茶叶、纺织品、药材等，交换中原地区的羊、马等物，生意十分红火。

975年宋灭南唐，为了继续加强对南方的统治，宋太祖曾下令军队不得破坏南唐都城，金陵城郭得以保留。在此基础上，宋朝设置了江宁府，成为东南重镇。北宋时，中国经济中心继续南移，江宁府的经济也进入繁荣时期。同时，随着中国文化重心转移到江南，位居江南中心的江宁府，地位就更显得重要了。

两宋时期的江宁是工商业发达、市场繁荣的城市。周邦彦在《西河·金陵怀古》一词中描写过，当时城内到处都有店铺、酒肆，街市十分热闹，城内已有各种商业行会，朱雀桥一带街市的晚市更是繁荣。为适应商业活动的发展，建康府重修了秦淮河上的镇淮、饮虹二桥。这二桥商旅往来繁忙，出现了桥上"车马如云"、桥下"千艘鳞鳞"的景象。南宋时，江南局势逐步安定，经过战乱后的建康地区逐渐恢复了昔日的繁荣。毁于战火的建康城，在1135~1162年的27年间，曾四次重修，大体恢复了南唐金陵城的规模，建康府商业繁荣的程度只稍逊于都城临安。

元朝政府在建康城东南（今武定桥）、城西北（今汉中门一带），设有规模庞大的东西两个织染局，年产锦缎上万匹和丝两万多两，除了丝织业，种植棉花和纺纱织布业也在江南农村出现。

明代的南京城不仅是当时全国的政治中心，而且也是当时全国的经济中心。明初，南京是天下漕运中心。永乐迁都后，南京依然是漕粮集散中心，南方诸省的粮食在南京中转，装船经大运河运往北方。《明史》记载："先是，成化间行长运之法。江南州县运粮至南京，令官军就水次兑支……"

清政府在江宁府城设有统辖江苏、江西、安徽三省的两江总督以及江宁将军、江宁布政司、江宁织造等重要衙署，"江宁"一名也成为清代南京的通用名称。江宁城是江南交通枢纽，是南北交通要道，控制着长江和运河的交通，是清朝南北经济生命线。除了粮食外，清政府的财政收入和其他各种物资也靠这个地区供给。江宁城商业发达，城内外设有各种行市，如米行、木行、盐行等，市场兴旺。

四、江苏运河工商文化形成的基础

大运河直接流经江苏的8个城市，运河文化特征尤其凸显；运河与江苏各地自然河系相连相通，按照其与运河联系的密切程度，又可分为运河文化拓展区与辐射区。拓展区包括南京、泰州与南通，辐射区包括盐城与连云港。

大运河使得北方政治中心与南方经济中心相连通，北方文化与南方文化相沟通。大运河又串联起"诗画江南"吴文化、"漕盐都会"淮扬文化、"雄浑厚重"楚汉文化、"十朝文枢"金陵文化和"通江达海"海洋文化，经济基础和文化创造相互沟通、融合，拓展了江苏文化创新的来源，孕育出江苏水韵人文的地域文明，塑造了"吴韵汉风""水韵书香"的人文特色，形成江苏文化集聚带。

河为线、城为珠、线串珠、珠带面，大运河江苏段不仅承载着生态价值、经济价值，更融入了江苏的文化血脉，建构了一个广泛流动的文化交流空间。沿岸不同地域文化与运河文化相互影响、交织形塑，相辅相成、相得益彰，促进了开放包容、重视工商业发展等理念的形成。

追本溯源、留存历史印记是准确解读江苏运河工商文化基因密码的重要前提。

古代的运河核心在"运"。曾任故宫博物院院长的单霁翔指出,"作为世界上现存规模最大、保存最为完整的紫禁城,仅靠北京本地的建筑材料显然不够。其余的砖石、木料等物如何运抵北京?相当一部分是顺着大运河'漂'来的,其中很多是苏工苏作。"大运河江苏段一河多韵,商贾辐辏,百货骈阗,舟船迤逦,滋养了千年繁华富庶,提升了江苏手工业、商业、工业的发展水平和发展质量,江苏各地不同的地域文化又为工商业发展提供了各具特色的区域性资源,由此形成江苏运河工商文化发展的基础。

五、地域文化与运河文化的互动发展

(一)吴文化与运河文化的互动发展

吴文化由如稻作、蚕桑、茶、渔业、水运、商业、民族工业、饮食、服饰、民间工艺、文学艺术、风俗等文化丛及其文化因子组成。各文化丛及其文化因子之间相互作用、相互依存、相互补充、相互制约,构成了复杂的网络结构。例如,稻作和渔业文化丛为饮食文化丛的形成和发展提供了物质基础,饮食习惯又反过来影响农业的结构与布局;蚕桑文化丛为手工业的发展提供了物质条件,丝质产品市场需求增加又要扩大蚕桑种植规模,进而改变了种植业结构。具有复杂网络结构的文化系统,与外界环境及周边文化系统诸因子也在不断进行物质、能量和信息的交流,构成了开放的文化大系统。在长期的历史交流中,吴文化因子不断进行扬弃与更新。同时,文化因子与环境之间相互联系、相互作用,形成了适应、制约、改造和融合协调的互动关系,为吴文化的发展拓展了广阔的空间。

吴文化的发展受到诸多因素的影响,其中浓墨重彩的一笔就是运河。吴地运河史始于吴文化成长期,虽然吴文化的发源更为久远,但从某种意义上来说,运河史与吴文化史在吴地的生长发展基本上是重合的。

运河文化丰富了吴文化的内涵,塑造了吴文化精致表象下的大气格局,"大气"表现为:大视野、大格局、大手笔、大运作、大平台、大环境、大企业、大项目、大发展;高起点、注重长远效益、整体效益,牺牲一点局部利益和短期效益;大家风范、国际气息……运河文化还带动了吴地城市的发展,城市的发展赋予吴文化不断发展的动力。吴地工农业的齐头并进,促进了交通与商业的发展。吴地所造舟船形态迥异,各有所用。吴地"控三江,跨五湖而通海",具有商业地理优势。

吴文化丰富了运河文化的内涵,让运河文化在流动过程中整体上带有吴文化的特征，使得运河文化在多元文化融合的基调中内含吴地韵味。吴文化是运河文化发展的稳定剂，吴文化自始至今相对稳定，在中原文化遭到战争或政治因素的侵袭背景下，吴文化作为运河文化的一个重要组成部分，为运河文化提供着源源不断的生命力。

吴文化区域内地势西高东低，西部和西南为连绵的低山、丘陵，北部和东北大多是江湖冲积平原，河流纵横，水域面积约占四分之一，其中太湖居中，是著名的"水乡泽国"。吴地气候温润，雨量充沛。在运河开凿之前，吴地先民就已创造了灿烂的稻作文化、船文化和渔文化。吴地的自然环境使吴地先民选择了水稻作为主食，有别于北方的粟或黍。在土地利用上，平原河湖区以圩田、围田、葑田、人造架田为主，沿海滩涂区有涂田、潮田等；在种植结构上，以水田耕作为主。而密布的河网也为水产养殖和捕捞等渔业生产方式提供了必要条件，造就了鱼塘水田交错分布的"鱼米之乡"。

在运河逐步开凿的过程中，结合当地自然地理条件，吴地人因地制宜建造了数以百千计、类型各异的桥梁与船只，形成了独特的吴地桥文化与多样的船文化。因此，小桥流水人家也成了吴地的特色景观与形象。此外，吴地的刺绣、织锦、团扇等丝绸类工艺品，以及宜兴的紫砂陶器，从原料、题材的选取以及表现手法的运用，都与吴地水乡环境密切关联。基于水网密布特征开凿的各条水道以及最终形成的大运河，对包括吴地在内的中华大地上经济、政治、文化各领域的发展产生了巨大的影响，运河为吴文化的发展增添了新的发展动力。

吴地的地缘优势与运河因素十分有利于文化的传承。虽然吴地在历史上被认为是蛮夷之地，但是吴地居南北交汇的缓冲地带，是东南各族与中原接触的前沿，同时也很大程度上受到中原文化的影响。吴地北枕长江，拥有天然屏障，在一定程度上阻隔了北方战乱的侵扰，成为名人贤士的隐居和落魄王室的偏安之所。这种中间地带水陆交通发达的地缘优势对吴文化的流传发展起到了积极作用，促进了多种文化的融合。

自唐代中叶安史之乱以后，中国的经济重心南迁，随后便一直稳定在江南地区。历史上三次大规模的"北人南迁"，给南方带来了先进的技术和制度，同时，人口的增加也刺激了农业的进一步发展。农业的发展带来了手工业内部经营结构的变化，促进了一些手工业部门（如宋代丝织业、刺绣、酿酒业）的发展；同时，另一些手工部门（如造船、瓷器制造、印刷业和金银制作业）随着生产和生活需要的增加也相应地发展起来。这就使得吴地生产发达、技艺先进、士民殷富，也造就了数以千计的文武英才。

（二）淮扬文化与运河文化的互动发展

自秦以来，中国东部自北向南形成了燕赵文化圈、齐鲁文化圈、吴越文化圈，而运河恰如一条丝带将它们串联起来，形成一条独特而亮丽的运河文化带。而淮扬文化正是由于运河的沟通而逐渐形成的。淮扬文化与运河文化一体性发展，并以运河文化为魂。由于京杭大运河的全线凿通，特别是到了明清两代，东南几省漕运的船队都要经过两淮北上，这里官商云集，人口骤增，逐渐繁荣起来。淮阴与淮安就是由于漕运的兴起而繁华起来的两座历史名城。淮扬文化的突出表现是运河文化及其带来的漕运文化。

江淮流域经过汉末三国乃至六朝的开发，到隋唐时期经济发展达到了一个高峰，加之这一地区水利运输便利，也没有大量军队驻扎，唐玄宗一朝，江淮租赋大量上解京师，逐渐成为上解赋税的主要供应地。而古城扬州的历史发展与大运河的命运休戚相关，虽然吴国境内河网密布，但长江淮河之间并无水道相通，人工开挖邗沟引长江水向北，经广武、陆阳两湖，入樊良湖，转向东北入博芝、射阳两湖，又折向西，经白马湖到末口入淮河，从而沟通了江淮。在很长一段历史时期内，邗沟始终承担着南粮北运、南北商贸往来和文化交流的重大使命。可以说，运河发展史即为扬州发展史。

淮扬文化内涵非常丰富，既有活态运河文化，包括运河本体及管漕运、管河、管盐官衙文化等相关物质文化遗产，还包括运河号子、运河诗文等非物质文化遗产，又有语言、民俗、学术等方面的文化遗产。这些遗产形成都与淮扬文化与不同地域的文化相互交流、相互吸纳、共同发展的过程有十分密切的关系。

文渠是淮安城的文化象征，目前水道布局基本完整，目前文渠沿线保存着矶心闸、南市桥、兴文桥、府学泮池、巽关、龙光闸、龙光阁等文化遗迹。其中，龙光闸始建于明天启年间，雍正四年（1726年）重建，用以控制城中文渠水位。目前闸底深1.5米，闸门宽0.3米，长5米。目前，淮安区与运河相关的文化遗产主要有末口、古运河石堤、淮安钞关、勺湖碑园、矶心闸、文渠、龙光闸、庆成门、天妃宫、两淮批验盐引所、盘粮厅、龙光阁、萧湖、月湖、巽关遗址，主要分布于淮安区城区、河下、板闸等地。目前，淮阴区与运河相关的文化遗产主要有洪泽湖大堤淮阴区段、高堰铁牛、赵集关帝庙、高堰洪泽湖大堤石刻、侯二门险工、马头三闸、淮安清口灵运记碑、张福河、仲庄堤工、仲庄运口、惠济越闸涵洞、惠济祠、通济闸西堤、天妃坝、小清河口、马头三里沟运口、天妃闸、杨庄运口、杨庄乾隆碑、淮阴闸、王营减水坝、盐闸、西坝老船塘、烟墩埽工等遗址。清江浦的河道总督衙署、清江大闸等遗迹保存基本完整，街巷格局与水系结构仍清晰可寻。

洪泽湖大堤淮阴段沿线保存着丰富的文化遗产，如洪泽湖大堤石工头、高堰洪泽湖大堤石刻、马头三里沟运口、洪泽湖大堤零公里碑等遗址。张福河沿线分布着许多与运河相关的文化遗迹，如顺黄坝埽工、卞家汪石工堤、马头太平涵洞、马头官巷、洪泽湖大堤吴棠拆止处、淮阴城址、淮安清口灵运记碑、仲庄运口等遗址。以清口为中心，形成了诸多与运河相关的文化遗迹，如惠济越闸涵洞、惠济祠、通济闸西堤、天妃坝、天妃闸、小清河口等遗址，清口水利枢纽遗址等留有部分地面遗产。

杨庄附近也有大量的运河水利设施遗产，如杨庄乾隆碑、盐河头钳口坝、杨庄头二三坝、杨庄大王庙、盐闸等遗址。杨庄境内的这些涵闸、堤坝等遗址大部分保存完好，杨庄老街面貌和部分传统民居基本保存下来，是京杭大运河重要的文化遗产。

目前，洪泽区境内与运河相关的文化遗产主要有洪泽湖大堤洪泽段、龟山运河、洪泽新河、龟山御码头、安淮禅寺、移建安淮寺碑、龟山淮渎庙碑、陶澍游龟山访禹迹题咏碑、老子山船坞、三河闸碑刻群、头坝、礼坝船坞、周桥大塘、周桥船坞、信坝船坞、营门口、二河闸、黄罡寺洪泽湖大堤石刻等遗址。洪泽湖大堤洪泽区段沿堤有周桥船坞、周桥大塘、信坝船坞、周桥月堤、乾隆信坝和蒋坝石工尾等遗址。

关于明清时期河臣治理运道及洪泽湖堤堰、闸坝等水工建筑的碑刻铭文，集中保存于三河闸碑刻群、营门口洪泽湖大堤石刻群、二河闸洪泽湖大堤石刻、黄罡寺洪泽湖大堤石刻等。这些条石上刻有大量筑堤工人的姓氏，还出现了划分工程段的石刻，主要包括工头、工尾、石工头、石工尾等，确立了每段工程的责任人。这些雕琢精细的石刻雕刻着很多寓意吉祥的图案，如"莲笙三级"（"连升三级"）、"马上蜂猴"（"马上封侯"）、"一锭如意"等。周桥大塘现为保存最完好的洪泽湖大堤石工墙原貌遗产。

泗州城遗址（原名泗州故城）位于盱眙县淮河镇城根村和沿河村，古汴河穿越古城而过。泗州城始建于北周，隋朝毁于战乱，唐代重新修建。宋代有东、西夯土城墙，明代初期，合二为一，城墙改用砖石结构，周长1600余丈（约5333米）。

1974年在淮河镇城根小学附近发现泗州城城墙石基础。1999年考古人员对泗州城遗址实施了第一次勘探，确定古泗州城遗址就在盱眙县淮河乡沿河村、城根村一带。古泗州城内，最有名的建筑当属佛教建筑"僧伽塔"，也叫灵瑞塔。泗州城遗址现为全国重点文物保护单位。

金湖古遗址集中在西南部与盱眙相连的丘岗地区，如金南镇的时墩、抬饭墩遗址，戴楼镇的獾墩遗址等。涂沟镇、吕良镇、金沟镇等现存有涂沟遗址、通衢集遗址、大王庙遗址、吕良棋盘街及民居群等文化遗产。

盐业事务的运作与盐业贸易的兴盛，都与运盐河（即盐河）的畅通有关。经盐河运输的食盐，大部分需由运河转运其他地区，所以从广义上讲，涟水与运河也必然有关联。明清时期，盐河仍为淮北食盐的集散地和转销中心，对于整个城市人口结构和社会发展具有重要的意义。目前盐河仍具有通航运输与农田灌溉的功能。目前，涟水县与运河相关的文化遗产主要有盐河、支家河、六塘河、涟中节制闸、时家码头、朱码节制闸、朱码船闸、涟漪湖、佃湖等。

（三）楚汉文化与运河文化的互动发展

楚和汉是指秦汉之际，项羽、刘邦分据称王的两个政权。徐州地处汴泗交汇处，北上齐鲁、西进中原。春秋鲁哀公十三年开菏水，泗水西接菏水、通济水，后与开凿的鸿沟及汴河、黄河相连；泗水南流入淮，通过邗沟连通长江，徐州凭借天然水系纳入最早的运河体系。徐州西北高东南低的地势与岗岭较多的地貌、时空分布不均的降水、善淤善决善徙的黄河和漕运国脉价值导向下的国家意志等多因素，使大运河徐州段的文化资源种类繁多。

古都宿迁是西楚霸王项羽的故乡。项王故里，又称"梧桐巷"，是西楚霸王项羽的出生地。黄河故道与宿迁历史文化有着悠久的渊源。因为自唐宋以来直至明清，黄河多次改道，"侵汴泗、夺淮河"入海，使宿迁一度成为黄河的主流河道，成为水灾频发的洪水走廊，由此给宿迁大地带来巨大变化，造成了巨大影响。

宿迁这段黄河故道从元代开始，到清代前期，作为大运河的主航道发挥作用，也就是"借黄行运"，或者说"借河为漕"，直到康熙年间，由于黄河溃决不已，造成河患频发，关系国运的漕运危在旦夕，康熙才下决心在宿迁开凿中运河，重新将南北运河贯通。中运河的开凿体现了当时世界河流治理技术的最高水平，奠定今天京杭大运河的最终走势。

大运河宿迁段是大运河"弃弓走弦"的关键节点、国家漕运命脉的重要节点，集中呈现了千年来人类治黄、治淮、治运的与水抗争历史，创造了宿迁独特的人文价值。

（四）金陵文化与运河文化的互动发展

金陵文化与大运河文化具有共同的文化基因和文化关联。南京江河湖泊密布，长江穿城而过。秦淮河，穿越南京城区，南京的母亲河，是长江下游的一条支流，全长约110千米，誉为"六朝烟月之区，金粉荟萃之所"。数百年来，以南京为中心的水运体系，同样是大运河的组成部分，南京运河的兴建勾连南北，兴盛漕运，对整个大运河文化带影响深远。

（五）海洋文化与运河文化的互动发展

江苏滨江达海，河网密布，海河联运，沿海的连云港、盐城、南通三市与沿江的南京、镇江、常州、扬州、泰州、无锡、苏州等形成了南北呼应的文化对话格局。海河交汇的地理特征，不仅形成了一个典型区域地理状况，也孕育了江苏地方独特的文化特色和流布规律，带来区域文化的流动、交流和融合。特别是以淮河、盐河、烧香河为核心的海河联运通道，促进了历史上苏北、苏中、苏南之间的文化沟通和融合，并通过海河联运使海洋文化与大运河河流文化交融为一体，逐步成熟，趋于一体化。

六、江苏运河工商文化的内涵

大运河便捷的交通促进了沿岸经济的活跃，使这些地区成为中国人口最密集、经济最繁荣、文化最昌盛的地区。清代黄钧宰《金壶浪墨》卷一称："天下殷富，莫逾于江浙，江省繁丽，莫盛于苏扬。"大运河江苏段蕴涵着多元一体的格局、天工开物的睿智和开放包容的文化态度，形塑了沿线一代代人"逐水而居、枕水人家"的生活方式，衍生出不断丰富发展的经济、社会、文化价值。

江苏运河工商文化根植于古代，裂变于近代，是在大运河江苏段及其辐射区域内进行手工业、商业、工业生产活动过程中，以大运河江苏段为轴，以江苏工商业发展和城市经济社会发展为基，以大运河文化和江苏地域文化的融合发展为核，以先进价值观和生产方式、生活方式为引领而积淀形成的特色鲜明、内涵丰富、持续演进的文化形态，是江苏运河城市成功崛起的发展模式和内在逻辑，是江苏文化的重要符号，是大运河文化的重要组成部分。

江苏运河工商文化资源是不可再生的珍贵资源，江苏运河工商文化的典型载体主要包括运河城市历史文化街区、运河工业遗产、运河老字号，以及运河手工技艺、运河习俗等非物质文化遗产。

江苏运河工商文化蕴含着生生不息的奋斗进取精神、与时俱进的创新协同精神、开放包容的融合共生精神、忠义诚信的使命担当精神，凝练了江苏人民的独特创造和价值理念，具有鲜明特色，是运河文化、运河工商文化的重要组成部分。江苏运河工商文化的精髓，反映了江苏人在运河两岸数千年来世代相传的精神特质，蕴含着一脉相承的发展理念、价值观念。随着时代发展，实现江苏运河工商文化创造性转化和创新性发展，赋予新的时代内涵和现代表达形式，全面阐释当代价值和时代精神，推动江苏工商文化资源优势转化为江苏经济发展优势，可以为"争当表率、争做示范、走在前列"新江苏的精彩实践提供精神动力，提升城市群功能，形成经济工作的突破方向与重要抓手，加快培育现代化大都市圈，提升产城融合发展水平，以高质量的城市群推动高质量发展。此外还可以创新中国话语，对接世界话语，生动地向世界讲好中国故事的江苏篇章，传播江苏好声音。江苏运河工商文化在保护传承中科学利用永续发展，让流动的文化泽被当代、启迪未来。

七、新时代江苏运河工商文化的建设策略

江苏运河工商文化建设要准确认识大运河江苏段的时空特点，充分体现大运河的真实性、完整性、延续性，着眼于保护古运河世界级文化遗产，传承与利用古运河两岸丰富的物质和非物质文化遗存，讲好大运河江苏段工商业演变和发展的故事，发掘大运河江苏段工商业人物，创新发展江苏大运河文化旅游产业，深入挖掘和丰富江苏运河工商文化内涵，突出江苏运河工商文化的历史脉络和当代价值，彰显江苏运河工商文化特征，形成江苏大运河文化带建设在中国大运河文化带建设中的鲜明特色，丰富中国运河文化的内容。

（一）坚持"大保护观"

城市与文化遗产相辅相成、相互促进，城市的内涵与特色通过其承载的地域文化和保存的历史遗产来呈现。文化遗产往往包含着某一地区的历史、文化、地理、产业变迁等元素。文化遗产见证了城市文明的诞生、发展甚至消亡，反映着岁月流逝中城市历史、人文、社会、地理的变迁。意大利建筑师和古迹修复师乔万诺尼（Gustavo Giovannoni）奠定的城市遗产保护和修复的基本学说指出，古代城市

"片段"应被整合到一个地方的区域和国土规划中,处理好古老肌理与当下生活的关系。欧洲理事会1975年通过的《阿姆斯特丹宪章》确立了欧洲历史保护的"整体性保护"理念,即建筑遗产保护需要更好地融入城市规划政策和管理中,由此解决在遗产保护与城市发展之间可能会产生的冲突。运河文化遗产的保护、传承和利用,不应仅仅局限于运河文物、遗址、景观、古建筑群以及非物质文化遗产的保护、传承和利用,而应树立"大保护观",使古运河工商文化遗产的保护、传承和利用与现代城市整体建设和营销相融合,与历史文化名城的定位相一致。现代运河城市的发展要基于历史文脉,紧紧围绕大运河所具有的"突出的普遍价值"这一内核,尤其要突出大运河的独特价值,强化工商文化遗产所在主体的特征,在提升运河文化遗产的国际知名度和国际影响力的同时展现江苏运河城市的魅力和品位。

(二)践行"大遗产观"

"遗产"的一个基本内涵是"历史上遗留下来的财富"。世界遗产委员会认为:文化遗产来自过去,是当代送给未来的礼物。江苏运河工商文化和历史遗存蕴含深刻的哲学思想、丰富的人文精神、独特的价值理念、科学的制度规范等,反映了中华民族共同体的基本特征。时间上,运河自始建以来从未中断、发展至今;空间上,随着运河水系网络的延伸与拓展以及沿岸社会经济发展,形成了广泛的运河工商文化覆盖面;内容上,运河工商文化不仅包括文化遗产及其自然属性,也包括非物质遗产,可细分为工业遗产、商业遗产、运河文化线路、具有特定历史意义的城市历史文化街区和乡村传统聚落、与人民群众生活息息相关的传统民居和老字号等。江苏运河工商文化和历史遗存具备规模性,代表着江苏运河流域人类文明和地区文化现象,也标志着重要历史时期或重大历史事件。为此,要确立"大遗产观"。基于世界遗产保护的视角,克服功利性的开发冲动,使运河遗产保护得到法律保障,坚决避免大拆大建,着力保持遗产的原生态、环境与风格,防止"拆真建假""拆旧建新",构建主线清晰,既有"点"的深入,又有"面"的拓展,并将工商文化遗产的过去、现在、将来有机地联系在一起的文化遗产保护体系。江苏运河工商文化遗产的保护、传承和利用要围绕历史环境生成的文脉,彰显大运河江苏段这一世界遗产所蕴含的人类文明和文化价值,涵盖古代、近代、当代的各类各级工商遗产,涵盖工商遗产所依托的特定的自然环境和文化环境。构建过程中应充分认识古运河工商遗产的资源意义,保持运河工商遗产的可持续性,促进运河工商遗产融入当代生活,弘扬人类和自然的共生和谐关系,引导人民群众增强工商文化遗产保护意识，从而树立正确的历史观、文化观。

（三）形成"大资源观"

非物质文化遗产是确认地方"文化特性"的"强有力手段"。费孝通认为，非物质文化遗产作为人文资源，"不仅是可以保护的，而且，还是可以开发和利用的，是可以在新的历史条件下有所发展、有所作为的。"联合国教科文组织《保护民间创作建议案》(1989)、《人类口头和非物质遗产代表作宣言》(1997)、《保护非物质文化遗产公约》(2003)等非物质文化遗产相关国际性文件的颁布，表明世界各国普遍重视非物质文化遗产的保护与利用。"大资源观"体现在要加大运河非物质文化遗产的挖掘、保护传承及开发利用力度，有效保护非遗传承人的文化完整性及其作品的知识产权，坚持保护传承的基本态度；围绕运河非物质文化遗产，发展运河特色文化创意产业，发扬当代发展的创造精神，倾听新时代呼唤，内容创新与形式创新相结合，把传统技艺技法融入当下题材的发展与变化；注重非物质文化遗产生产性保护，彰显浓郁的传统底色和地域灵性，延续运河非物质文化遗产的生命力。

（四）具备"大空间观"

江苏运河工商文化建设要放眼江苏地处"一带一路"、长江经济带和长三角区域一体化等叠加交汇区的大背景，以大运河为纽带，增强运河城市之间的有机联系，发挥大运河江苏段的区位优势，凸显运河城市的"各美其美"。围绕运河城市的核心价值——经历不同时代所形成的独具特色的历史街区和建筑，融入公共空间的理念，建构运河工商文化空间，从对重要工商历史文化纪念物的保护，转向对一般市民日常生活空间记忆保护，涵盖具有历史的、考古的、艺术的、科学的、社会的或技术的价值的区域，全面建立自然环境和工商文化遗产的有机关联性，提升由大量次要建筑形成的城市肌理和空间形态的遗产价值，使大运河更好地服务于运河城市，增强居民和旅游者的获得感。

（五）落实"大旅游观"

遗产旅游被认为是最早的旅游形式之一。世界文化遗产具有超乎寻常的旅游魅力，如遗产业被称为是"英国吸引海外游客的主要力量"。世界旅游组织认为，近40%的国际旅游涉及遗产与文化。近年来，我国旅游者的消费偏好也发生了深刻变化，人民群众有了较强的文化和精神层面的消费需求。运河城市需要进一步提升旅游品质、深化旅游内容，聚焦运河文化遗产的"唯一性"与"世界性"，以旅游为载体传播与活化运河文化。遗产保护与文化旅游活动相结合，擦亮世界文化遗产这一大运河的标志性品牌，将"运河文化遗产"与"城市文化旅游"作为一个有机整体来考量。明确城市运河文化旅游鲜明的主题，丰富旅游发展中的运河文化类型和运河文化元素，形成享誉中外的缤纷旅游带，让八方来客在运河两岸品味生活。让市民在运河流水中受益，以旅游体验的增强，活化运河历史遗存，重生千年运河古城，激发游客的运河情感与市民的运河情怀。要加强旅游基础设施建设，拓展旅游接待能力，打造具有世界级品牌影响力的旅游线路和精品文化旅游项目，形成特色文化旅游品牌，实现旅游产业的转型升级。发挥整合效应，建设旅游要素齐全的开放式景区。进行统一串接，将众多自然与人文景观形成一条具有内在有机逻辑的线链，丰富差异化、特色化、定制化的文化旅游产品，拓展文化旅游产业链，开发文化旅游线路，结合民间习俗，组织大型公共活动，再塑历史民间风情和活动，恢复传统文化的生活气息，增强休闲度假产品体验性，满足度假游客体验地区差异性文化的需求。将文化旅游与实际体验相结合，使游客身临其境感受运河工商文化。

（六）体现"大文化观"

从城市发展三大内核因素来看，经济体现了城市的硬实力，文化代表了城市的软实力，而旅游则彰显了城市的魅力和形象。独特、鲜明的文化是城市的灵魂，是城市发展的核心动力。大运河是中华民族流动的精神家园，也是中华民族历史发展长河中展现强大民族凝聚力和向心力的伟大创造。应以工商文化为特色建设主线，体现大运河江苏段文化带、生态带、产业带"三带合一"的建设理念，将工商文化遗存保护、沿岸商业开发、沿线文化旅游产业发展、流域环境与景观建设紧密结合起来。运河工商文化建设要发挥运河两岸的人文、商业和生活资源丰富、城市功能载体与运河的可融合程度高的独特优势，赋予旅游产品以新的特质，能够将抽象的文化直接转化成具有高度经济价值的产业形态。要厘清文化主脉，确立文化旅游的主体定位，着眼于文化特色的凝练，整体性开展运河城市遗产保护，处理好历史文化与现代文化、商业与居住、特色传统文化景观区域与全市整体规划等各种复杂关系，将孤立的传统景点进行组团式系列化改造，丰富夜间旅游的文化形式与内容，注重运河故事解说词的撰写与演讲。

八、江苏运河工商文化建设案例

大运河无锡段通江连湖，北有锡澄运河、锡北运河等多条支河贯通长江，南有直湖港、梁溪河等支流连接太湖，无锡成为江南水利调控之要冲，水上交通之枢纽，风景游览之胜地。2019年6月，无锡市大运河文化带建设工作领导小组第一次全体成员会议提出，把运河无锡段建设成为继古开今的璀璨文化带、山水秀丽的绿色生态带和享誉中外的缤纷旅游带，推动无锡大运河文化带建设走在前列、形成示范。

无锡运河工商文化建设在空间上涵盖三个层次：一是"龟背城"的"一弓九箭"水系，即为明清时期形成，现已因填河消失；二是环城古运河，即现今留存的古运河部分；三是新运河，即20世纪60年代建设，20世纪80年代通航。其中，黄埠墩、西水墩、清明桥三处节点分出三股重要支流：一是黄埠墩处分出的惠山浜支流；二是西水墩处连接的梁溪河；三是清明桥处连接的伯渎河。

坚持人民城市理念，以时间为轴，全方位打造高品质的无锡运河工商文化空间：

（1）溯源。以惠山古镇祠堂文化为引线寻根问祖，追溯历史文化的渊源。经济起源：惠山泥人；相关景点：祠堂群、惠山浜、龙船浜、黄埠墩等；水文化特色：岛、支流。

（2）奠基。米、布、丝、钱四大码头，昌盛的经济孕育了民族工商业的萌芽。经济基石：米、布、丝、钱四大码头；相关景点：接官亭、竹场巷（金融发祥地）、锡金钱丝两业公所等；水文化特色：码头。

（3）繁荣。民族工商业起航地，古运河畔家宅厂商兴旺繁华。经济发展：民族工商业；相关景点：北仓门、小娄巷、南禅寺、薛福成故居、茂新面粉厂等；水文化特色：环城古运河。

（4）传承。江南街、水、巷，运河文化惠及现代旅游。文化展示：基于茂新面粉厂旧址的中国民族工商业博物馆，基于永泰丝厂旧址的中国丝业博物馆，基于明清时期古窑群遗址的无锡窑群遗址博物馆，基于春雷造船厂旧址的中国乡镇企业博物馆，以及古运河畔的建筑民居，南下塘的地方风俗；相关景点：寺、塔、河、街、桥、窑、宅、坊、弄、馆等；水文化特色：水弄堂。

（5）发展。20世纪80年代经济崛起，到现代智联产业形成的聚集区域；其景观建设也展示了无锡发展的历程。运河景观轴：运河东路、运河西路景观带，展示现代运河建设历程；景观节点：江尖公园、惠山古镇、梁韵苑、中日友好园、南尖公园；产业文化：现代工业聚集区——协新毛纺厂、丝绸厂、威孚公司、无线电厂、天元麻纺厂等；智联产业聚集区——创智园、物联网产业园、科技园。

唐代以来，无锡已为旅游胜地，有史记载，晚唐文学家皮日休、陆龟蒙、魏不琢等在无锡乘舟"共为烟水之乐"，堪称无锡古代水上旅游。作为传统旅游胜地，无锡要将已开通的古运河水上观光游提升为古运河水上休闲度假游、古运河水上文化旅游体验行。通过陆上游线路，串联起祝大椿故居、中国丝业博物馆、薛福成故居等景点，结合"文化商贸休闲驿站—崇安寺乐购自由行"。

无锡"江南古运河旅游度假区"的建设针对景区碎片化、管理多元化的问题，基于大运河国家文化公园的建设，围绕"江南绝版水街坊、民族工业起航地"的定位，以工商文化遗产资源的价值提升为己任，统一规划沿河产业、商业等布局，充分体现当代赋予"文化"的多重意义，继续延续大运河文化遗产在申遗的过程中得到的关注与保护，注重遗产的完整性保护，在融合发展中保持其本真性。深入调查、挖掘考证江南古运河的文物、遗址和遗迹，加强古运河段保护，加强古运河段的黄埠墩、西水墩、江间渚等墩、岛、渚的保护；加强古运河遗迹的保护，包括堤岸、闸堤、水岸等水工设施，驿站、码头、接官亭、十里亭、驿道以及纤道等交通递运设施，清名桥、西关渡、南尖茅泾浜渡和清名渡等古桥梁和古渡口，南下塘、南长街、小娄巷等古街巷，故居、书院、祠堂等名人遗迹；加强近代民族工商业的遗址和遗迹保护，以"一串珍珠"的形式整体性体现作为中国近代民族工商业摇篮的无锡特征。进一步深化南禅寺以南、清名桥一段的保护和利用，按照历史原状，尊重原有尺度和形态，恢复北塘段落的接官亭与接官亭弄、锡山驿站旧址、十里亭与运河公园内的漕运码头等四个重要遗迹点。恢复与开发洛社王羲之洗砚池、玉祁武穆驿站、五里亭、五泄闸、古渡口、鼓楼等运河沿线景点。以近来发现的新的工商业遗产——棉麻公司仓库为基础，开发羊腰湾一带工商文化，加强现代产业转型升级所形成的当代工商遗产的保护。

参考文献

[1] 在文学长河中沉浮的运河城市. 光明日报，2021-7-5（13）.
[2] 张荣强.《新唐书·食货志》玄宗朝两则漕运史料[J]. 史学史研究，2007（3）：104-108.

［3］赵鸣.海河联运与大运河文化旅游一体化研究［J］.大陆桥视野，2018（12）：68-73.

［4］京杭大运河博物馆·运河遗存.

［5］陈正祥.中国文化地理［M］.北京：生活·读书·新知三联书店，1983.

［6］王桂芳.金陵文化概观［M］.南京：南京师范大学出版社，1996.

［7］蔡葵.楚汉文化概观［M］.南京：南京师范大学出版社，1996.

［8］袁杰.国家重磅规划！徐州突围，要坐江苏第二把交椅？2021-12-4.

第四章　璀璨苏商：苏商的崛起

古往今来，江苏工商业者遍布大江南北、城镇乡村，形成庞大商贩群体，并产生了名闻遐迩的巨商大贾，诸如春秋末期三次"财累亿万"、三次散尽家财的商圣范蠡，西汉时期采铜矿、铸铜币、煮海盐、"国用饶足"的刘濞，元代开发海运、使太仓成为盛极一时的"六国码头"的朱清与张瑄，明代初期"资巨万万，田产遍于天下"的江南第一豪富沈万三，商界有"非翁少山布，勿衣勿被"之称的明代中期富商、吴县东山人翁笾，明清时期"吴中首富"邹望等。

近代苏商先贤包括中国近代著名爱国者、状元实业家张謇，创造了11项"中国第一"的"近代中国商父""中国实业之父"、近代民族工业和洋务运动的开拓者与奠基人盛宣怀，"面粉大王"和"棉纱大王"荣德生、荣宗敬，中国沿海滩涂开发领域早期的开拓者、东陇海铁路的奠基人沈云沛，中国现代杰出的实业家刘国均，无锡丽新布厂创办人唐君远，香港知名实业家、"沪港合资第一人"唐翔千，创办了苏州首家近代企业的陆润庠，近代中国机械制造实业家严裕堂，"中国火柴大王"和"毛纺业大王"刘鸿生，"麂皮大王"吴伟臣，"麸皮大王"秦炳奎，"呢绒大王"陈梅芳，"煤铁大王"丁明奎，"桐油大王"沈瑞洲，"电气大王"祝大椿，"铅笔大王"吴羹梅，"颜料大王"荣梅莘，"煤铁大王"周舜卿，"丝茧缫丝大王"薛寿萱，"船王"赵从衍，创办江苏省第一家华资电厂、第一家民营镇扬汽渡公司的陆小波，中国近代著名银行家、金融先驱谈荔孙，创造了30多项"中国化工之最"的范旭东。

一、春秋战国时期苏商的担当作为

江苏地处长江中下游，气候宜人，物产富饶，旧石器时代就有人类居住。在很长的历史时期内，江苏地广人稀，居民靠天衣食，不忧冻馁。这样丰富的自然条件，商品经济却未发展，商业活动罕有。

在先古苏商先驱中，商朝末年"泰伯奔吴"最具代表性，泰伯从中原带来了当时先进的中原文化，促进了土著文化和中原文化最早的结合，推动了当时江南一带商业的发展。由此江苏经济开始发展，境内稻作农业和水利以及冶金、玉器制作、缥丝、造船等手工业有了较快的发展，商品经济亦逐渐起步。《周礼》记载的"以九职任万民"之"九职"，其中，第五项是"百工"，第六项是"商贾"。《周书》曰："工不出则乏其事，商不出则三宝绝。"西周时期对于工商业相当重视。春秋战国时期，出现了独立的工商业者。三国时期，东吴造船业发达，水上交通的兴起带来了商贸的繁荣，各地各种货物在南京集散。从东晋南朝开始，由于北方战乱和自然灾害，大量人口南迁，带来了劳动力和先进的技术，促进了江南地区大规模的开发，长江流域经济文化的发展开始领先于黄河流域。

（一）商业鼻祖：范蠡

1. 功业成就概述

范蠡（公元前536～前448年），字少伯，楚国宛地三户人，中国早期商业理论家，被世人尊称为"商圣"，是"南阳五圣"之一。著作今仅存《养鱼经》，为我国最早内塘养鱼专著。《国语·越语下》《史记·越王勾践世家》和《史记·货殖列传》等，记载了范蠡的经商历程及其商业思想。

范蠡和江苏最直接的关系，是春秋末期扶助越王勾践复国灭吴。越王勾践灭吴后，便命范蠡在今南京中华门外长干里地区筑建城池以镇江险，史称"越城"。元代《至正金陵新志》中记载道："长干里，在秦淮南，越范蠡筑城长干。"公元前472年，范蠡筑越城被视为南京建城史的开端。越城遗址表明，越城的历史方位与明正德十一年（1516年）刊刻的《金陵古今图考》之《吴越楚地图》上的标记几乎一致。之后，范蠡穿越运河水网，先后在苏州、无锡、宜兴等地隐居，宋朱长文《吴郡图经续记·往迹》记载："蠡口在长洲界，又谓之蠡塘，昔范蠡扁舟浮五湖，盖尝经此。"范蠡最早经商是在长江和太湖一带，这印证了他跟江苏的密切联系（图1-4-1）。他利用南北各地之节气、民俗、特产等差异，善于择时、择地、择人，实现了非凡的财富增值，在十九年中"三致千金"。

2. 工商思想概要

春秋战国时期，官府控制工商业的"工商食官"的局面已被打破，商人阶层和私营手工业者崛起，商人地位逐渐提高，而范蠡正是新兴商人阶层的代表人物。

图1-4-1　江苏宜兴范蠡古窑（复制）

范蠡工商思想主要内容如下。

一是"农末俱利"。《史记·货殖列传》载，范蠡认为："夫粜，二十病农，九十病末，末病则财不出，农病则草不辟矣。上不过八十，下不减三十，则农末俱利。平粜齐物，关市不乏，治国之道也。"谷贱伤民、谷贵伤末，通过经济手段把价格调整到一定范围内，丰收年国家把粮收购储藏起来，在歉收年缺粮时国家再把粮食平价粜出，既可以促进农业发展，又有利于工商业的发展，使国民经济各部门能够协调发展。

二是审时度势，应时而变。在复杂多变的市场形势下，必须重视市场行情的变化，预测商品供求和价格的变化，以便采取有针对性的对策以获利。

三是贵贱有律，贱买贵卖。范蠡认为，货物时贱时贵是有一定规律的，五谷贱贵在一定条件下会向相反方向转化。市场上某种货物价格上涨，就会刺激人们生产出更多的这种货物，这种货物生产过多后，卖不出去，价格就会跌落下来，反之亦然。他主张"贵出如粪土""贱取如珠玉"。

四是完物上种，质高货真。商品质量关系到生产者、商人的信誉和市场竞争力，也关系到消费者的切身利益。范蠡提出"务完物"的理念，要求货真质高，强调储藏货物要完好，提出"腐败而食之货勿留"，保障消费者的利益。

五是不敢居贵，薄利多销。范蠡主张"不敢居贵"，仅"逐什一之利"，"多销"是目的，"薄利"是手段。他还提出"财币欲其行如流水"的观点，力求加快商品周转次数，使得同量的资本在一定时间内能做更多的生意，在扩大购销中增加利润总额。

六是旱则资舟，水则资车。范蠡应用计然"旱则资舟，水则资车"之策，天旱预先购入船只，天涝预先购入车辆。大涝年预做车辆的生意，此时用船量大，水灾过后，车辆将成为市场上的抢手货而价涨，可以赚钱。在天旱时则预做舟船的生意，其理相同。

司马迁说："范蠡三迁皆有荣名"。范蠡"忠以报国、智以保身、商以致富，成名天下"。范蠡除了其本身具有的卓越学识、才能、智慧及精辟独到的思想之外，还恪守忠、义、礼、仁、智、信的人生信条，具有立德为身、图强之本、不贪功好利、不慕虚荣的人格魅力，以及视振兴天下为己任的侠士气概与胸襟。中国传统文化注重商业道德和商业伦理，对范蠡而言，经商只是用来生活的一种手段，而不是生活的目的和本质。《史记·货殖列传》对范蠡的评价是："富好行其德者也。"其诚信的经营理念、杰出的商业谋略和强烈的社会责任感，不仅在当时影响深远，开启了苏商的先河，也对当代创业活动有着深刻的现实意义和借鉴价值。

（二）泰伯

公元前11世纪末，古公亶父（即周太王）的长子泰伯、次子仲雍为让王位于三弟季历，从现属陕西的岐山南奔荆蛮，定居梅里。泰伯三让天下的"至德"精神，被天下称颂。泰伯受到当地百姓的拥戴，被奉立为君主，自号为"勾吴"。

1. 功业成就概述

泰伯带领百姓兴修水利，发展农耕，修建城墙，栽桑养蚕，制陶冶铜，"数年之间，民人殷富"。作为第一位吴国君主，泰伯在位49年，卒后因其无子，周武王追封仲雍的五世孙周章为吴君。从泰伯至阖闾共24世，吴国前后600多年，梅里一直是吴国都城。泰伯、仲雍将中原文化带到江南，融合江南地区原有文化，并以"伯渎文化"为起点，发展孕育了以"崇德、重文、务实、创新"为主要精神的"吴文化"。

夏季梅雨季节，江南地区经常连降暴雨，引发水灾，堤岸常被洪水冲垮，农作物全部被淹，甚至绝收，摆在泰伯面前的首要任务是要把水排走，才能有地种庄稼，发展农业。泰伯提出改"以堵为疏"、开凿渎渠的计划。泰伯把从陕西带来的少量青铜武器，改制成挖土的工具，效率高，速度快，费力少。泰伯在梅里建立冶炼坊所，大量生产农具，满足治水需要。"全长八十七里，广十二丈"，从此以梅里为中心，西起清明桥与太湖沟通，东至漕家角流入漕湖（古称蠡湖），渠道建成，称为渎。泰伯渎开渎的方向，是一条直线。与此同时，开挖九泾，这是通往各个方向的九条支流，形成了旱涝保收的梅里丰产区。

泰伯、仲雍两兄弟来到江南创造的奇迹，是从一片沼泽地开始，把沼泽地改造成了大范围的能耕种粮食的肥沃土地，成功的关键是开凿了江南历史上第一条"人工运河"。先民们为颂扬泰伯的功德，作为崇高的纪念，就把这条渠命名为"泰伯渎"（图1-4-2）。伯渎河两岸是江南蚕桑业的发源地，有史记载泰伯之妻姜姐在伯渎河修建疏通之后示教当地百姓种麻植桑。正因为有了河两岸丝织业、棉织业的不断发展，才逐渐形成后来运河两岸客商云集、货物山积、交易繁盛的布码头、米码头等工商文化的繁荣。

图1-4-2 泰伯渎

2. 工商思想概要

泰伯精神的深刻内涵是礼让仁孝、清廉守信的高贵品质，开拓进取、躬耕为民的高尚精神。泰伯为开辟江南历尽艰辛，作出了不可磨灭的历史贡献。泰伯工商思想主要内容如下。

一是礼让精神。泰伯三让王位，千里奔吴，为周朝开创八百年基业奠定基础，让后人景仰，清康熙皇帝题写"至德无名"，乾隆皇帝题写"三让高踪"，均立巨匾悬挂在无锡泰伯庙内。孔子曰："泰伯可谓至德也已矣！三以天下让，民无得而称焉。"泰伯精神的核心思想是礼让，也是贯穿吴文化的一条主线。

二是包容精神。泰伯到达梅里后，将尚文重教、崇工善商、吃苦耐劳、粗犷豪爽的中原文化与当地温柔敦厚、吃苦勤俭、灵动睿智、善于创造的江南文化融合在一起，经千年之锤炼，逐步形成了具有江南特色的吴文化。江南是水乡泽国、鱼米之乡，从某种程度上说，吴文化也是水文化。因此，吴文化具有水的柔软性、平和性、规则性、包容性、学理性、务实性、开拓性和坚韧性。正因为这种包容精神，吴文化善于吸取其他文化的精华，使自身不断得到完善，向前发展。

三是开拓精神。泰伯在梅里生活，他根据江南四季明显、雨量充沛的气候特点和地势低洼、常年积水的区域特色，带领乡民变堵为疏，改造环境，筑堤拦水，开荒造田。组织开挖了伯渎河，不仅解决了水患，还有利于通航运输。吴地生产发展后，乡民生活水平得到提高。为了保护吴地民众利益和生命财产，防御敌人侵犯，泰伯筹划以梅里为中心，建立了城邑。周围部落看到城中有安全感，纷纷前来归顺，壮大了吴国的实力。这种开拓进取、为民造福的实践，真正体现了泰伯的民本思想和发展经济的理念。

四是创新精神。泰伯把从黄河流域带来的良种和先进耕作技术，传授给乡民，提高了当地的生产发展水平。他还根据当地日照时间长，夏季气温高的气候特点，改一年一熟为一年两熟，割完稻子种麦子，并且改野桑为家桑，野蚕家养，提高产茧率和产丝量。在发展农业生产的同时，将野猪、野羊、野鸡、野鸭驯化为家养，发展畜牧业，有力地推动了当地经济发展。

二、汉唐时期苏商的担当作为

魏、蜀、吴三分天下，吴国主孙权利用吴地优越的自然地理条件，大力发展商业经济。东晋南朝时期，扬州是当时经济最发达的地区。建康（现南京）作为长江下游的经济中心，"贡使商旅，方舟万计"，商税成为南朝收入的主要来源。隋朝开凿了以洛阳为中心的大运河，大运河的开通极大促进了商业经济的发展。唐朝前期的扬州，是当时南北交通的要冲，商业十分繁荣，"多富商大贾、珠翠珍怪之产"。而唐朝后期的扬州作为漕粮、海盐、茶叶的集散地，商贾如织，"雄富冠天下"。《新唐书》记载："天下大计，仰于东南。"《旧唐书·第五琦传》记载："赋之所出，江淮居多。"

三、宋元时期苏商的担当作为

经济发达的江南地区从商的人数迅速增多，"舍本农、趋商贾"的风气很盛。

南宋时期，广泛流行着"苏湖熟，天下足"的谚语。十世纪至十三世纪由于宋朝实施重商政策，工商业发展迅速，海运贸易繁荣，逐步形成了南海贸易体系，东南亚是这个贸易体系商品和人员流动的枢纽。包恢在《敝帚稿略》卷一中称："贩海之商无非豪富之民，江淮闽浙处处有之"。元朝同样是一个民间资本力量得到飞跃发展的时代，元朝政府摒除了重农轻商的思想，出台了许多有利于商业发展的措施，组织人力物力疏通京杭大运河，增加改善运输线路，大力发展造船技术与航行技术，增设驿站为商贾往来提供便利。元朝政府还积极鼓励国际贸易，颁布了市舶制度、朝贡制度等一系列有利于海外贸易的制度，设立专管海外贸易的机构——行泉府司，最盛时拥有贸易海船15000余艘，对外贸易的港口有8处之多。意大利商人马可·波罗在《马可·波罗游记》中记录了当时元朝国际贸易的繁荣景象。元朝后期，随着官本船制度的停止，私营海外贸易成为海外贸易的主要力量。私营船队经常航行到印度、阿拉伯半岛等区域，开展商贸往来。

四、明清时期苏商的担当作为

明代中期之后，苏州逐渐成为丝织业中心。明清两朝均在苏州设局，苏州织造是为宫廷供应织品的皇商，织造宫廷所需丝织品。明朝由提督织造，太监主管，清初年依旧制。

（一）贸易大亨：沈万三

沈万三的立业之地是周庄。周庄位于苏杭之间，水路交通发达，进入刘家港十分便利。刘家港位于今太仓浏河镇，号称"天下第一码头"，明代郑和下西洋先后七次在此起锚，是当时江南地区出海要津和对外贸易重要港口。

1. 功业成就概述

沈万三是元末明初的江南首富。其家族世代耕种经商，家道富足。沈家依靠自身经济实力，在兼并扩充土地风潮中，掌控着很多土地，在当时沈家所处的周庄附近，有一大片低洼地块，内涝严重，成为一块荒地。沈家以极低的价格将此地买入，通过"粪治有方，潴泄有法"，粮食逐渐高产，最终荒地变身良田。每年秋季，周庄内东庄都会有沈家的巨大粮仓排列，在当时被称为"东庄积雪"。沈万三接过了家传祖业后，不再固守田园，开始利用家族积累的巨额资金，进行土地投机买卖，将苏州附近的大半农田归于其名下，成为当时苏州最大的土地所有者，其粮食产量也呈数倍增长。

沈万三又将目光转入当地轻工业产品的产销。苏州当地的丝绸、工艺品等被沈万三依托周庄作为商品贸易和流通基地，利用京杭大运河运往各地。

沈万三没有故步自封，还将商贸行为进行更加深远的扩张。当时国内花梨木、紫檀等贵重家具木料较少，无法满足需求。沈万三从中洞察到巨大商机，建造巨大的出海航船，开始进行远洋商贸。在这些巨大商船上，满载着中国名贵丝绸、瓷器等沿海各国大受欢迎的物品，这些物品在所到沿海各国都受到极大欢迎，商船返回之时，又满载名贵木材。此时明朝还没有进行海禁，官府为增加税收而鼓励私人进行海外贸易，由此沈万三的远洋贸易得到迅速扩充，成为著名的海外贸易家（图1-4-3）。

图1-4-3 周庄沈厅

2. 工商思想概要

一是遵循商业道德。"故君子富，好行其德。"以诚待人、信义为本、仁心为质。沈万三在土地兼并过程中，事必躬亲，吃苦耐劳，改良土壤，兴修水利，指导佃户科学耕种。

二是善于把握商机。在沈万三看来，要想把商业经营做大做强，就不能墨守成规，要善于捕捉商机和时机，敢于当机立断，才能获取最大利益。

三是拓展海外贸易。据《蕉馆纪谈》记载，沈万三"曾为海贾，奔走徽池宁太常镇豪富间，辗转贸易，致金数百万，因以显富。"沈万三以雄厚资金建立自己的出海贸易船队，将中国精美工艺品和丝织品，运往日本、东南亚、西亚、中非等地，并运回国内急需的木材、珠宝、香料、药材等海外商品。通过"竞以求富为务"的海外贸易，沈万三"富甲天下"。

(二) 超市先驱：孙春阳

明朝的商家铺店有着各自的行规、店规，如"客商规略""为客十要"等，讲究经营方略与管理方法。

1. 功业成就概述

"孙春阳南货铺"创办于明朝万历年间。孙春阳南货铺从起步时的一个小杂货铺，发展到颇具规模、制度健全、专营南北货的名店，到清代中叶，已成为苏州最出名的百货商店品牌（图1-4-4）。孙春阳细分市场，准确定位，以苏州市民生活必需品销售为主，适合普通百姓消费。晚清梁章钜说："自明至今，已二百四十余年，子孙尚食其利，无他姓顶代者"。

图1-4-4 孙春阳南货铺

2. 工商思想概要

一是诚信经营。孙春阳坚持"诚信为本"的经营理念。有记载说只要"售者由柜上给钱取一票，自往各房发货"。民国范烟桥《茶烟歇》记载，明朝灭亡后的清朝初年，有人拿万历年间孙春阳店铺所开的票据前去取货，孙春阳店铺中的人看过票据后问都没问，便照票据给来人置齐了货物。

二是科学管理。孙春阳建立起一套接近现代公司治理的制度，由掌柜、财会、采购等专业的经理人团队管理店铺。"管总者掌其纲，一日一小结，一月一总结，一年一大结。"财务管理制度严格,结算规范,杜绝一切贪污浪费漏洞,控制好资金流和信息流。

三是货真价实。对于店铺中所出售的商品,孙春阳一直坚持质量第一。孙春阳的货物原料"选制之精,合郡无有也",其"铺中之物亦贡上用"。袁枚在《随园食单》中说,"玉兰片,以冬笋烘片,微加蜜焉。苏州孙春阳家有盐、甜二种,以盐者为佳。"清人金安清《水窗春呓》记载:"火腿以金华为最,而孙春阳茶腿尤胜之。所谓茶腿者,以其不待烹调,以之佐茗,亦香美适口也。"梁章钜的《浪迹续谈》说:"京中人讲求饮馔,无不推苏州孙春阳店之小菜为精品。"

四是分柜自选。将商品分为南货、海货、腌腊、酱货、蜜饯、蜡烛六个专柜,分类储存,分柜销售,集中收银,分散发货,既方便顾客挑选,简化买卖手续,又减少店铺用工,降低成本,提高效益。

(三)洞庭商帮

洞庭商帮是指以苏州西南吴县境内伸入太湖的两座岛屿洞庭东山和洞庭西山而命名的商人集团,是明清时期中国十大商帮之一。洞庭商帮宗族观念强烈,其商业活动往往以家族的形式展开。洞庭东山商人家族有王氏、翁氏、席氏、许氏等;洞庭西山商人家族主要有秦氏、徐氏、马氏等。

水路是传统社会大宗物资运输的主要途径。洞庭东西二山居太湖之中,出入以水路为主,方便快捷,费用低廉。太湖连接通向江宁、镇江两府的荆溪,连接经苏州府、松江府而流入东海的刘河、吴淞江和黄浦江,连接通往湖州府的苕溪,连接苏州府、常州府而通往长江的许浦和江阴运河,与大运河贯通。水运四通八达,可抵达全国大多数地区,这也是洞庭商帮商路所在。明清时期,苏州的绫罗纱缎"转贸四方",自"吴阊至枫桥,列市二十里",除有大量的绸缎之外,日用品也是应有尽有。而清乾隆时期的苏州,则拥有"十万烟火",财富"甲于天下",有的地段"地值寸金"。洞庭商人谙熟行情,生活在商业发达之地,又有紧密的乡邦组织支撑,占据天时地利人和的经商优势。

1. **功业成就概述**

洞庭东山商人以临清为重心,主要活动在运河沿线,以经营棉布为主。洞庭西山商人以汉口为重心,主要活动在长江沿线,特别是荆湘一带,以经营丝绸、棉布和米粮为主。当时有"枫桥米艘日以数百皆洞庭"的说法。东山人还在南京经商。明朝后期朱良佑在南京开酤坊,吴小洲在南京开糟坊。吴小洲的糟坊发展到

"一二万金之产"。入清之后,"东山在金陵设肆贸易者日益盛",由东山商人翁怡亭倡议,集资于嘉庆四年(1799年)在南京建成洞庭会馆。洞庭东山商人初始以经营洞庭山土特产品为主,兼及百货及其他商业项目。这种业务受客观条件的制约和限制,经营风险大,资本扩张速度慢,继而转营其他业务,如经营毛革、木材、绸缎、布匹、药材、茶叶、糖业、典当及汇兑等业务。

十九世纪后半叶,社会形势和经济格局急剧变化,太平天国攻占南京、苏州等地,洞庭商人失去了原有的经济地盘和依托,携带其长期积累的工商业资本,向金融中心上海转移。在上海的洞庭东山商人从事洋货杂货推销、丝茶出口、替外商洋行收购土产、房地产开发与经营等业务,商人建立新号,向近代新式商业发展。洞庭商人凭着胆识和智慧,又开辟了买办、钱庄、银行等金融行业和丝绸、棉纱洋布等实业。从那时起至二十世纪前半叶,国内的其他商帮大多不适应社会变化而衰落,而洞庭商帮却在上海实现了其近代转型。洞庭商人还将在金融业获得的利润投资到实业,在近代中国工商实业中站稳脚跟(图1-4-5)。

图1-4-5 洞庭商帮旧址

2. 工商思想概要

一是天下所至,无处不在。明朝嘉靖、隆庆时期昆山名士归有光说:"洞庭商人,好为贾,往往天下所至,多有洞庭。"王鏊说西山人"驾巨舶,乘弘舸,扬荆襄之帆,故潇湘之轮,巴西粤南,无往不可。"李东阳说洞庭人"散而商于四方,踪迹所至,多有洞庭人"。王维德说洞庭人"行贾遍郡国,滇南、西蜀,靡远不到。"由此可见洞庭商人活动地域相当广泛，天南海北。洞庭商人虽然经商活动地域广大，但主要活动地域是运河沿线和长江沿线，主要经商地点是苏州、南京、临清、长沙和汉口等城市。

二是团结一致，资本积聚。洞庭商人采用家族式经营的组织形式，十分注重乡谊，如王氏王惟道、王惟能、王惟贞兄弟，翁氏翁参、翁赞兄弟，席氏左源、右源兄弟。而洞庭人"兄弟同居，财不私蓄，一人力而求之，三四昆弟均得析。""吾山兄弟众多者，农工商贾，量才习业，所得钱财，悉归公所，并无私蓄。间有才能短拙，不谙生理者，必待其有子成立，始以家产均分，并无偏私。此风比户皆然也。"商人家族之间亦互相通婚，范金民考查了翁氏五代108人婚嫁情况，发现翁氏主要通婚对象是席氏、叶氏、周氏这三个经商世家。

三是审时度势，顺势而行。在诸多商品经营中，洞庭商人充分利用江南特有的经济格局，主要经营米粮业和布帛业。东山商人以临清为重心，向北输出棉布，向南运入棉花；西山商人以长沙、汉口为重心，上水为绸缎布帛，下水为米粮。输入的是生活资料，输出的是工业品。衣食为人们生活所必需，以这两类商品为经营主业，量大利厚，来回都是满载，生意稳定。

四是预测行情，注重信息。洞庭商帮了解各种物产的产地、季节、数量、价格以及运输里程和方式，掌握跟物产有关的气候变化、年成丰歉等信息，预测商品的多寡贵贱，"任时而知物，笼万货之情"，紧随时势行情与供求变化，根据当地商人资金和民风特点等实际，因地制宜调整经营策略。

（四）扬州盐商

明清时期，两淮盐业实行官督商销制度，扬州盐商运销淮盐的线路和区域均被指定。其运销线路主要以扬州为中心，由运盐河、大运河、长江、淮河及其支流构成，其运销区域据清朝嘉庆年间《两淮盐法志》记载，是6省41府2厅9直隶州。这一线路跨越江苏、安徽、江西、湖北、湖南、河南6省，不仅是盐运线路，也是长江中下游流域与淮河流域之间粮食、煤炭、土特产等其他货物的运销线路，更是不同地域文化沟通交流、融合发展的纽带。这一线路大大促进沿线城镇发展，如汉口的淮盐码头形成"市肆里遥，百货齐萃"的淮盐巷。"扬州繁华以盐盛"，沿线的淮安、盐城、泰州、扬州、南通等城市曾因产盐、运盐、管盐、销盐而兴盛。

1. 功业成就概述

明朝万历四十二年（1614年）开始，朝廷在两淮地区推行纲法。将每年出产的官盐分成固定批次，交给预先缴纳盐税的商人，并将商人姓名登记造册，让他们成为拥有食盐专卖权的御用商人。扬州盐商是中国封建社会晚期最大的商业资本集团（图1-4-6）。据宋应星估计，明万历时，扬州盐商资本金为3000万两。何炳棣《扬州盐商：十八世纪中国商业资本研究》记载，清朝扬州盐商资本金在七八千万两白银。明朝文人笔记有云："新安（指扬州盐商）大贾，鱼盐为业，藏镪有至百万者，其他二三十万，则中贾耳。"而《清朝野史大观》记载："乾嘉间，扬州盐商豪侈甲天下，百万以下者皆谓之小商"。因而，乾隆南巡时，对扬州盐商之富大为惊叹。时人亦谚云：一品官，二品商。此商即指扬州盐商。

图1-4-6　盐商第一楼——卢氏盐商住宅

扬州盐商的主体本是陕西人、山西人和徽州人，他们经营淮盐而寓居扬州，逐渐变为扬州人。根据朱宗宙《扬州盐商的地域结构》的初步统计，明清时期比较著名的扬州盐商中，原籍山西的4人，陕西10人，安徽20人，其他8人。他们因开中制而与淮盐搭上关系，又因纲运法变为经营盐业的专商，世居扬州。扬州盐商最盛时，代表人物有"三十总商""八大总商"之说。徽商在扬州经营淮盐后来居上，所谓"南马北查"之"马"是指"扬州二马"马曰琯、马曰璐兄弟二人，他们原籍就是徽州祁门。"二马"的祖父马承运到扬州经营淮盐，马家开始入江都籍。到马氏兄弟时，不仅家业富饶，是著名的盐商，而且喜好藏书、作诗、乐善好施，具有很高的社会声望。

明清时期两淮盐税直接关涉当时朝廷的经济命脉，所谓"关系国库，最为紧要"。明清两代国库收入的50%来自盐业，盐业中，两淮地区也就是扬州所管辖的盐业又占了一半。

晚清时期南京首富"蒋百万"是盐商起家的典型代表人物之一。蒋家原籍安徽含山，清朝中叶，这个家族的蒋锦堂迁居南京，从事小商小贩，传到蒋翰臣、蒋福基这一辈，才开始改变了家族面貌，成为巨富之家。蒋翰臣和弟弟蒋福基一起经商。太平天国灭亡后，他们抓住南京城内"盐"紧缺的机会，贩运紧缺的盐，开始发家成为南京首富。后来，他们又与人合作，开设"春生鉴"号，转战缎业，兼营典当业。蒋氏兄弟经营的素缎，力求工精质细，品色优良，"春生鉴"号的生意越做越大，遍及赣、鄂、湘、川、滇、黔数省，蒋氏兄弟也积累了巨额财富。之后，蒋翰臣对蒋家产业做出战略调整，收缩传统行业，将资金投向新兴的上海房地产业，奠定了蒋氏跃入国际性都市的基础。

道光十一年（1831年），经时任两江总督陶澍奏请，清朝废除实行了三百多年的"盐引（取盐许可证）制度"，改为"票盐制度"。实际上就是废除官盐由造册商人专卖的办法，改为任何人都可以运盐贩卖，凭票纳税。这项政策一实施，极大动摇了扬州盐商寡头垄断地位。

2. 工商思想概要

一是集聚交通与盐策要地。扬州地处长江与运河交汇之处，"襟带淮泗，锁钥吴越"，又是漕运必经之地，"岁至京师者必于此焉是达"。扬州是南来北往、东来西向交通交叉处，在古代，扬州因运河、长江水运之便成为交通要道。全国各地的商人都汇集到扬州，形成"舟车之辐辏，商贾之所萃"的格局，造成扬州"商旅什九，土著什一"的现象。盐利是封建社会的主要财源，扬州作为两淮盐场管理机构所在地，遂为全国盐策之要区，"盐策之利，邦赋攸赖"。清朝扬州著名学者汪中说："广陵一城之地，天下无事，则鬻海为盐，使万民食其业，上输少府，以宽农田之力；及川渠所转，百货通焉，利尽四海。"也就是说只要在扬州把两淮盐政搞好了，则可天下无事，由此可见扬州盐政之重要。扬州盐商推进了淮盐口岸城市商业文明的发展。

二是注重文化投资。扬州盐商经营盐业，为社会贡献了大量财富，并把一部分利润拿出来回报社会，"以财行仁"、多行义举。他们乐与文人交往，"喜招名士以自重"。如江春"四方词人墨客必招致其家""奇才之士，座中常满，亦一时之盛"，凡士大夫过扬，问其馆于何家，不曰江春的康山草堂，即曰江昉（江春之弟）的紫玲珑阁。程梦星筑筱园及漪南别业"以寓四方名士，与其乡马曰璐诸人为邗江雅集，主东南坛站者数十年"。而"扬州为南北要冲，四方贤士大夫无不至此。"在盐商雄厚财力的支持下，明清时扬州成为与其经济地位相匹配的文化中心，出现了学术史上著名的扬州学派，还有世人称道的扬州画派。另外，他们喜好藏书、追求园林艺术、创造扬州美食、蓄养家庭戏班。这都促进了淮扬社会生活方式、价值观念的改变。

五、近代苏商的担当作为

明清时期，无锡已成为长江下游著名的"布码头"和中国"四大米市"之一，商业发达，经济繁荣，交通便利，农产品市场化程度高，不仅为无锡近代工业积累了资金，而且也形成了浓厚的工商文化。到清末光绪年间，无锡粮行有143家，每年流入无锡市场的粮食达700万~800万石，各堆栈保持的粮食存储量常达150万~250万石。明朝中后期，无锡棉布已有二梭、三梭、斜纹等品种。棉布为"吾邑生产之一大宗""邑布轻细不如松江而坚致耐久则过之，故通行最广"。无锡所产棉布由"坐贾收之，捆载而贸于淮、扬、高、宝等处"。这些"坐贾之开花、布行者，不数年即可致富"。到清乾隆时，无锡棉布生产区有安镇、东亭、玉祁、礼社、洛社、东湖塘、斗山、严家桥、羊尖等乡镇。清末民初，近代机器工业迅速在无锡崛起，无锡又形成丝茧市场。

鸦片战争后，商人地位逐渐上升。从19世纪末到20世纪初，中国商人在社会生活中发挥着日益重要的作用。清政府保护和鼓励私人投资兴办近代新式企业，颁布工商法规，从法律上公开承认私营工商企业的合法性。商会组织建立和扩展，商人地位也从以往的"四民之末"升为"四民翘楚"，并肩负着振兴实业、求强致富、救亡图存的重要历史使命。资料显示，1895~1911年，江苏商办资本额在5000银元以上的工矿企业有115家；1895~1911年，江苏先后创办了218家工矿企业，占比全国新办民族企业数的50%；1895~1913年，江苏有华商缫丝厂37家，在全国占比38%；1895~1927年，江苏新办工商企业300多家，涉及30多个行业。另据统计，1919年全国工商注册的工厂共375家，江苏达155家。

（一）无锡民族资本集团

1. *功业成就概述*

20世纪20~30年代，无锡形成了棉纺织业、缫丝业、粮食加工业三大支柱产业，并相继崛起六大家族集团为代表的民族工商业群，主要有荣氏兄弟的茂新、福新、申新资本集团，薛南溟、薛寿宣父子的缫丝集团，杨宗濂的纺织集团，唐保谦、蔡缄三的纺织集团，周肇甫的缫丝集团，唐骧庭、程敬堂的丽新集团。据统计，1937年，无锡已经拥有各类工厂315家，产业工人6.3万人，资本总额1407万元，工业年产值7726万元，在全国六个主要工业城市中工厂数和资本数位居第五，工业产值位居第三，产业工人数量位居第二。到20世纪30年代中期，无锡已有商店上千家。此后，无锡的民族工商经济得到快速发展，昔日的小县城成为中国民族工商业的发祥地和全国区域经济中心之一，无锡也因此被誉为"小上海"。

（1）杨氏家族。杨氏是无锡第一个创办企业的工商业家族。1895年，杨宗濂、杨宗瀚兄弟创办了无锡第一家近代企业——业勤纱厂（图1-4-7），近代工商业由此在无锡兴起，这也是中国近代第一家大型机器化生产的工厂。杨家传至第三代杨宗濂之子杨翰西，1917年创办无锡首家电话公司。

在民族工商业发展史上，杨氏家族留有浓墨重彩的一笔。

图1-4-7　1895年杨宗濂、杨宗瀚创办的业勤纱厂

（2）薛氏家族。洋务运动的主要领导者之一薛南溟是薛福成的大儿子，于1896年与周舜卿在上海成立永泰丝厂。然而永泰丝厂因经营不善而亏损，周氏从永泰丝厂抽资撤股，薛南溟变卖上海的部分房地产以渡过难关。最终永泰丝厂走上正轨，生产的"金双鹿""银双鹿"牌白丝远销海外，丝厂也开始扭亏为盈（图1-4-8）。

图1-4-8 中国丝业博物馆（原永泰丝厂旧址）

1926年，薛南溟将永泰丝厂迁回老家无锡，此时，丝厂由其幼子薛寿萱接替管理。薛寿萱早年曾留学海外学习经济管理，接过永泰丝厂后，他全面改革丝厂，广纳人才、投资创建"华新制丝养成所"，培训工人掌握当时世界上最先进的生产技术。薛寿萱还注重设备的更新换代，购买西洋新式机器，并自主设计制作出我国第一台立缫车。此外，薛寿萱在无锡多地开办多个蚕种制造厂，生产"永"字牌改良蚕种，提高原料品质。销售上，薛寿萱在美国成立永泰公司，并在伦敦、巴黎、墨尔本等地聘用销售代理人，外销生丝，此举让永泰丝厂的生丝出口量占到上海出口总量的一半。抗日战争爆发，丝厂遭到日军摧毁。

（3）周氏家族。19世纪后半期，周氏家族的领头人周舜卿16岁独闯上海，40年的时间业跨五金、纺纱、缫丝、银行业，在上海、无锡、苏州创办企业，资本过百万。1867年，周舜卿来到上海南市利昌铁号当学徒。周舜卿意识到"华洋互市，首重通译"，于是粗通文墨的他毅然决定补习英语。3年后，在利昌铁号，他成为接洽外商的办事员。有一次，他捡到一张英国商人帅初用英文签发的面额1000元的支票。周舜卿迅速物归原主。后来，帅初出资白银5000两，让周舜卿开设升昌五金煤铁号。周舜卿精明能干，待人谦和，恪守诚信，升昌五金煤铁号生意兴隆。

1903年，周舜卿结交晚清重臣奕劻之子载振。后随载振考察日本，意识到民富国强必须有完备的银行组织。1906年9月，周舜卿在上海建立全国第一家商业储蓄银行，取名信成银行，后又在北京、无锡、天津、南京、苏州、镇江开设分行。

周舜卿靠商业起家成为"煤铁大王"，再靠工业发家成为"缫丝大王"，又善于资本经营，成为"银行大亨"。周舜卿还造福桑梓购地近百亩，在故乡无锡东绛镇另辟街道，重建市屋，营造了一座水陆平行、河街相依的"十字形"江南小镇——周新镇。

（4）唐氏家族。唐氏家族企业曾占到整个无锡工业经济总量的四分之一以上。唐氏集团包括唐（保谦）蔡（缄三）、唐（骧廷）程（敬堂）两大系统。这两个系统出自同一个唐氏家族，而又集结了无锡地区其他一些工商实业家，两个集团各自独立、自成系统，而又相互关联、互为支撑，经营有方，发展迅速，业绩辉煌，代有传人。从唐保谦的祖父唐懋勋那一代起，唐家世代经商。唐懋勋在无锡严家桥开设"春源布庄"，数年便获厚利。

1904年，唐懋勋的孙子唐保谦与蔡缄三合作经营永源生米行。蔡缄三祖上在无锡北塘西街拥有大量房产，故有"蔡半塘"之称。唐保谦和蔡缄三合办无锡庆丰纱厂。1926年，唐保谦次子唐星海学成回国负责此厂。唐星海对管理制度进行改革，取消稽查处，废除工头制，建立以工程师为中心的工务处，成立庆丰纺织养成所、艺徒训练班等，培养专业技术人才和熟练工人。在唐星海的主持下，企业发展突飞猛进，创出"双鱼吉庆"牌棉纱等名牌产品，由1925年的纱锭16000枚、布机250台发展到1934年的纱锭62200枚、线锭4120枚、布机720台。唐蔡集团在当时无锡棉纺行业中所占比重与荣氏集团基本接近。再加上在其他行业的投资，唐蔡集团1922年的总资本额在无锡工业资本中所占比重达17%左右，成为一个横跨棉纺、缫丝、面粉三大支柱产业的资本集团。1939年4月，唐星海在上海租界创办保丰纺织厂；1948年底，抽调庆丰厂部分资金和设备到中国香港九龙荃湾创办南海纱厂。

唐氏家族中，唐骧庭一族声名更为显赫。唐骧庭20岁开始继承父业，经营土布庄和夏布皮货行，无锡老字号"世泰盛"布店就是其产业。他还在无锡北大街开设九余绸布庄。1922年，唐骧庭与程敬堂等集资30万元，建立丽新染织厂（图1-4-9）。唐骧庭次子唐君远到丽新染织厂工作。唐君远到任后，培训技术人员，推动技术创新，加强市场营销，使得丽新染织厂成为无锡染织业资本雄厚、设备完备的企业。

第四章　璀璨苏商：苏商的崛起

（5）荣氏家族。百年来，荣氏家族有着"面粉大王""棉纱大王"等称号。

由于家境贫寒，荣宗敬14岁时就到上海一家铁锚厂当起了学徒。三年后，15岁的荣德生进入上海通顺钱庄做学徒，此时的荣宗敬则在另一家钱庄做学徒，这为几年后他们和父亲荣熙泰一起在上海开钱庄打下了基础。1896年，已有几千块银洋积蓄的荣熙泰与人合资在上海开设"广生钱庄"，荣宗敬、荣德生兄弟分任经理与会计。

图1-4-9　唐骧庭、程敬堂创办的丽新纺织厂

荣熙泰一生勤恳踏实，他临终时嘱咐两个儿子，做生意切忌投机，要坚守踏实、稳健的行事作风。两兄弟一直遵守父亲遗训，稳妥经营钱庄，几年后便掘得了"第一桶金"，这奠定了后来两兄弟创业的基础。

就在钱庄生意蒸蒸日上之时，荣德生抓住面粉行业的发展商机，1914～1922年，荣家面粉产业发展迅速，产量占到当时全国面粉总产量的29%。随着面粉厂的成功，荣家又开始进入纺织业。厂房也从华东铺向了全国各地。

20世纪30年代初期，荣氏旗下申新纱厂约占全国民族资本棉纱厂纱锭数的20%，布机数占28%，茂新和福新的面粉厂规模占全国同行业的1/3左右，成为当时国内规模第一的民营实业集团。自此，荣家奠定了在中国近代工商业的重要地位。

荣氏家族将大量财富回报社会，荣家兄弟，兄主外，弟主内，哥哥荣宗敬在上海不断拓展事业，弟弟荣德生在无锡办学，热衷公益。1904年，荣家兄弟在无锡荣巷创办第一家公益小学，到1915年，荣家兄弟在荣巷、梅园等处共办了9所男女小学。这些学校最初还有其他人的捐助，后来则由荣氏兄弟独力承担常年经费。1947年，荣家创办江南大学。荣德生一生兴办各类学校多所，并积极兴修道路与桥梁。据荣家后人考证，荣德生"百桥公司"建造102座桥，这102座桥并不都在无锡，还包括常州、丹阳等地，其中最有名的桥为"宝界双虹"（图1-4-10）。从无锡市区前往鼋头渚，必须要经过宝界桥，桥长375米，无锡人称其为"长桥"。

图1-4-10 宝界双虹（左为宝界新桥，右为宝界老桥）

2. 工商思想概要

一是实业救国，事业为先。无锡民族工业的发展有力地回击了外来帝国主义的经济侵略。无锡民族资本家勇于承担社会责任，在办厂之时都有实业救国的思想。无锡近代工业的发展都包含着与帝国主义进行斗争的艰辛与困苦。荣宗敬在回顾自己的创业动机时说："惟时吾国商办实业无多，而洋粉洋纱运销于吾国者为数甚巨，窃思衣食为人生要需，解决衣食问题，莫如多办纺织厂和面粉厂。"荣德生在谈到自己一生的事业和责任时指出："创办工厂企业，发展民族工业，谋求国家富强。"

除荣氏兄弟外，无锡"唐、薛等均有'事业迷'，故能促成工业之发展"。正是众多无锡"事业迷"，造就了无锡民族工商业的发达。

二是开拓创新，力争上游。无锡工业之所以能在1937年位列全国前茅，除了有薛福成等人所倡导的"实业救国"思想外，更重要的是有一批工商界人士的开拓创新精神。从1840年左右无锡人到上海滩创业奠定无锡实业基础，至业勤、永泰丝厂的创办，直至荣氏后来居上，都是通过脚踏实地实干、不断创业而扩大发展起来的。荣宗敬说："干得痛快，处处争第一。"荣德生斩钉截铁地说："我就是要争第一。"荣宗敬、荣德生兄弟是平民出身，创业之初受到地方保守势力的阻挠。茂新面粉厂从选厂址至销售面粉都遇到了万事开头难的困扰，但凭着坚毅与信心终于成功。

荣家不仅在记账方法上，在企业兴办、管理以及人才培养等方面都是新旧结合、中西结合。薛家则靠着组织联盟集团，把丝产品直接营销至国际市场而顶住了危机压力,并使无锡的缫丝业走在全国前列,体现了争先制胜的自强自立精神。荣德生在晚年还规划了"大天元计划",有把企业办到国外去的设想,开拓创业之心不老。从实业报国到国际开拓,无锡实业家所形成的"勇往直前,作世界之竞争"的创新创业精神使无锡创造了发展的黄金时代,也成为代代相传的精神财富。

三是诚实守信,务实为本。荣德生提出"心正思无邪,意诚言必中""经营事业,信用第一"。《无锡工商大集》评价荣德生:"先生治事之精神,素主实际,不尚空谈,尽力做去,以事实对付竞争,以毅力克服困难,而刻苦耐劳,一味专心事业,目的在于为社会造福,尤为常人所不及"。

无锡商业发达,许多商家讲究诚信,货真价实,以赢得信誉。北大街的九余绸庄与百货业的实业公司,在民国初年首创"真不二价",革除当时一般商店盛行的讨价还价的经营作风。九余绸庄特地做了块黑底金字的"青龙牌"竖在店堂中,上书"真不二价"四字,时称"金字招牌"。由于这两家带头,推动了一条街和两个行业。这些商家不仅讲究诚信,还能做到服务细致,热情接待,甚至送货上门,使顾客满意而归。

四是精明灵动,善抓机遇。近代无锡民族工商业在与外国资本和官僚资本的竞争中处于劣势。艰难的创业过程和市场经济孕育出无锡工商业者精明灵动、善抓机遇的经营谋略。他们大都抓住了第一次世界大战中民族工业"黄金时期"的历史性机遇,迅速壮大产业,增强了实力。无锡的工商业者擅长运用"人弃我取"策略,主张造厂不如买厂,买厂不如租厂,以尽快获得收益。最典型的就是荣氏兄弟的借钱办厂,举债扩充,运用现代金融措施,加速了资本扩张的进程,促进了产业发展。

五是节俭勤勉,回报社会。无锡实业家生活非常节俭。钱穆观察荣德生:"余私窥其个人生活,如饮膳,如衣著,如居住,皆节俭有如寒素。余又曾至其在城中住宅,宽敞胜于乡间,然其朴质无华,佣仆萧然,亦无富家气派。其日常谈吐诚恳忠实,绝不染丝毫交际应酬场中声口,更不效为知识分子作假斯文态,乃俨若一不识字不读书人,语语直吐胸臆,如见肺腑。"荣德生自己总结道:"余之事业,皆由日积月累始成,如果用于吃着游戏,与社会生产无补,事业亦无从建设。故一地必须有人提倡事业,开辟风气,人人节约勤恳,以有余之资投入生产。如此由一人为倡,而影响一乡,由一乡而影响一县,由一县而影响一省,以至全国。"荣德生致力于公益事业，改善社会环境，谋求民众福利。

六是崇文重教，尚德重才。众多实业家致力于投资教育。周舜卿创办无锡第一所商业职校——廷弼商业学堂。华子唯等在荡口创办了无锡第一所职业女校——鹅湖女校。荣德生对教育更是有独到的见解，他提出："人才为先，一切得人则兴。"他既重视"国学根基"，又强调"实学实用"。荣德生在兴办初级学校的基础上，又于1919年建成公益工商中学，学校设工科和商科两个专业。除基础课外，工科增加纺织、面粉、铁工3门课，商科增加工业簿记、成本会计、银行、珠算4门课程。学校还十分注重实践教学，为工科设立实习工场，为商科开办供学生实习的小银行、小商店。此外，无锡实业家还千方百计提高工人的文化素质和技能水平，普遍创办职员养成所和工人养成所。最先创办职员养成所的是申新三厂。1928年秋至1931年，荣尔仁在原工商中学旧址先后创办了两期"申新总公司职员养成所"，招收高中、中专毕业生为学员，学期两年，培养模式为半读半工制，共培养出81名毕业生，大部分安排在申新系统各厂，担任企业重要部门和车间的技术管理职务。1929年，永泰丝厂开办技术管理和制丝技术人员练习班，招收具有初中毕业文化程度的练习生，学制两年半，前半年以课堂练习为主，后两年以实习为主。练习班前后共办8期，为薛氏集团培养了200多名专业人员。永泰丝厂成立华新制丝养成所，共培训出3000多名缥丝女工。1930年，庆丰纺织厂的唐星海设立"私立无锡纺织人员养成所"，成为该厂纺织人才的培训基地。

（二）常州盛宣怀

1. 功业成就概述

盛宣怀，江苏常州府武进县（今常州）人，作为追随李鸿章的"红顶商人"，是洋务派代表人物之一。他曾参与创办中国第一个大型民用航运企业——轮船招商局（1873年营业，图1-4-11），主持创办中国第一家电信企业——天津电报局（1880年）、第一家内河航运公司——山东内河小火轮航运公司（1886年）、国内第一条

图1-4-11　轮船招商局旧址

南北干线——芦汉铁路（19世纪90年代后期建成）、第一家国人自办的银行——中国通商银行（1897年）、第一个钢铁联合企业——汉冶萍煤铁厂矿公司（1908年），积极推动我国早期资本主义近代化，是我国近代民族工业的开拓者。

2.工商思想概要

一是师夷长技。盛宣怀深受"经世致用"思想影响，坚持"中体西用"，师夷长技以图自强。他指出："日本维新以来，援照西法……仅十余年，灿然大备"。他引进西方先进的科学技术，学习西方企业的经营管理方法，开拓轮运、矿务、电报、邮政、铁路、钢铁、煤矿、纺织和银行实务，使中国出现了第一批近代企业，开创了我国近代工商业先河。

二是官督商办。官督商办是一种"商股商办，官为护持"的特殊体制。他深信"非商办不能谋其利，非官督不能防其弊"，其洋务企业均有民间资本参与，并享有税收优惠、垄断经营等方面的特权。

三是争利洋商。盛宣怀敢于与国际资本竞争，抗衡列强资本，反对洋股介入铁厂、铁路和矿务勘探和开采，夺回了诸多国家主权和经济权益。1876年，主持轮船招商局"拿下"曾垄断长江航运的美国旗昌洋行开办的旗昌轮船公司，将其16艘轮船和各口岸的码头仓库并入招商局，这是中国近代史上中资企业并购外资企业的第一个案例。招商局还迫使太古洋行、怡和洋行签订"齐价合同"。他提出"洋线不得上陆"，将两家外资电报公司在沿海地区的电线全数拆除。他认为外资银行"于办理官事处处窒碍"，银行业必须有"华商在内"，他创办的中国通商银行是第一家发行纸币的华资银行。

四是兴学强国。盛宣怀是中国高等教育开创者，他从洋务实业实践中痛感懂技术、通外语的专业人才紧缺，提出："得人尤为办事之先务。"他视教育为兴国之本，提出："自强首在储才，储才必先兴学。"他于1895年创办北洋大学堂（今天津大学），1896年创办南洋公学（今上海交通大学）。他于1897年创办的南洋公学师范院，是我国第一所师范学校。

五是公诸同好。盛宣怀于1910年在上海创办第一家私人图书馆——愚斋图书馆，据《愚斋图书馆藏书书目》，总计多达81855册图书。1894年，盛宣怀"萃前辈之精神，为后人之模范"，直接推动《常州先哲遗书》刊印事宜，三年后初集问世，此举使常州先辈的一些撰著得以传世至今。

六是热心公益。盛宣怀热心慈善、办理赈务。他在担任天津河间兵备道期间，创设慈善机构天津广仁堂，留养大灾过后的孤儿寡母。他在担任山东登莱青兵备道道台兼烟台东海关监督期间，兴修水利，运用"劝捐筹款，以工代赈"的办法，历时三年治理小清河，疏通河道二百多千米，使长期淤废的小清河变身黄金水道，促进沿河城乡经济发展。1891年，他创设胶东地区最大的慈善机构——烟台广仁堂，救助众多贫病之人。1892年，他在苏州留园建立"龙溪盛氏义庄"，赡养其直系子孙，后又救济苏州遭受苦难的贫苦民众。1897年以后，他担负起组织领导全国性的赈灾救荒工作。他是中国红十字会创建人，1910年担任中国第一任红十字会会长。

（三）南通张謇

1.功业成就概述

张謇，字季直，祖籍江苏常熟，1853年出生于江苏通州（今南通）海门常乐镇，清末状元。张謇带着政治理念入世和经世，事业由实业而教育，由教育而政治，几乎参与了近代所有的重大政治变革。张謇是近代南通的缔造者，又被誉为近代中国师范教育第一人。

1895年，张謇在家乡通州筹建大生纱厂（图1-4-12），到1922年，大生集团有4个纺织厂，资本已达900万两白银，纱锭15.5万枚，占全国民族资本纱锭总数的7%。"南通实业，咸肇始于大生，故其对内对外往来，咸认大生为主体。"从1899年大生纱厂开工到1926年张謇去世，张謇"从事实业二十余年，组织各种公司，如纺织、盐垦等，以数十计，资本总额几达三千万元"，形成功能互补的地方工业体系，大生企业系统成为当时全国最大的民族资本集团。"江海之滨，恃以食者无虑

图1-4-12 大生纱厂旧影

数十万户,沾其教泽者无虑数百万人。"到20世纪20年代,南通已由僻处江海一隅的州县小城发展成为近代著名的新兴纺织工业重镇和享誉中外的全国模范县,成为"近代第一城"。

2. 工商思想概要

一是实业救国。张謇是中国早期现代化先驱,具有观察世界之眼光,从为国图强、为民增益的视角,提出救国的根本是振兴实业,通过"查前清光、宣两朝各海关贸易进册",1913年提出"棉铁主义",主张率先发展棉纺织业和钢铁工业。

二是地方自治。张謇说:"自以为士负国家之责,必自其乡里始。""国家之强,本于自治;自治之本,在实业、教育;而弥缝其不及者,惟赖慈善。"他构建的"一城三镇"田园城市模式和具有慈善公益性质的地方社会保障体系,是中国近代城市的典范。

三是大德曰生。张謇明大义、求"大利"、明大德,他创办实业的根本目的是能够给百姓提供基本的生存条件和生活保障。张謇开办大生纱厂时,还为工人建房,为工人的子弟可以求学建立学校,为方便工人看病建造医院,为工人可以存储工资生利息设立储蓄处。他兴办实业渐有赢利即回报社会,兴办教育、文化、慈善、市政等各项民生公益事业,造福当地民众。

四是绅领商办。张謇创立的大生纱厂开创了中国企业股份制的新路径,成为全国第一家民营股份制企业,政府只是参与分红和股息领取,不派董事参与生产经营,企业具有独立的经营管理权。

五是产业拓展。1899年大生纱厂建成开工。1901年建立通海垦牧公司,以保证棉花原料来源。1902年建立广生油厂,以解决棉籽出路问题。1904年创办上海大达外江轮步公司,以解决大生原料和产品运输问题。1906年创办了资生铁冶厂,以维修和制造机器设备。1909年创办了复新面粉厂,以提供浆料给大生。由此,张謇构建了环环相扣、独立运行的产业链,涵盖了纺织、盐垦、航运、冶铁、面粉、榨油、酿造、油皂、造纸、印刷、玻璃等诸多行业。

六是规约分明。张謇秉持道德与制度相结合的治理理念,在大生纱厂创办初期,张謇执笔撰写《大生纱厂厂约》,拟定章程25个,规矩达195条,"大生纱厂从生产、销售到后勤,从企业总理、执事到员工,每个环节、每个人员、每个细节都受到观照与关照,均有详尽的质量标准与严格的工作规范。"形成了公司制度体系。1913年9月至1915年9月,张謇主持全国农林、工商政务,编订颁布相关法规条例20余种，有力地促进了民族工商业的发展。他还主持制定了我国历史上第一部《森林法》、第一部《狩猎法》。

七是恪守诚信。张謇提出："修身之道，固多端也，即就不说谎不骗人，做去亦可矣。"他提出："人可以穷，可以死，不可无良；国可以弱，可以小，不可无信。无良，不人，无信，不国。"强调商业"植基之道……在道德与信用"。张謇在创办事业的过程中始终表现出"言必信、行必果"。

八是心系教育。张謇秉承"父实业，母教育"之宗旨创办了许多学校，从1902年创办通州师范学校起到1920年，据粗略统计，张謇在通州地区亲手创办与筹办的学校和教育机构有：初等小学300多所、中学若干所、师范学校2所、职业学校10多所、高校3所。形成以师范教育为主，包括高等教育、普通中学、小学、专门技艺学校、职工学校以及幼稚园、教育馆等教育机构和设施的体系。如今，国内包括复旦大学、河海大学、同济大学、东南大学、苏州大学、南通大学等具有百年历史的近20所高等院校，追根溯源都和张謇有关。上海海洋大学深渊科技中心研制的科考母船之所以被命名为"张謇号"，也因为张謇是这所学校的创始人。

（四）镇江陈光甫

1. 功业成就概述

陈光甫（1880~1976年），中国银行家、中国近代旅游业创始人，原名辉祖，后易名辉德，字光甫，江苏镇江人。1909年毕业于美国宾夕法尼亚大学，同年回国。

陈光甫曾任上海银行公会会长，是上海金融界的领袖，1915年创办上海商业储蓄银行，开业时最初资本额为10万元的小银行，20世纪30年代初，业务扩展最高时分支机构达111个，存款总额近2亿元，位列私营银行首位，至1936年底，资本达500万元，到1937年，存款额占全国所有银行总存款额的10%左右。上海银行还是第一家经营外汇业务、第一个将外商企业列入客户名单的中国银行。

1923年，陈光甫在上海商业储蓄银行设立旅行部，1927年该部独立挂牌注册，更名为中国旅行社。

2. 工商思想概要

一是注重信用。陈光甫提出，银行是"一针见血的组织"，银行如果信誉好，仅凭信用就可以集聚社会资金供工商企业使用。中国旅行社则是民国时期规模最大、信誉最好的旅行代理机构。

二是服务社会。陈光甫强调银行业务走入社会、接近工商。上海商业储蓄银行以服务取胜，坚持顾客至上，提出"顾客是衣食父母"口号，改善服务态度，讲求办事效率，注重服务质量，赢得良好口碑。上海商业储蓄银行还开展小额银行储蓄存款业务，一元即可开户，方便顾客。

三是合作共赢。上海商业储蓄银行与浙江兴业银行、浙江实业银行，在经营上相互支持，相互融通，互通往来，互兼董监，形成"南三行"效应。

四是人本管理。陈光甫认为："有人才，虽衰必盛；无人才，虽盛必衰。"他注重企业文化，提出"银行是我，我是银行"的口号，1927年创办银行行刊《海光》，开办银行传习所、训练班、实习学校选拔人才，注重人才的德行、价值观和服务精神。他还吸收员工入股，制定职工特别储金制度，使"大我小我化为一体"。

五是灵活经营。陈光甫突破当时传统的对人的信用进行贷款的信用方式，提倡"对物的信用"，企业可以用原料、产品或厂房、机器、厂址地皮为抵押进行贷款，适应了工商企业大宗贷款的需要。他还提出"择其可用者用之，不可用者置之"，创办了一系列附属企业，拓宽了银行业务范围。

六是敢字当先。在当时旅游业务由外国金融机构包揽的背景下，创办中国人自己的旅行社。陈光甫提出："旅行社虽有亏本，但为国家挽回了不少利权，不然又多送外国许多钱了。"自1923年创立到1953年宣告结束，中国旅行社开展国内旅游，拓展国际旅游，制订行业服务规范，设立满足游客基本食宿需求的平价招待所，实施旅游团购，推广旅行支票，发行旅游刊物，开设海内外分支机构，为中国旅游业积累了宝贵的经验与理念。

六、新民主主义革命时期苏商的担当作为

新民主主义经济是在中国新民主主义革命过程中产生和发展起来的。新民主主义经济最初产生在中国共产党领导的革命根据地内，经过抗日战争、解放战争，到中华人民共和国成立前夕，新民主主义经济已全面形成，由国营经济、合作社经济、个体经济、私人资本主义经济和国家资本主义经济五种经济成分构成。

抗日战争时期，随着工农业的发展，商业也得到了发展。民主政府为了发展区内商业，实行自由贸易政策。既发展国营商业、合作社商业，也保护私人商业，限制私人商业资本主义的过分剥削。这个时期，解放区采取了商店、庙会、骡马大会、物资交流会、物品交易市场等商业形式。在自由贸易商业政策指导下，解放区

市场繁荣，在市场上交易的商品有农副产品、布匹、棉花、纸张、食盐、文具、毛织品、麻、碱等。在抗战期间，国营商业、合作社商业、私营商业都获得了相应的发展。如1942年，陕甘宁边区贸易局有土产公司8个，盐业公司有骡马店123个。1944年，有消费合作社3700个。1943年，延安市的私营商店从1938年的90个发展到473个。商业的发展，有力地粉碎了敌人的经济封锁，活跃了城乡物资交流，改善了人民生活。

（一）功业成就概述

1. 华润：香港起家的红色央企

1938年，为了团结香港及海外支持抗战的民主人士，接受和保管各界抗日捐款和物资，为抗日根据地采购军需物资及药品，华润前身"联和行"在香港成立。而这家商号的创始人，就是江苏无锡人杨廉安。最初诞生的联和行成立在香港中环的一个不起眼的小阁楼里，注册资金仅两万美元。其当时的任务是支援中国共产党领导的抗日战争。除了给延安采购药品和必要物资以外，还有"兑汇"和调拨党的经费等工作，同时还要配合运送海外华侨的捐款、捐物，并且在爱国华侨中做统战工作。

在整个抗战年代，联和行与八路军香港办事处及保卫中国同盟，联手在香港和海外开展了大规模的抗日募捐活动，联和行将募捐到的钱物，经秘密通道辗转运抵武汉、重庆八路军办事处，再分批转运到抗日根据地，为前线浴血奋战的八路军、新四军输送了大批西药、通信器材和运输车辆。1948年，联和行进行改组、扩大，更名为"华润公司"，蕴含"中华大地，雨露滋润"的美好寓意（图1-4-13）。华润公司销售和采购范围不断扩大，走出香港，走向东南亚、英国和美国等国家和地区。中华人民共和国成立后，华润公司成为中国各外贸公司

图1-4-13 位于香港中环毕打街的华润公司旧址

在香港的独家总代理，1952年成为国企。

2. 为党掌管钱袋子的红色商人：杨延修

杨延修（1911~2017年），江苏泰州人，拥有80年党龄的他，曾是中国共产党在国民党统治区第三条战线的秘密战士、红色商人，他的一生波澜壮阔，充满传奇色彩。电影《与魔鬼打交道的人》中的男主角张公甫，就是以杨延修和他的上级领导卢绪章为人物原型的。

上海是外商投资企业——"洋行"最集中的地方。在洋行里工作的中国人，被称为"洋行华员"。1936年夏秋之际，中共上海地下党组织通过杨延修等人，在洋行中上层华员中，发起筹备"上海洋行华员联谊会"。该联谊会成立后，杨延修成了不可或缺的"杨代表"，常参加各种进步团体集会和抗日救亡工作。

1933年，为筹措抗日救国经费，杨延修与卢绪章等人集资300块大洋，在上海天潼路怡如里29号创办了"广大华行"，由最初一家经营西药和医疗器械邮售业务的公司，发展为一家初具规模的小型西药房。1937年11月上海沦陷后，广大华行的生意走入低谷。为摆脱困境，广大华行改变策略，决定将药品转到内地去销售，还开辟了代客运输路线，后来经营范围越来越广，还做起了纸张等生意。

1939年，党组织派卢绪章去重庆，把广大华行改建为党的秘密工作机构。广大华行为党的高级干部在国民党统治区往来提供方便，通过国民党内部关系搜集情报，并从事经济工作，为南方局和八路军办事处等机构提供经费。

1939年，杨延修奉命赴昆明开拓大后方工作。他以广大华行副总经理和昆明分行经理以及"昆明业余联谊社"代理主席等身份，与昆明工商、金融界的头面人物广交朋友，创造发展中共地下经济的条件，1941年开办"中和药房"并任总经理。根据党组织的指示，杨延修和战友们全心全意地"在商言商"，先后在各主要城市设立分支机构和附属机构，形成联通海内外的商贸网络。

（二）红色商人精神

一是意志坚定。经商为人民、经商干革命。革命者经商是革命事业的分工，是以商业的发展来支持革命，服务党和人民。

二是不畏艰险。敢于面对经济和政治的双重风险。革命者经商与一般商业经营的不同表现为经商环境的恶劣，更表现为经商风险的巨大，其风险不仅是经济的，而且是政治乃至生命安全的。

三是严于律己。既追求商业的成功，又追求政治的进步。红色商人与其他商人的一个根本区别，在于不仅在商言商，而且还有很强的政治观念，积极追求政治上的进步。

七、社会主义革命和建设时期苏商的担当作为

社会主义革命和建设时期是指从1949年10月中华人民共和国成立到1978年12月党的十一届三中全会召开这一历史时期。这一时期，党面临的主要任务是，实现从新民主主义到社会主义的转变，进行社会主义革命，推进社会主义建设，为实现中华民族伟大复兴奠定根本政治前提和制度基础。

20世纪50年代所进行的资本主义工商业的社会主义改造，是一场深刻的社会革命，对中华人民共和国巩固政权、恢复和发展经济具有重大意义。国家通过从加工订货、代购代销到对私营工商业进行赎买这样一个从低级到高级的形式，完成了从私营资本主义到国家资本主义的转变，基本上实现了社会主义改造的目标。

第一阶段：1949~1953年。即国民经济过渡和恢复时期，对私营商业改造的主要内容为：打击、抑制私营商业投机行为，引导私营商业正常发展；确立国营商业主导地位，形成对私营商业改造的组织力量和经济力量。江苏对私营商业进行了第一次调整，确定国营商业以经营批发为主，较大幅度地退出零售市场。国营商业在零售业务中以"能够稳定零售价格、制止投机商人扰乱市场为限度"，主要经营粮食、煤炭、石油、纱布、食油、食盐6种日用必需品，其他商品鼓励私营商业经营。1952年11月在"五反"（反对行贿、反对偷税漏税、反对盗骗国家财产、反对偷工减料、反对盗窃国家经济情报）以后进行第二次商业调整，国营商业再次适当收缩营业，私商业务有所回升。

第二阶段：1953~1955年。党和政府采取经销、代销、代购、公私合营等形式把私营商业纳入国家资本主义轨道，同时采取由国营商业代替的办法改造私营批发商，为全行业改造准备条件。党和政府结合粮油统购统销（1953年11月开始）和棉花统购、棉布统销（1954年9月开始）政策，加强对批发商的改造。在对私营批发商改造中，江苏根据党中央"统筹兼顾、全面安排、积极改造"的精神，采取"一面前进，一面安排；安排一行，前进一行"的办法，按照掌握"先大批发商后小批发商，先主要行业后次要行业，先国营和合作社商业已控制的品种、后控制不足的品种"的原则，逐步淘汰私营批发商，主要是辅导转业。1954年全省1757户批发商中，有1/3转业或歇业。到1955年第三季度末，已经全行业改造的私营批发

商有粮食、纱布、棉纱、烟酒等30个行业,已对部分批发商进行改造的有南北货、百货、五金等30多个行业。

第三阶段:1956~1957年初。主要是推进私营商业的全行业改造,对私营商业财产进行全面清估予以定股定息,对商业资产人员进行安置,量才、量德使用。到1956年底,全省基本完成对私营商业的社会主义改造。1957年,国营商业归口改造的私营商业、饮食业、服务业的户数占其总户数的87.48%,占总人数的85.03%。江苏对私营商业改造的基本完成,使江苏的商业结构发生根本变化,国营商业和合作商业在商品流通领域和市场上的领导地位牢固确立,成为社会主义公有制坚实基础的重要组成部分。

以纺织工业为例,苏南是全国最古老的纺织工业基地之一。1949年初,民族纺织工业面临着原料不足、资金不足、销路呆滞等困难。中共一方面向资本家宣传保护和扶持民族工商业的政策,另一方面通过人民银行和国营建中贸易公司进行资金、原料援助,同时鼓励植棉养蚕,纺织工业景况逐渐好转。为将私营纺织企业的生产纳入国家计划经济轨道,实现对私营企业的利用、限制和改造政策,苏南各地政府通过收购批购、加工订货、统购统销、联营联购等国家资本主义初中级形式对私营纺织企业进行了改造。1954年苏南地区第一批共计11个大型私营纺织企业率先合营;1956年4月,苏南地区基本完成了纺织工业的社会主义改造。各地及时建立各行业的领导机构,纺织系统共建立了16个专业公司,加强对全行业合营运动的领导。到1956年底,苏南地区所有私营企业都进入了地方国营、公私合营或合作社营行列。

江苏实施第一个五年计划(1953~1957年)期间,加快重工业和轻工业的发展,扩大交通运输和电力等基础设施建设。1957年,苏州全市工业总产值达到3.36亿元,完成了计划的128.27%,比1952年增长79.12%,远超国家要求苏州市增长32%的指标规定。1966~1976年,江苏工农业总产值保持了较高的增长速度,平均每年递增9.6%,超过全国7.1%的平均水平。1952年,江苏地区生产总值48.41亿元,第二产业产值8.53亿元,第三产业产值14.39亿元。1978年,江苏地区生产总值249.24亿元,第二产业产值为131.09亿元,第三产业产值为49.44亿元。

八、改革开放时期苏商的担当作为

2018年,全国工商联发布《改革开放40年百名杰出民营企业家名单》。该名单囊括了来自27个省、自治区、直辖市的100位杰出民营企业家（按籍贯统计），他们在我国民营经济发展历程中具有突出的典型性和广泛的代表性，其中江苏省则有8位上榜，位居第二。

1. 功业成就概述

1956年，无锡东亭镇创办全国第一家社队企业——春雷造船厂。1970年初，江苏创造性地提出了"围绕农业办工业，办好工业促农业"和"以副养农、以工补农"的思路，乡镇企业由此起步。面临原材料与市场两头在外的困难，江苏大批农民转变角色，担任乡镇企业供销员，从外地采购原材料、推销本地产品。为解决人口密度大而科技人才短缺的问题，江苏乡镇企业从周边城市工厂和科研机构聘请工程师、技术顾问和师傅担任"星期天工程师"，业余时间帮助解决机器使用、产品开发、工艺革新、降低成本等技术难题。

1978年，党的十一届三中全会提出了"对内搞活经济、对外实行开放"的方针政策。1980年，江苏成为全国社队工业产值第一个超百亿元省份。1984年，党中央将社队企业正式改称为乡镇企业，明确指出："乡镇企业已成为国民经济的一支重要力量，是国营经济的重要补充。"从20世纪80年代开始，江苏乡镇企业进入大发展时期。西塘村在20世纪80年代初成为江苏省第一个亿元村，20世纪90年代入围全国十大富裕村。无锡市惠山区前洲街道曾是20世纪70年代初原无锡县最贫困的乡镇，1983年成为全国首批亿元乡，1991年乡镇企业销售收入高居全国乡镇榜首。原无锡县1973年成为全国第一个超亿元的县，全县社队工业产值达10008万元；1990年工业产值129.38亿元，居全国各县之首。

20世纪90年代以来，江苏乡镇企业加快建立现代企业制度。沙钢由张家港地方轧钢小厂发展为全国最大的民营钢铁集团，2008年粗钢产量进入全球钢铁企业前10位，2009年首次跻身世界500强。红豆集团初创于1957年，1992年成立红豆集团有限公司，2001年"红豆股份"在上交所交易，2007年"红豆"品牌荣获中国服装行业成就大奖。2018年江苏阳光集团成为全国毛纺行业唯一企业获评中国质量奖。创立于1988年的海澜集团，从一间纺织面料工厂开始，经历粗纺、精纺、服装、品牌连锁经营之路，逐渐发展成一家控股集团。

1994年中国和新加坡两国政府合作的旗舰项目——苏州工业园设立，这是中外合作共建工业园区的首个项目，当前，苏州工业园正朝着建设具有全球影响力的产业科技创新中心而奋勇前行。全省人均GDP在1998年首次突破1万元大关，2017

年首次迈上10万元台阶。按当年汇率折算，全省人均GDP在1996年突破1000美元，2012年首次超过1万美元，2018年达到1.74万美元。人均总量超过中等偏上收入国家水平。

2018年全省经济总量9.26万亿元，位居全国第二，相比1952年累计增长326.6倍（剔除价格因素），年均增长9.2%；2018年全省经济总量占全国的份额为10.3%，而1952年为7.1%。2018年全省服务业增加值4.72万亿元，占GDP的比重达51%，实现了三次产业结构"三二一"的转变。2018年全省战略性新兴产业、高新技术产业产值占规模以上工业比重达到32%和43.8%。全国1/5以上的高新技术产品出口是"江苏制造"。

2. 工商思想概要

一是厚德崇文、兼容并蓄。具有强烈的爱国主义精神和社会责任感，将近代以来苏商"实业救国、实业报国"的爱国主义光荣传统发扬光大；善于汲取多元先进健康的文化理念，勤思善学、睿智敏行。

二是只争朝夕、负重前行。改革开放初期，江苏从乡镇企业创业艰辛历程中高度凝练出攻坚克难的踏遍千山万水闯市场、吃尽千辛万苦办企业、说尽千言万语拉客户、历经千难万险谋发展的"四千四万精神"，用占全国1%的土地养活了6%的人口，创造了全国10%的国内生产总值。

三是敢为人先、创新机制。1982年，无锡堰桥在社队企业打破"大锅饭"，推行"一包三改"，即落实厂长经济承包责任制，改干部任免制为选聘制、改工人录用制为合同制、改固定工资制为浮动工资制，实行多劳多得，充分企业经营者和工人的积极性。堰桥人民的首创精神，使"一包三改"经验从堰桥公社走向全国。苏州、无锡、常州、南通以集体经济为特征发展乡镇企业实现非农化发展的方式，1983年被费孝通总结为"苏南模式"。

四是坚守实业、勇于创新。苏商做稳做实，坚持发展实体经济不动摇，在激烈竞争环境下，从乡镇企业异军突起到外向型经济蓬勃兴起，从民营经济发展壮大到创新型经济活力迸发，勇于担当"摸着石头过河"的实践者和探索者。

九、新时代苏商的担当作为

从党的十八大开始，中国特色社会主义进入新时代，站在我国发展新的历史方位，新生代苏商秉承苏商精神，努力做"有立场、有思想、有情怀、有坚守、有匠心"的新时代企业家，为促进中国经济社会持续健康发展接续奋斗，为扛起谱写"强富美高"新江苏现代化建设新篇章的历史使命贡献力量。

1. 功业成就概述

全国工商联发布的2021中国民营企业500强中，江苏企业有93家；2022中国民营企业500强中，江苏企业有92家；2023中国民营企业500强中，江苏企业有89家。江苏入围企业数量三年均位居全国第二。例如，20岁创业的恒力集团总裁陈建华的目标是"让恒力成为世界品牌，做全球化纤业的巨子"，恒力集团有限公司位列2021《财富》世界500强第67位，首次进入世界百强企业阵营，位列全国工商联2022、2023中国民营企业500强第3位；天合光能是A股科创板首家光伏企业，天合光能董事长兼CEO高纪凡入选2022福布斯中国最佳CEO，位列第17位；中天钢铁在全国民营钢铁企业中首家获"第六届中国工业大奖"企业奖。

2022年全省高新技术产业实现产值超7.8万亿元，全省高新技术企业数量达4.4万家，比2021年增长0.7万家、增长18.9%。2022年，全省企业发明专利授权量59106件，同比增长32.0%。2022年全省两化融合发展水平达到66.4，高于全国平均水平59.6，连续八年居全国第一。2023年，工业战略性新兴产业和高新技术产业产值占全省规上工业比重提升到41.3%和49.9%。

江苏企业积极"走出去"，以全球产业链布局、境外建厂、跨国并购、技术协作、产品出口等多种形式拓展国际市场，如红太阳集团控股英国CCA汽车公司，好孩子集团并购德国儿童安全座椅品牌，江苏省交通科学研究院股份有限公司并购西班牙老牌设计公司，协鑫集团在北美、日本等地开发建设多座光伏电站。江苏企业主动参与"一带一路"建设，哈萨克斯坦双西公路支线、"埃塞—吉布提石油天然气"项目、柬埔寨西哈努克港经济特区、中阿产能合作示范园、摩洛哥卡萨布兰卡金融大厦……苏商留下了鲜明的印记。

2. 工商思想概要

一是国际视野，民生情怀。苏商放眼全球的市场竞争，凸显出更加国际化、现代化的行商风格，主动对接世界市场、国际资本、全球人才，实现全球化产业布局，逐渐从国际市场的参与者向主导者转变，从追赶者向引领者转变。苏商积极履行社会责任，回报社会，将个人荣辱、企业发展与人民幸福、国家命运紧密相连。海澜集团董事长周建平指出，企业创办初期，它属于企业家个人，当企业发展壮大以后，它就属于社会。海澜集团积极投身慈善、公益事业，彰显出民营企业勇担社会责任的情怀与温度。

二是创新驱动，高质量发展。苏商践行新发展理念，聚焦实业做精主业，注重技术创新，践行商业新模式和创新业态，依托国家创新平台，承担国家科技项目，瞄准核心技术，着眼于建构自主可控的现代产业体系，是江苏高质量发展走在全国前列的重要力量。

三是守法经营，品行良好。苏商坚定理想信念，认真践行社会主义核心价值观，坚持走中国特色社会主义道路，遵守国家法律法规，注重现代企业制度建设，自觉践行亲清新型政商关系，具有良好的道德品行和社会形象。雨润集团在全国食品行业率先提出了"食品工业是道德工业"的理念，建立诚信为本的企业文化，坚守职业操守和道德底线，践行"真诚如雨、滋润万家"的服务宗旨，秉持"诚信勤敏、谦学艰毅"的企业精神。红豆集团董事局主席周海江提出企业发展与股东、员工、顾客、供方、合作伙伴、政府、环境、社会（社区）等"八方共赢"理念，追求社会价值最大化。

十、苏商精神的传承与弘扬

苏商，孕育于春秋，兴起于汉唐，成长于明清，卓然于民国，驰骋商场，独领风骚，爱国恤民、经世致用、深耕实业、融合交汇、崇文重教、以义为先、包容共享。苏商精神具有江苏地方的鲜明特点，具有浓郁的吴韵汉风的江苏气派。深厚文化底蕴滋养下的苏商精神代代传承，历久弥新，是苏商竞争力、凝聚力、影响力之源，是激励苏商成长进步的精神力量，是江苏工商业长盛不衰的内在基础和发展的不竭动力和源泉。

苏商具有强烈的家国情怀和责任担当。苏商的命运始终与中国走向富强、人民追求幸福、民族走向复兴紧密相连，历史上，苏商曾与买办阶级、帝国主义和官僚资本主义进行过长期的艰苦斗争，为国民经济和江苏工商业发展作出重要贡献。

改革开放时期，苏商传承弘扬近代苏商"实业救国、实业报国"的爱国主义光荣传统，凝练出"四千四万"精神，以不畏艰难困苦、不懈拼搏进取、不断开拓创新的坚强意志，创业创新创优，争先领先率先，带动了改革开放后江苏乃至全国经济的腾飞。进入新时代，苏商又赋予"四千四万"精神全新内涵，"新四千四万"精神体现了时代特征和发展要求，成为江苏经济高质量发展的内生动力。

新时代的苏商，以新思维和新姿态积极适应时代的"千变万化"；以新理念和新作为破解发展中的困难和瓶颈，主动经受创新的"千锤百炼"；以新模式和新技术推动产业转型升级，构建创新引领、自主可控、安全可靠的现代产业体系，在发展的前沿展现"千姿万态"；以强烈的责任感和自信心勇挑重担、奋勇争先、迸发活力，在新征程上奔腾"千军万马"。

实践与日俱新，观念与时俱进。新时代苏商全面贯彻习近平新时代中国特色社会主义思想，牢牢把握高质量发展这个首要任务，胸怀"两个大局"，自信自强，守正创新，踔厉奋发，勇毅前行，担当起"强富美高"新江苏现代化建设的使命，凝练出"厚德、崇文、实业、创新"的新时代苏商精神，为全面建设社会主义现代化国家、全面推进中华民族伟大复兴而团结奋斗。"厚德"：爱国主义是苏商精神的核心价值，新时代苏商传承实业报国的情怀，践行社会主义核心价值观，心系家国，矢志不渝，尚德诚信，勇担社会责任，当好社会责任的担当者；"崇文"："积金积玉不如积书教子，宽田宽地不如宽厚待人。""绵世泽莫如为善，振家声还需读书"，新时代苏商传承苏商文化基因，吐故纳新，兼容并蓄，开放包容，汲取多元先进健康的文化理念；"实业"：坚守实业是苏商最鲜明特质，不畏艰辛，执着追求，稳健务实，新时代苏商坚持聚焦实业、做精主业，当好实体经济的坚守者；"创新"：自强不息，披荆斩棘，新时代苏商坚持开拓创新、敢为人先的独特精神品格，以创优争一流的精神状态，实现激烈竞争环境下的可持续发展，当好高质量发展的引领者。

参考文献

［1］陈乃林,周新国.江苏教育史［M］.南京：江苏人民出版社,2007：482.

［2］上海大学,江南大学.乐农史料选编：荣德生与兴学育才［M］.上海：上海古籍出版社,2002：323.

［3］冯丽蓉,林本梓.吴地实业家［M］.北京：中央编译出版社,1996：18.

［4］王瑜.扬州历代名人［M］.南京：江苏古籍出版社,1992：241.

［5］阎广芬.经商与办学：近代商人教育研究［M］.石家庄：河北教育出版社,2001：232.

［6］雪峰.从普爱到新海［N］.苍梧晚报,2007-11-18.

［7］若溪.高阳与私立无锡中学［M］.无锡文史资料第1辑,1980：105-109.

［8］刘正伟.督抚与士绅：江苏教育近代化研究［M］.石家庄：河北教育出版社,2001：289.

［9］苏云峰.中国新教育的萌芽与成长（1860—1928）［M］.北京：北京大学出版社,2007：

74-75.

[10] 江苏省地方志编纂委员会.江苏省志：教育志：下册［M］.南京：江苏古籍出版社，2000：

[11] 严克勤，汤可可.无锡近代企业家研究［M］.哈尔滨：黑龙江人民出版社，2003：180-191.

[12] 朱英.近代中国商人与社会［M］.武汉：湖北教育出版社，2002：13，66-68.

[13] 阎广芬.经商与办学：近代商人教育研究［M］.石家庄：河北教育出版社，2001：91.

[14] 唐力行.商人与中国近世社会［M］.北京：商务印书馆，2003：10.

[15] 许涤新，吴承明.中国资本主义的萌芽［M］.北京：人民出版社，2003：203.

[16] 王文清.江苏史纲：古代卷［M］.南京：江苏古籍出版社，1993：635-637，642，647，766.

[17] 范金民.明清江南商业的发展［M］.南京：南京大学出版社，1998：12，66，321.

[18] 李文治.中国近代农业史资料：第一辑（1840—1911）［M］.北京：生活·读书·新知三联书店，1957：83.

[19] 许涤新，吴承明.中国资本主义的萌芽［M］.上海：人民出版社，2003：17，212.

[20] 陈桦.清代区域社会经济研究［M］.北京：中国人民大学出版社，1996：107.

[21] 梁磊.近代苏中市镇经济研究［M］.北京：社会科学文献出版社，2007：19.

[22] 李伯重.江南的早期工业化（1550—1850）［M］.北京：社会科学文献出版社，2000：125.

[23] 梁磊.近代苏中市镇经济研究［M］.北京：社会科学文献出版社，2007：21.

[24] 左敏，李冠杰.古往今来话苏商［J］.百科知识，2008（9）：53-54.

[25] 朱家桢，孙长根.无锡历代文化名人［M］.北京：中国社会出版社，2001：34.

[26] 锡山区档案局网页.

[27] 苏商：渔民之乡　儒商风范［EB/OL］.

第二编

工 商 明 珠

引 言

江苏运河工商明珠中，江苏运河历史文化街区、工业遗产、老字号是"遗存承载的文化"，江苏运河手工技艺、运河习俗是"流淌伴生的文化"，它们是江苏运河工商文化的具象化，反映了江苏运河工商文化的底蕴与商韵、开放与自强、觉醒与坚守、唯美与匠心、交融与寄托，彰显了鲜明的地域文化特色。

底蕴与商韵。历史文化街区属于《文物法》界定的"历史地段"，作为城市生长原点，较为完整地保存着历史信息，是见证城市历史发展的"活化石"。大运河沿线的河下、东关街、西津渡、新河街、清明桥、青果巷、盘门、夫子庙等历史文化街区底蕴深厚，连片的历史建筑、错落的街巷空间、集聚的各色店铺、浓郁的生活气息，承载着运河城市文脉，汇集了运河城市智慧，呈现出一定历史时期大运河沿岸的传统风貌特征，在大运河沿线的走廊空间内，都是运河多元文化的重要构成与载体。我们要延续街区历史风貌及其居民的传统生活方式和社会结构，提升街区文化价值和商业价值，使历史文化街区完美地融入现代城市之中，成为非遗文化活化传承的大平台和新时代展示城市活力形象、体现城市品位、焕发城市魅力的"城市会客厅"。

开放与自强。与其他传统城市不一样，因运河而兴的江苏城市，领风气之先，呈现出更强的工商业职能和经济中心的作用，具有与生俱来的开放性格，又得航运之利，吸收新的文化，引进先进技术，借鉴先进管理模式。近代，江苏民族工业在与买办和列强的斗争中穿越风雨、砥砺前行。中华人民共和国成立以来，江苏工业企业奋发图强，推动区域经济的迅猛跃进。江苏运河工业遗产在大运河的奔涌中荡气回肠，见证了大运河江苏段流变中的江苏工业化进程的历史风貌和阶段特征，以厂房建筑、机器设备、产品与综合性景观为符号，通过近代和现代工业文明波澜壮阔的发展图谱形象表达江苏运河工商文化。

觉醒与坚守。"漕运"作为中国封建时期一项重要经济制度，带来了中国历史上最大规模的南北物资交流。因河兴商，因河兴业，大运河的流变启发了江苏商业文明的觉醒，在商业和手工业竞争的大浪淘沙中，在江苏运河沿岸的历史文化街区、城市商业街的节点区域逐渐集聚起与运河城市历史文化发展息息相关的众多"老字号"，成为江苏商业文明发展的标志和城市文明发展的图腾。"老字号"坚守世代相传的独特产品、精湛技艺、卓越品质和服务理念，集历史、文化、商业等诸多功能于一体，持之以恒地不懈奋斗，孕育成为"金字招牌"，新时代"老字号"担当起打造商业文明的新使命。

唯美与匠心。明人宋应星《天工开物》的"良玉虽集京师，工巧则推苏郡"之句，既反映了领风气之先的苏州制作的影响力，更揭示了江苏运河传统技艺的文化意涵。江苏运河传统技艺丰富着运河沿线人民的物质生活和精神生活，手工时代的朴素与浪漫，蕴含活态大运河江苏段弥足珍贵的人文精神和审美视角；精益求精的严格工序、细腻的细节设计与精致的制作手法，凸显江苏运河传统技艺的信念与底气；传承人的情怀与坚守，彰显江苏运河传统技艺顽强的创造力和生命力。联合国教科文组织非遗、国家级非遗、省级非遗的认定，为江苏运河传统技艺的传承注入了强大的动力，穿越时空做好江苏运河传统技艺非遗传承的"江苏答卷"是我们的共同责任。

交融与寄托。大运河开挖、通航所形成的生存环境和生活条件，催生了运河人家和运河流经区域社会人群独特的生活方式，孕育了运河民俗。而江苏地域独特的地理环境与悠久的历史文化产生了富有鲜明地域特色的江苏民俗风貌。在大运河江苏段，江苏地方民俗与运河民俗相互影响、交流交融，形成江苏运河习俗。习俗的认同，体现了生活状态的一致性和共同的集体人格，从而构筑了共同的文化价值观念。江苏运河工商业的兴盛使得江苏运河习俗的内容与形式更为丰富，既为生活烟火气增添了鲜活的色彩，更寄托着傍河而居的江苏百姓人家和依河而生的江苏船民、纤夫、脚夫和码头工对未来的期许，在某种程度上是江苏运河区域社会一体化的黏合剂，成为至今仍然影响大运河江苏段沿线居民日常生活的文化力量。

第一章 底蕴与商韵：江苏运河历史文化街区

一、江苏历史文化街区概述

（一）历史文化街区的由来

国务院2008年颁布的《历史文化名城名镇名村保护条例》指出，历史文化街区是由省、自治区、直辖市人民政府核定公布的保存文物特别丰富、历史建筑集中成片、能够较完整和真实地体现传统格局和历史风貌，并具有一定规模的区域。历史文化街区蕴含城市文脉和城市记忆。为了保护历史文化遗存，完善历史文化保护体系，做好历史文化街区保护工作，2015年，中华人民共和国住房和城乡建设部和国家文物局公布了第一批共计30个中国历史文化街区。其中，江苏省南京市梅园新村历史文化街区和颐和路历史文化街区、苏州市山塘街历史文化街区入选。全国各地开展省级历史文化街区认定，扩大保护范围，完善保护体系，加强历史文化街区保护利用。江苏省人民政府于2016年1月29日批准命名了第一批共计58个江苏省历史文化街区，涉及16个地级市与县级市，包括南京、苏州、无锡、常州、扬州、镇江、泰州、南通、淮安、徐州10个地级市，以及高邮、兴化、如皋、宜兴、江阴6个县级市。南京有11个历史文化街区，是江苏所有城市中数量最多的。表2-1-1反映了基于地级市的江苏省历史文化街区数量、名单与级别的基本情况。

表2-1-1 江苏省历史文化街区基本信息

城市	序号	历史文化街区	级别
南京（11个）	1	梅园新村历史文化街区	国家级
	2	颐和路历史文化街区	国家级

续表

城市	序号	历史文化街区	级别
南京 （11个）	3	总统府历史文化街区	省级
	4	南捕厅历史文化街区	省级
	5	朝天宫历史文化街区	省级
	6	夫子庙历史文化街区	省级
	7	荷花塘历史文化街区	省级
	8	三条营历史文化街区	省级
	9	金陵机器制造局历史文化街区	省级
	10	高淳老街历史文化街区	省级
	11	七家村历史文化街区	省级
苏州 （8个）	1	山塘历史文化街区	国家级
	2	阊门历史文化街区	省级
	3	拙政园历史文化街区	省级
	4	怡园历史文化街区	省级
	5	平江历史文化街	省级
	6	南泾堂历史文化街区（常熟）	省级
	7	西泾岸历史文化街区（常熟）	省级
	8	琴川河历史文化街区（常熟）	省级
无锡 （8个）	1	清名桥历史文化街区	省级
	2	小娄巷历史文化街区	省级
	3	荣巷历史文化街区	省级
	4	惠山古镇历史文化街区	省级
	5	月城街历史文化街区（宜兴）	省级
	6	蜀山古南街历史文化街区（宜兴）	省级
	7	葛鲍聚居地历史文化街区（宜兴）	省级
	8	北大街历史文化街区（江阴）	省级

续表

城市	序号	历史文化街区	级别
常州 （3个）	1	青果巷历史文化街区	省级
	2	南市河历史文化街区	省级
	3	前后北岸历史文化街区	省级
镇江 （3个）	1	西津渡历史文化街区	省级
	2	伯先路历史文化街区	省级
	3	大龙王巷历史文化街区	省级
扬州 （7个）	1	东关历史文化街区	省级
	2	南河下历史文化街区	省级
	3	仁丰里历史文化街区	省级
	4	湾子街历史文化街区	省级
	5	高邮城南历史文化街区（高邮）	省级
	6	高邮城北历史文化街区（高邮）	省级
	7	高邮城中历史文化街区（高邮）	省级
淮安 （4个）	1	河下古镇历史文化街区	省级
	2	驸马巷历史文化街区	省级
	3	龙窝巷历史文化街区	省级
	4	上坂街历史文化街区	省级
徐州 （2个）	1	户部山历史文化街区	省级
	2	状元府历史文化街区	省级
泰州 （6个）	1	泰州城中历史文化街区	省级
	2	五巷—涵西街历史文化街区	省级
	3	涵东街历史文化街区	省级
	4	渔行水村历史文化街区	省级
	5	金东门历史文化街区（兴化）	省级
	6	银北门历史文化街区（兴化）	省级

续表

城市	序号	历史文化街区	级别
南通（6个）	1	寺街历史文化街区	省级
	2	西南营历史文化街区	省级
	3	濠南历史文化街区	省级
	4	唐闸历史文化街区	省级
	5	东大门历史文化街区（如皋）	省级
	6	武庙历史文化街区（如皋）	省级

（二）江苏运河历史文化街区分类

从起源与功能看，江苏的历史文化街区可以分为工业与手工业类、商业类、生活建筑类和人文景观类街区。

1. 工业与手工业类历史文化街区

工业与手工业类历史文化街区依托工业与手工业生产建筑等物质遗产与生产技术、手工艺制作等非物质遗产，形成独特的街区文化，其中具有代表性的是金陵机器制造局历史文化街区、南通唐闸历史文化街区与宜兴古南街历史文化街区。

金陵机器制造局历史文化街区位于南京秦淮区中华门外，与大报恩寺遗址公园毗邻，金陵机器制造局是中国民族工业先驱，是南京第一座近代机械化工厂，素有"中国民族军事工业摇篮"之誉。

南通唐闸历史文化街区是我国近代民族工业的发源地之一。1895年，清末状元、著名爱国实业家、教育家张謇倡导"实业救国"并付诸社会实践，选址唐家闸筹办大生纱厂，并在此基础上陆续兴办磨面、榨油、制皂、冶铁、桑蚕染织等一系列附属实业群体，形成以大生纱厂为核心的庞大企业系统，后陆续形成"一河两岸"的近代工业城镇格局，使唐闸从一个普通的乡间野渡变身为全国闻名的工业重镇，被誉为"小上海"。现存大生纱厂钟楼、公事厅、红楼、东工房等丰富的历史文化遗存。保护范围东起大储堆栈至渡口巷，西至西工房及大生纱厂仓库，北至高岸街北，南至兴隆街，总面积25.75公顷。街区以通扬运河为依托，具有独特、完整的工业、仓储、交通、水利、文化教育、居住等功能体系，被誉为"中国近代工业遗存第一镇"。

镇江西津渡历史文化街区北濒长江，南临云台山，西起玉山，中心轴线1800米，规划面积约52公顷，包括老码头文化园、小码头民俗历史文化街区、环云台山商业步行街、云台山景区、伯先公园和镇江博物馆。老码头文化园东起迎江路，西至西津渡街，南靠云台山，北临长江路，面积约3.4公顷。其内现存原亚细亚火油公司、工部局巡捕房等租界建筑以及两万平方米的近现代工业建筑。

宜兴古南街历史文化街区位于宜兴丁蜀城区东北部，是明清以来宜兴紫砂陶制作、生产、贸易的集散地。这里保存了明清以来紫砂陶业制作、销售、运输的完整产业链和整体空间架构。古南街历史文化街区是研究紫砂生产及其文化的重要历史场所。

工业与手工业类历史街区的发展并非是单一生产要素的积累，而是不断嵌入地域文化与商业文化等要素，逐渐形成富有内涵与底蕴的街区文化，成为当地的特色区域。

2. 商业类历史文化街区

商业类历史文化街区主要是由各地商业发展而形成的街区，这类历史文化街区与运河关系密切，通常处于运河及其支流沿岸，方便开展运输与贸易，特别是在苏南一带，商业类历史文化街区与运河风貌融为一体。

苏州阊门历史文化街区所属阊门一带历来繁华热闹，自隋朝京杭大运河修通后，成为江南地区的水路要冲和物资集散地，尤其到明清两代，商贾云集，店肆林立。怡园历史文化街区在南宋时就是以乐桥为中心的商市的一部分，明清时商市和衙署迁离，该地逐渐成为小园林和故居的聚集地。

无锡清名桥历史文化街区位于无锡梁溪区，地处古运河与伯渎港交汇处，以古运河为中轴、清名桥为中心，北起跨塘桥，南到南水仙庙，东起王元吉锅厂旧址，西到定胜河沿线，包括有南下塘、阳春巷、大窑路、南长街等区域，占地44公顷，核心保护区面积18.78公顷。街区至今保持着水陆并行、河街相邻的双棋盘格局，以及小桥、流水、人家和幽深古巷的江南水乡生活风情，街区内文物遗址丰富，集众多人文景观于一体，涵盖了江南民俗文化、民族工商业文化、古建景观文化、宗教文化等多种形态。清明桥历史文化街区素有"运河绝版地""江南水弄堂"的美誉，保留了江南古运河的精华段，古河古桥、古街古弄、古窑古庙交相辉映，见证了江南漕运的繁荣，反映了明清两代无锡城市发展和贸易兴盛的情景，代表了大运河与城市水系的巧妙连接形成的极具特色的城市格局，形成了独特的"江南历史人文景观长廊",拥有深厚的文化底蕴,2010年被列为"中国历史文化名街"。

宜兴月城街历史文化街区已有600余年历史。据《重刊宜兴县旧志》记载,唐宋间,宜兴即建造存储漕米稻麦的官仓以及用于积谷防荒的社仓。月城街上有各类店铺数十家,饭店、肉店、米店、布店、南货店、杂货店、豆腐店、茶馆、客栈、菜行、木行、丝线店、棺材店、烟纸店等。江阴北大街历史文化街区历史上是江阴北门地区的商贸中心,是长江中下游重要商品集散地和对外贸易区域。

东关街是扬州最具代表性的一条老街,"春风十里扬州路,卷上珠帘总不如",唐朝杜牧的诗句描述的就是东关街。其东端的东关古渡是唐朝扬州最繁华的码头,自大运河开通后,这条外依大运河、内连主城区的老街,逐渐成为活跃的商贸往来和文化交流集聚地。明清时,陆陈行、油米坊、竹木行、瓜果行、鲜鱼行、八鲜行等近百商家林立街面,商业行当俱全,生意红火。这里有创立于1817年的四美酱园、1830年的谢馥春香粉店、1862年的潘广和五金店、1901年的夏广盛豆腐店、1909年的陈同兴鞋子店、1912年的乾大昌纸店、1923年的震泰昌香粉店、1936年的张洪兴当铺、1938年的庆丰茶食店、1940年的四流春茶社、1941年的协丰南货店、1945年的凌大兴茶食店、1946年的富记当铺等众多"老字号",此外还有顺泰南货店、朱德记面粉店、恒茂油麻店、恒泰祥颜色店、周广兴帽子店等。东关街也是扬州手工业集中地,如樊顺兴伞店、曹顺兴箩匾老铺、孙铸臣漆器作坊、源泰祥糖坊、孙记玉器作坊、董厚和袜厂等前店后坊的连家店遍及整条街。东关街还集中了大量盐商住宅和园林别业,此外,还有广陵书院、安定书院、仪董学堂,以及明代武当行宫、准提寺等众多古迹文物。

扬州湾子街是一条东北、西南向斜街,建筑呈典型"自下而上"布局形态,是扬州老城区内形状改造最少的街区,保留着传统居住形态和浓厚的市井烟火气息,民风淳朴,是以平民文化为特色的休闲体验区。明朝年间,是连接东关和钞关的便捷通道,《扬州画舫录》记载:"盖极新城东北角至西南角之便耳。"清朝和民国期间,手工业、商业业态在此集聚。

高邮城北历史文化街区,曾是高邮城北门外繁华的历史商业街区,是明清以至近代高邮典型的传统生活空间,格局完整,肌理清晰,其中高邮当铺是全国重点文物保护单位。

南京的高淳老街历史文化街区是高淳的商业中心,江苏省内保存最完好的古建筑群,也是华东地区保存最完整的明清古街,被誉为"金陵第二夫子庙",有"金陵第一古街"之称。

泰州的金东门历史文化街区位于素有"金东门"之称的兴化城东部地区，是一个由明清古民居群组成的街区，历史上店铺林立，商贾云集，保存着大批完整的明清民居建筑群和诸多历史古迹。银北门历史文化街区至明清以来商业发达，鼎盛时期有70多个行业、近200家大小商行、店铺、加工厂和手工作坊，其中百年老字号就有数十家。

商业类历史文化街区在商业发展的同时不断与地域文化、人文风俗交融，形成各地兼具历史性与体验性的公共空间。

3. 生活建筑类历史文化街区

生活建筑类历史文化街区主要是由历代生活居住区发展形成的、以居住建筑为基础的历史文化街区，江苏多城具有典型的生活建筑类历史文化街区。

南京梅园新村历史文化街区是民国建筑样板区和民国名人聚集地，民国居住建筑包括花园洋房、无院式独立别墅、联排住宅、里弄式住宅等，住宅群规模较大、住宅类型丰富、住宅形式多样、历史格局清晰、传统风貌完整、历史遗存丰厚，集中反映了民国时期的生活方式。街区由南唐时期的竺桥、明朝的汉府街、清朝的大悲巷（北段）、民国时期的雍园街、梅园新村（大悲巷南段）等5条历史街巷组成，基本保留了历史原貌。

南京颐和路历史文化街区位于南京市鼓楼区，以宁海路环岛为中心，是南京目前保存最完好、现存规模最大的民国时期花园洋房住宅和国外使节公馆最集中的地区，包括1933年陆续兴建的287座独立式花园宅第，其中200多座是民国政府要员的公馆，以颐和路为中轴线分布在大小不等的12个片区内，是南京重要的近代建筑群，被誉为"民国建筑博物馆"，反映了南京民国时期特有的历史文化和建筑风貌。

南京南捕厅历史文化街区位于南京城南，是南京老城内现存的明清传统风格建筑群之一。三条营历史文化街区位于老东门内，是美食聚集地，街区保持着明清时期的整体风貌和空间肌理，与现代城市景观区别较大，是南京独特和稀缺的景观。

无锡小娄巷历史文化街区位于无锡市梁溪区，该片区为无锡谈氏和秦氏两大名门望族的世居之地，始于宋代、盛于明清。自宋代以来曾有1名状元、13名进士和15名举人出自此处，到当代，两院院士、著名高校校长亦频出此处，是无锡有名的"才"地。

宜兴葛鲍聚居地历史文化街区位于无锡市丁蜀镇陶矿丰富的黄龙山下，保留了清末民初融汇吴越风格的民居建筑，体现了陶瓷家族的文化和精神，展示了从明清大窑户、民国民族资本家到中华人民共和国成立后公私合营的陶瓷业发展历程，对研究我国家族型陶瓷经济的发展有着重要价值。

"一条青果巷，半部常州史"。常州青果巷历史文化街区，旧称"千果巷"，河襟南北，街贯东西，人家枕河，沿古运河呈梳篦状展开，是常州市区保存最为完好的古老街巷，也是展现常州民间技艺的重要窗口，街区始建于明朝万历年间，其历史痕迹可以追溯到宋朝。街区散布着明、清、民国时期建筑，故居、名宅、书院、私塾、祠庙、古井、码头、桥坊、诗社、戏楼众多，是常州国家历史文化名城的"活化石"。青果巷文脉厚重，文风起于唐朝，是常州名门望族集聚地，先后走出了近百名科举进士和一大批近现代名士大家，是名副其实的"江南名士第一巷"。中国共产党早期领导人瞿秋白在此诞生，中国妇女运动的领袖之一史良的故居也坐落此处。

扬州南河下历史街区基本保持明清时期原样，整体风貌保存完整，在国内现存古城中极其稀有。高邮城中历史文化街区位于江苏高邮市焦家巷、百岁巷一带，过去为官宦人家府第，街区内有众多文物保护单位，包括镇国寺塔、文游台、明清运河故道、平津堰、净土寺塔、极乐庵、高邮奎楼、蝶园、王氏纪念馆、汪曾祺文学馆等。

淮安上坂街历史街区，有全国重点文物保护单位——周恩来故居，市级文物保护单位——楚元王庙以及许焕故宅、王遂良故宅等众多文物景点和明清古建筑，是历史文化名城淮安楚州的重点保护街区。

泰州涵东街历史文化街区是当地历史上商贾云集之地。该街区临水而行，傍水而立，西至同泰典当行、王五房，北至破桥，东至万字会西村、石头巷，南至缪家巷，面积4.78公顷。涵东街位于泰州古城以北，草河东侧，从东坝口向北逶迤数百米至破桥塊，水运便利，韵味十足。涵东街历史文化街区旧时与涵西街隔河相望，形成两街夹一河的典型河街模式。晚清民国时期，东坝口南至大东桥，东坝口北至草河头两段河道淤塞填埋，南面建小菜场（泰州最早的菜场），北面修房建屋成为民居。中华人民共和国成立后兴修水利，沟通上下河水系，修建了地下涵洞。从此就有了涵东、涵西的名称。在明清两朝，由淮盐各场及里下河地出产的柴草、官盐、稻米、黄豆、菜籽等均由稻河、草河运抵东西二坝，然后过秤、翻坝重新装船再经长江、运河水道运往全国各地。所以东坝口、西坝口成为泰州最繁华的地区之一。草河两岸，深宅大院栉比鳞次。整个涵东街区建筑文化遗存丰富。现有近百座房屋建于清朝或民国，其中，各级文保单位10余处，韩宅、温知女校、许宅等文保单位均在其中。除了房屋之外，街区内还存有古井、古桥、河埠头、码头等丰富的历史环境要素，是全国历史建筑保存最完好的街区之一。

南通西南营历史文化街区有诸多建筑类历史遗存，包括南关帝庙明清住宅、掌印巷清代住宅、冯旗杆巷明代住宅、惠民坊西巷清代住宅、西南营明清住宅、赵丹故居、金沧江故居、冯光九故居、包壮行故居等。此外，南通工商联合会也在该街区内。南通濠南历史文化街区位于主城区的中心位置，是南通近代文化的荟萃之地，以近代园林建筑、文化博览建筑名人故居为典型，具有独特的滨水景观。在形态上具有典型的近代城市的风貌，是最具南通地方特色的近代风貌区。

一座户部山，半部徐州史。徐州户部山历史文化街区位于徐州城区核心位置，是徐州西楚文化、商业文化、大运河文化的荟萃地，有着"千古繁华地、徐州不夜城"的美誉。街区整体布局以名胜古迹戏马台景区为核心，依山顺势，分顶层（状元街）、二层（翰林街）和底层三大区域。伴运河而生的户部山便因运河而兴，完整保留了明清时期的建筑风貌，由全国重点文物保护单位余家大院、翟家大院、郑家大院、刘家大院和市级文物保护单位权谨牌坊5个明清时期古院落组成，占地9000余平方米，共有房屋260余间，是大运河文化带上弥足珍贵的历史文化遗迹。缓步走进户部山古建筑群，所望皆是青砖黛瓦的府邸，这里不仅有甲第官宦之家，也有书香门第之府。依山而建的民居鳞次栉比、参差错落，既有北方的规整划一，也有南方的曲折秀美。

生活建筑类历史文化街区既有丰富的建筑资源，又有深厚的人文精神资源，特别是作为不同时期的工商业从业者聚集地，存有诸多工商业机构遗存，为我们进一步认识运河工商文化提供了珍贵的物质与非物质资料。

4. 人文景观类历史文化街区

人文景观类历史文化街区是以园林等人文景观为基础的历史文化街区，呈现出自然与人文的巧妙结合。南京朝天宫历史文化街区留存了魏晋南北朝时期中国早期园林的痕迹，街区整体格局和风貌清晰地反映出江南地区文庙、府学的布局特色。"北京胡同，南京巷子。"拥有13条巷子的荷花塘历史文化街区位于南京城南门西地区，南邻明城墙与护城河，西临胡家花园，是明清传统民居的"活化石"，街区清代及以前建筑占四分之一，是南京具有明清建筑特色的古城历史风貌之一。

苏州的拙政园历史文化街区是人文景观类历史文化街区的典型，狮子林和拙政园两座名园以及一座保存完整的太平天国王府构成了该街区的主体。常熟的西泾岸历史文化街区坐落在虞山脚下西城河畔，具有自然景观和人文色彩，另有曾园、赵园两座著名的私家古典园林，加之历史遗迹、古树名木点缀其中，保护基本完整的传统民居建筑群，共同构成该保护区儒雅、古朴的历史景观特征。

清代徐扬《姑苏繁华图》所绘"一街"即山塘街。苏州山塘历史文化街区位于苏州古城西北部，为唐代著名诗人白居易于唐宝历二年（826年）任苏州刺史时，开凿了西起虎丘东至阊门的山塘河，并在山塘河河北修建道路，称为"山塘街"，"一河一街"长约七里，称为"七里山塘"。目前，水韵山塘仍保持着"水城古街"的基本格局，具有历史风貌的完整性；古韵山塘文物古迹荟萃，历史建筑众多；文脉山塘留下了唐代至民国期间诗词300余首，清朝乾隆皇帝游历山塘时曾御笔书写"山塘寻胜"；人居山塘传统民居密集，原住民达85%以上，枕河而居，邻里相望；民俗山塘仍保留着传统的生活习俗，农历二月十二日的"百花节"、农历七月三十日的"烧狗屎香"等传统民俗活动代代相传，充分体现了历史生活的延续性；作为"老苏州的缩影"，山塘被誉为"一条活着的千年古街"，充分体现了历史文化内涵的丰富性。

"君到姑苏见，人家尽枕河"。现存的整体布局与南宋绍定二年（1229年）刻绘的《平江图》基本一致的平江历史街区，位于苏州古城东北隅，距今已有2500多年历史，平江河与之平行，构成了"河街相邻、水陆并行"的双棋盘格局，保持着的江南水城风貌，是苏州古城迄今保存最完整的历史文化保护区。

淮安河下古镇历史文化街区坐落于河下街道东部，濒临古运河和萧湖。河下街道位于淮安区西北部、淮安市中部、西依大运河，与清江浦区黄码镇、枚乘街道隔河相望，南濒临大运河，东与淮安区淮城街道、山阳街道毗邻，北与清浦江区钵池街道、徐杨街道接壤。河下古镇是古邗沟入淮处的古末口，曾名北辰镇，距今已有2500年以上的历史，鼎盛时有"扬州千载繁华景，移至西湖嘴上头"之美誉。明清两代，河下是"进士之乡"，出过状元1名、榜眼2名、探花1名，素有"三鼎甲齐全"之称。16卷《河下志》记载，当年河下有108条街巷，44座桥梁、102处园林、63座牌坊，55座祠庙。明清时，河下是淮北盐集散地和漕船零部件配套加工基地，这里富商的豪宅甲第连云，与扬州盐商的园林相媲美。河下有一批名人故居

（如吴承恩故居等）和盐商会馆遗址，是淮扬菜的重要发源地之一。

依托园林建筑等物质遗产，人文景观类历史文化街区在面貌上呈现出深厚的文化底蕴与地域特色，镶嵌在城市一域，闪耀自然与人文之光。

整体上看，一方面，江苏各地历史文化街区各具地域文化特色，另一方面也具有明显的共性，即历史文化街区与大运河及当地水网关系密切，可以说，大运河及水网很大程度上直接或间接促成了江苏各地历史文化街区的产生和发展。在水运式微的今天，如何促进江苏历史文化街区的生命力是值得我们思考的问题。

二、江苏历史文化街区与运河渊源

江苏的历史文化街区不少是由运河口岸直接孕育而成，主要是由于运河提供了十分便利的交通条件，苏南一带尤为明显。例如，无锡的清名桥历史文化街区正处于穿城而过的运河核心位置，惠山古镇历史文化街区地处无锡市西、锡山与惠山的东北坡麓，京杭大运河紧靠其北流经；常州南市河历史文化街区位于老城中心，紧邻运河；常州最初的青果巷临城区运河段，当时船舶云集，是南北果品集散地，沿岸开设各类果品店铺，旧有"千果巷"之称。《常州赋》云："入千果之巷，桃梅杏李色色俱陈。"常州地方语言"千""青"难辨，才有了现在的"青果巷"。后运河改道，巷名仍保留至今。淮安河下古镇历史文化街区依运河而生。这些临河街区依托于大运河上繁忙的货物和人员流动衍生出繁荣的市镇经济，通常店铺林立、商业发达，是展示和售卖当地手工艺产品和特色饮食的重要商业空间。

位于水陆要冲之地的水马驿，与运河漕运相伴而生，孕育出高邮城南历史文化街区。明清时期，高邮位于运河要道，是"江淮名州、广陵首邑"。高邮城南历史文化街区源起于宋代，繁荣于明清，鼎盛于近代，拥有全国规模最大、保存完好的明朝盂城驿旧址，以及盐船停泊旧址和挑运粮盐入船的通道遗迹。街区仍保持原有格局，南门大街、馆驿巷、马饮塘、运粮巷、盐塘巷、詹家巷等街巷肌理延续至今。盂城驿的设立和漕运的影响，带动了街区的商贸繁盛。

大运河是开放的系统，与其他水系相互融通，形成综合水网，共同孕育出诸如镇江西津渡历史文化街区、伯先路历史文化街区以及常熟琴川河历史文化街区等江河海交汇处的商业文化明珠。

江苏诸多历史文化街区的形成与发展都与大运河及其关联水网有着直接联系。例如，工业与手工业类历史文化街区通常也是在大运河周边出现，具有良好的区位优势，这也在一定程度上解释了为何运河城市的手工业与工业相对发达的现象。

三、江苏运河历史文化街区特征

历史文化街区记录着城市的历史演进轨迹，反映出社会生活和文化构成的多元性。通过以上对江苏历史文化街区总体情况的梳理与介绍，不难发现这些历史文化街区底蕴深厚、商韵绵长，底蕴与商韵相互交织影响，形成各地独具魅力的街区文化与城市名片。

（一）江苏运河历史文化街区的底蕴

首先，江苏各地历史文化街区具有悠久的历史底蕴。历史文化街区通常保留着古城样貌，形态成熟，历史悠久，再现城市"来时之路"。历史文化街区的历史底蕴既有显性表现，又有隐性表现。显性历史底蕴主要是由历史地段、街区风貌、历史建筑、青石板街巷、博物馆、码头、牌坊等显性要素来展现，隐性历史底蕴则是通过时间积淀而形成的特色生活方式、传统民俗等隐性要素来体现，具有历史生活气息的街区呈现出传统与现代交织的特征。当然，不同的历史文化街区所体现的历史底蕴的厚度具有差异，一般来说，出现时期越早的，底蕴越深厚，不过，实际的保护程度也不同程度地影响着它们的显性与隐性历史底蕴的表达。

其次，江苏各地历史文化街区具有深厚的文化底蕴。文化底蕴是历史文化街区的有机组成部分，江苏各地的历史文化街区的文化底蕴主要体现在两个方面：一是不少街区曾经集聚过众多历史文化名人，由此集聚了大量的精英文化要素，例如，常州的青果巷历史文化街区涌现过大批文人和商人，文人有明代文豪唐荆川，清代书画家钱维诚、恽鸿仪、汤贻汾，现代剧作家吴祖光，现代语言学家赵元任等，这些名士营造了人文环境，带动了街区乃至整个城市的文化发展，积淀了深厚的文化底蕴；二是作为普通百姓生产生活的重要空间，江苏各历史文化街区产生了众多传承至今、与日常生活相融合的非物质文化遗产，地方传统技艺、地方戏曲和民俗风情彰显着灵动与通透、温润与厚重的运河文化禀赋，历久弥新。

最后，江苏各地历史文化街区具有先进的精神底蕴。历史文化街区的特色和个性孕育城市精神的形成，历史文化街区的精神底蕴既是场所精神，也是特定城市精神的集中反映。整体上来看，江苏各地历史文化街区集中体现了开拓创新、敢为人先的精神气质，包括各个时期在街区兴起的工商业、开展的爱国运动等，成为守护城市文脉、增强居民精神力量、增强城市文化认同的重要场所。例如，无锡"第一支部"党建基地地处建造于光绪三十二年（1906年）的公益性城中公园——崇安寺公花园内，红色资源丰富，素有"商业丛林中的信仰圣地"的美誉，展现了共产党人践行初心使命的崇高精神。

（二）江苏历史文化街区的商韵

首先，江苏历史文化街区商业起步早，具有鲜明的运河商业基因。运河城镇的形成、发展、繁荣与拓展过程中直接带动了诸多历史文化街区及其商业的产生与发展，可以说，江苏历史文化街区的商业与运河的兴起具有直接联系。有不少以商品、行业命名的运河商业街巷，比如淮安河下镇历史文化街区一带有茶巷、花巷、白酒巷、裤脚巷、笔店巷、钥匙巷、玳瑁鱼巷等；又比如受益于运河区位优势的扬州，也有不少街道以行业命名，皮市巷、铁锁巷、缎子街都是典型代表；再比如无锡清名桥历史文化街区的邵伯镇商业街巷与运河垂直，便于货物在码头卸载后直接运入巷道进行贸易。

其次，江苏历史文化街区商业形式丰富。江苏各地拥有诸多商业资源，主要包括基于特色手工业的工艺商品、基于特色饮食文化和饮食技艺的餐饮业和基于中医药文化的药业等。工艺商品有如苏州的纺织品、无锡的泥人与紫砂、常州的梳篦、镇江的竹编和玉雕、淮安草编等，兼具艺术性与实用性；餐饮业有如扬州炒饭、镇江恒顺香醋、蟹黄汤包、水晶肴肉、丹阳黄酒等；传统医药有镇江的一正斋膏药等。江苏历史街区的很多商业形式通过老字号的经营而源远流长。

最后，江苏历史文化街区具有优良的商业精神。江苏运河城镇及街区造就了各地各具特色的商业街巷，商帮也由此而形成集聚，他们建立了诸多商业会馆。不少著名的商业会馆坐落于历史文化街区的显要位置，如苏州的岭南会馆、嘉应会馆、宝安会馆、潮州会馆、两广会馆、三山会馆，中州会馆、陕西会馆、全晋会馆、东齐会馆、湖南会馆、安徽会馆、江西会馆等，扬州的山西会馆、湖北会馆、湖南会馆、岭南会馆、江西会馆、安徽会馆、绍兴会馆等。淮安的河下镇的会馆多紧邻运河，集中在湖嘴大街、中街、竹巷、萧湖等交通便利之处。这些来自全国各地商人建立的商业会馆不单单是历史建筑，更是我国商业精神在江苏发展的见证，特别是受江苏带着运河基因的历史文化街区所给予的包容、开放、诚信、合作、开拓进取精神的影响，得以进一步沉淀和发展，成为江苏乃至全国先进商业精神的模范，铸就商业之魂，影响世代商人行为。

四、新时代江苏运河历史文化街区保护传承利用之策

各色各样的历史文化街区，汇聚起来彰显出江苏所处运河流域深厚的底蕴与商韵，为当代社会留下了宝贵的物质遗产和精神财富。江苏运河历史文化街区保护和开发脉络与全国范围内历史文化街区的保护和开发脉络具有一致性，经历了一个从抽象到具体、从片面到全面的渐进式发展历程，理论认知与实践经验不断深化与积累，围绕历史文化街区保护与开发的研究、讨论和实践逐渐增多。从20世纪90年代开始，我国进入大规模的新城建设与旧城改造时期，对历史文化遗产的保护也从单体的建筑古迹转向对区域层面的全面关注，并对历史文化资源的多层次性有了更深的认识，开始重视人文要素。同时，社会各界认识到了历史文化街区对于城市发展的重大历史文化价值。随着旅游业的兴起，历史文化街区的商业价值也开始被重视起来。

江苏运河历史文化街区的建设也存在一些共性问题，主要表现在：发展模式同质化，特别是商业模式趋同；文化表现形式僵化，精神内涵表现不足；公共空间活力不足，原住居民生活空间受挤压。新时期如何保护好、传承好、利用好江苏各地运河历史文化街区，是摆在我们面前的重要课题。

（一）新时代江苏运河历史文化街区的保护

首先，关于保护的内容。主要涉及物质文化遗产、非物质文化遗产以及原住民生活的保护，突出原真性保护，注重保护的完整性、功能性和独特性。以往对历史街区的保护侧重点在于对物质文化的保护，特别是历史建筑的保护。我们需要认识到的是，物质文化的保护与非物质文化保护对于体现历史文化街区的历史感、时代感、场所感具有同等重要的作用。物质文化的保护与非物质文化的保护是保护工作的一体两面，两者之间可以形成良性互动。物质文化的保护为非物质文化的保护提供了空间场所等物质基础，非物质文化的保护使得物质文化的保护更具生命力，两者有机结合才能为历史文化街区的保护提供持续的动力。物质文化的保护，如建筑风格，要关注统一性和连续性。此外，原住居民作为街区历史文化的承载者与传承者，其生活场景是最能彰显街区特色与底蕴的生动图景，原住居民的生活保护也是历史文化街区保护的重点，绝不能以标准化和现代化之由吞噬之。

其次，关于保护的主体。以往历史文化街区的保护主体主要是各地各级政府部门，不过从长远来看，仅靠行政规划与政府力量远远不足以适应历史文化街区现代

保护的需要。政府、居民、社会组织、企业、旅游者等多元主体的协同保护才是目前历史文化街区保护的正确道路。否则，无论从意识层面还是实际行动层面都会陷入被动，无法持续有效地进行整体又有活力的保护，容易走单一保护的老路。

最后，关于保护的原则与手段。目前城市建设已步入存量微更新时期，作为老城更新主要对象的历史文化街区也需要遵循微保护原则，做足绣花功夫，摒弃大拆大建模式。保护手段应该根据各城市实际情况立足长远做通盘考虑，具体行动要综合考虑历史文化街区各相关方的需求与利益平衡点，建立历史文化街区保护共同体，借鉴成熟的社区治理方法，有机融合居民生活与商业活动与文化建设，使历史文化街区的保护成为各个主体的自觉行动。

（二）新时代江苏运河历史文化街区的传承

首先，关于传承的内容。主要针对的是文化与精神要素。江苏运河历史文化街区是江苏城市特质的重要载体，也是江苏城市文脉的重要组成部分，承载着江苏人民的价值观念、审美情趣和生活方式，蕴含着特色地域文化要素、运河文化要素以及长期积淀的工商文化要素。这些文化要素的重要意义在经济社会发展过程中需要得到足够的重视。历史文化街区的精神要素传承有助于彰显城市精神气质，增强城市凝聚力，进一步促进街区与所在城市的良性发展。

其次，关于传承的主体。街区是以市井文化为特征的生活空间，其生命力和可持续发展在于宜居、宜游、宜商，其吸引力在于情感和记忆的延续，原住民、老字号、商户、非遗传承人、游客、市民、青少年都要珍视这一城市活态遗产的价值，形成广泛参与街区历史文化传承的行动自觉。

最后，关于传承的形式与手段。由于非物质文化、思想观念、情感体验、心理状态，本身抽象、流动，寓于各种社会行动的特征，传承更具难度。这就要求创新传承的形式与手段，以生动且有吸引力的方式体现历史文化街区流传着的各种传统技艺、群体记忆、地方认同，化隐蔽抽象为外显形象。比如，对于传统技艺可以采用包括室内体验馆、室外体验互动在内的多种切身体验来促进本地居民与游客的参与和宣传；民俗文化可以通过节庆活动让更多的年轻人感知与理解；对于群体记忆可以采用口述史、重现历史仪式等方式将街区精神外显化，并通过语言文字或艺术表演等形式进行进一步传承。总之，在文化与精神要素的传承上要进一步重视叙事方式的创新，加强多元主体互动与资源联动，延展文化形式，重视数字化建设，摒弃生硬僵化的传承模式，形成自觉且有机的传承模式。

(三）新时代江苏运河历史文化街区的利用

新时代对江苏运河历史文化街区的利用需要坚持经济增长、社会发展、文化创新相统一的原则与活化利用的原则，立足长远，科学利用。

首先，以文旅融合方式推动经济与文化的有机结合与协同发展。进一步挖掘文化资源和文化内涵，延续城市的历史文脉，突出地域文化、运河文化与红色文化要素，巩固与发展特色品牌，打造城市文化名片，提高特定历史文化街区的辨识度，增强地方文化与旅游吸引力。另一方面，避免唯商业是重的发展模式，拒绝商业形式同质化，拓展新消费模式，真正做到既方便原住居民生活又促进游客消费，以街区原生态生活促进文旅产业发展，以文旅产业发展反哺街区原生态生活。

其次，现代社会生活和历史人文环境和谐共生。现代化城市建设要与历史文化街区保护相适应，历史文化街区承载着各个城市过往与当下的众多社会生产职能，包括手工制造、金融贸易、渡口运输等不同经济与商贸业态，不仅具有历史文化价值，也具备城市社会的功能。利用历史文化街区的既有空间资源与人流聚集特点，保护好历史建筑周边地区的历史肌理、历史风貌，进一步完善街区基础配套设施，切实增强活力和吸引力，促进街区产业更新与业态创新。重视工业遗存与历史文化街区的有机互动，可基于区位相邻优势，打造工业与商业融合的示范区，赋予街区以新的生命形式，以城市整体发展的战略眼光，依托历史文化街区产业更新与业态创新，通过时空延续，提升整个城市的工商业发展水平。

最后，以历史文化街区的治理样板促进社会治理水平的提升。历史文化街区本质上是一个兼具传统因素与现代因素的社区，具有居住、商业贸易、社会活动等多重功能，需要面对与处理的问题复杂多样。在这样的背景下，各地对历史文化街区的治理投入了众多治理资源与智慧，其中蕴涵着诸多可借鉴的治理方式与技巧。对历史文化街区的成功治理为城市各种类型的社区治理提供了有利经验，可以作为街区治理样板，其他社区可以因地制宜地汲取治理理念与方法，促进多元主体参与社区治理，更加重视传统人际互动与现代治理技术的有机融合，培育和谐的人与社区关系，全面提升城市治理水平。

参考文献

[1] 林大彰.文化遗产景区仿古景观的边界研究：以苏州平江路历史文化街为例[J].美与时代·城市，2021（9）：102-103.

［2］刘森林.江南运河:风土 环境 交通［M］.上海:上海大学出版社,2015.

［3］王智洋.空间视阈下当代中国历史街区的文化建构［D］.南京:南京艺术学院,2021.

［4］陈庚林.高邮历史文化街区保护利用思考［J］.城乡建设,2017（15）:50-51.

［5］任吉东.历史文化街区:传承城市文脉的原生性基因［N］.光明日报,2021-01-04（6）.

第二章　开放与自强：江苏运河工业遗产

一、江苏运河工业遗产概述

（一）概况

工业遗产是文化遗产的重要组成部分。工业考古学的发展使得人们对于工业遗迹和遗物的记录和保护有了一定的认知，随着世界工业化进程的加快和后工业时代的到来，工业考古实践也不断增多。1973年，第一届国际工业纪念物大会召开。1978年成立的国际工业遗产保护委员会（TICCIH）是世界上第一个致力于促进工业遗产保护的国际性组织。1986年，英国工业革命时期的代表地铁桥谷成为世界第一个工业文化遗产。2003年，国际工业遗产保护委员会通过旨在保护工业遗产的《下塔吉尔宪章》指出，工业遗产包括具有历史、技术、社会、建筑或科学价值的工业文化遗迹，包括建筑和机械，厂房，生产作坊和工厂矿场以及加工提炼遗址，仓库货栈，生产、转换和使用的场所，交通运输及其基础设施以及用于住所、宗教崇拜或教育等和工业相关的社会活动场所。2003年联合国教科文组织（UNESCO）指出，工业遗产不仅包括磨坊和工厂，而且包含由新技术带来的社会效益与工程意义上的成就，如工业市镇、运河、铁路、桥梁以及运输和动力工程的其他物质载体。

江苏是我国近现代工业的重要发祥地之一，长期的历史积淀，特定的沿江、沿大运河地理人文环境，孕育了江苏的近现代民族工业，留下了丰富的工业遗产。2020年12月，江苏省工信厅发布《江苏省工业遗产地图（2020版）》。据统计，目前全省共有近百余处工业遗产，广泛分布在大运河沿线和沿江的主要城市，涉及酿酒、纺织、机械制造、化工等多个行业类别，其中有11处已入选工业和信息化部第二批（2018年）、第三批（2019年）、第四批（2020年）、第五批（2021年）国家工业遗产名单。这些工业遗产最早者可追溯至宋元甚至隋唐时期，大部分则为晚清、民国及中华人民共和国成立以来的历史遗存，它们犹如一座座无言的丰碑展现着江苏地区开放包容的历史风貌和自强不息的工业文化特征（表2-2-1）。

表2-2-1 江苏主要工业遗产名录

城市	序号	遗产名称	主体建成年代	备注
苏州	1	苏州第二制药厂	20世纪50~70年代	
	2	苏州电力电容器厂	20世纪50年代	
	3	江南无线电厂	19世纪20年代	
	4	甪直酱品厂	19世纪20年代	
	5	坛丘缫丝厂	20世纪60年代	
	6	长城电器旧址	20世纪70年代	
	7	浒关蚕种场	20世纪30年代	
无锡	1	茂新面粉厂旧址	20世纪40年代	国家级（第二批）
	2	永泰缫丝厂	20世纪30年代	
	3	大窑路窑群遗址及窑业公所旧址	明代至民国时期	
	4	无锡开源机器厂	20世纪40年代	
	5	无锡县柴油机厂	20世纪70年代	
常州	1	常州恒源畅厂	清末、20世纪30~70年代	国家级（第三批）
	2	常州大明纱厂	20世纪20~70年代	国家级（第四批）
	3	常州大成三厂	20世纪30~40年代	
	4	黑牡丹集团旧址	20世纪70年代	
	5	常州第二无线电厂旧址	20世纪60~70年代	
	6	常州合成纤维厂	20世纪60~70年代	
	7	常州梳篦厂	20世纪70年代	
	8	戚墅堰机厂	20世纪30年代	国家级（第五批）

续表

城市	序号	遗产名称	主体建成年代	备注
镇江	1	恒顺镇江香醋传统酿造区	晚清、民国、20世纪50年代	国家级（第三批）
	2	德士古、美孚、亚细亚火油公司旧址	20世纪00年代	
	3	丹阳钢铁厂	20世纪70年代	
扬州	1	扬州麦粉厂旧址	20世纪30年代	
	2	邗江瓜州锅厂	20世纪70年代	
	3	扬州灯泡厂	20世纪70年代	
	4	谢馥春香粉厂旧址	19世纪60年代	国家级（第五批）
	5	江苏扬农化工集团	20世纪70年代	
	6	邗江古籍印刷厂	20世纪70年代	
淮安	1	淮阴新华印刷厂	20世纪60年代	
	2	浦楼酱醋厂	20世纪70年代	
	3	国营九二五厂	20世纪60年代	
	4	陈桥化工厂旧址	20世纪70年代	
宿迁	1	洋河老窖池群及酿酒作坊	明清、20世纪40~60年代	国家级（第三批）
	2	双沟老窖池群及酿酒作坊	宋元、20世纪30年代、60年代	国家级（第四批）
	3	江苏玻璃厂	20世纪50~60年代	
徐州	1	权台煤矿工业遗存	20世纪50年代	
	2	沛公酒老窖池群及酿造遗存	20世纪70年代	
	3	凤鸣塔酿酒厂区工业遗存	20世纪60年代	
南京	1	金陵机器制造局	清代、民国	国家级（第二批）
	2	永利化学工业公司铔厂	20世纪30~70年代	国家级（第二批）
	3	南京油泵油嘴厂	20世纪60年代	
	4	南京手表厂	20世纪50年代	
	5	中船重工集团第七二四研究所旧址	20世纪30年代	

续表

城市	序号	遗产名称	主体建成年代	备注
南京	6	南京第二机床厂	20世纪50~70年代	
	7	南京工艺装备制造厂	20世纪50年代	
	8	民国首都电厂旧址	20世纪20年代	
	9	金陵石化公司烷基苯厂	20世纪70年代	
泰州	1	泰来面粉厂	20世纪00年代	
	2	梅兰春酒厂	20世纪50~70年代	
盐城	1	盐城肉联厂	20世纪60~70年代	
	2	盐城化纤厂	20世纪70年代	
南通	1	大生纱厂	19世纪90年代	国家级（第二批）
	2	大兴面粉厂	20世纪00~60年代	
	3	广生油厂、资生铁冶厂旧址	20世纪00年代	
	4	颐生酿造厂老厂区	清末、民国、20世纪60~70年代	
连云港	1	锦屏磷矿	20世纪50年代	
	2	桃林酒老窖池群及酿造遗存	明清、20世纪50~70年代	
	3	汤沟酒老窖池群及酿造遗存	明清、20世纪50年代	

（二）江苏运河工业遗产分类

从工业遗产主体建筑的建成年代来看，大体可分为晚清及以前（1911年及以前）、民国至中华人民共和国成立前（1912~1949年）、中华人民共和国成立以来（1949年以来）三个阶段。其中中华人民共和国成立以来的工业遗产数量最多。部分工业遗产现存主体遗存虽为近现代所建，其历史则可追溯至古代时期，如宿迁双沟老窖池群工业遗存，现存主体建筑群为20世纪30年代所建，中华人民共和国成立后20世纪60~70年代又先后加固翻修，但双沟酒则最早可追溯至隋唐，发展于宋元，至明清时方繁盛闻名，其现存最早的窖池已有600多年历史。

从工业遗产的行业分类来看，主要有机械制造类、纺织制造类、食品加工类、化工类和资源采掘类等行业类别。例如，南通大生纱厂是由中国近代著名实业家、教育家张謇于1895年创建的纺织企业,是近代爱国者探索实业救国道路的一个历史缩影;始建于明朝洪武年间的洋河老窖池群,窖龄600余年,是古代中国酿酒技术发展的重要代表;南京永利铔厂则是中国第一座化肥厂。

从工业遗产中主要遗存物来看,工业建筑类遗存较多,包括厂房、办公用房、住宿楼等,无不反映出当时社会一流的工业技术水平和极高的建筑艺术审美。此外,遗存物中,工业设备、办公及生活用具、文史资料遗存较少,尤其受历史因素影响,大量老旧设备、档案资料等遗失,仅存的部分档案资料等显得弥足珍贵。例如,南京永利铔厂保留了大量建厂时的土地征用存根、征地拆迁、资金借贷、债券发行、硫酸铔厂大事记、内外部来往信函等重要文史资料,为研究我国近代工业发展提供了有效的史料支撑。

(三)江苏代表性运河工业遗产

1. 金陵机器制造局

1865年,清政府在南京中华门外建立金陵机器制造局,位于南京市秦淮区,濒临秦淮河,并通过秦淮河与长江主航道和大运河连通。这里是国内目前最大的近现代工业建筑群,现存工业遗产主要有建于清代的9栋建筑、建于民国时期的23栋建筑,包括机器正厂、机器右厂、机器左厂、机器大厂、木厂大楼、捲铜厂、炎铜厂、熔铜厂、熔铜房、工房12栋,办公楼6栋,物料库2栋,宿舍楼3栋等。其中清代建筑主体建成于19世纪60~80年代,民国建筑主体建成于20世纪30~40年代。

金陵机器制造局的创建,标志着南京近代工业的开端,开创了中国近代军事工业和兵器工业发展的先河,规模仅次于当时的江南制造局,是南京第一座近代机械化工厂和近代化大生产的大型军工企业,拥有当时先进的设备,所生产的枪炮的产量和质量均居当时全国之首,堪称中国近现代民族工业和民族军事工业的摇篮。金陵机器制造局购买外国设备,引进专业人才和先进的管理理念,对当时经济的发展和工业管理模式的发展都有推动作用,其自强创新、奋发图强的精神更是鼓舞了一代又一代国人。

2. 永利化学工业公司铔厂

永利化学工业公司铔厂(简称永利铔厂)位于南京市江北新区大厂街道,濒临夹江(长江流经南京形成的分汊),可通过夹江与长江主航道和大运河连通。现存工业遗产主要有30项,分为建筑21项、工业设备2项、人物雕塑2项、档案及文史资料5项。主体建成于20世纪30~70年代,包括硫酸铔厂房、五所洋房、阿尔巴尼亚大楼、六村、八村会堂、硝酸塔等。

永利铔厂创建于1934年,是当时亚洲最大的化工厂,也是当时具有世界先进水平的联合化工企业,开创了中国制酸工业的先河,是中国化学工业的摇篮。1937年,永利铔厂生产出合格硫酸。同年,生产出我国第一包"红三角"牌硫酸铔(时称肥田粉)。拥有中国第一袋化肥、第一包催化剂、第一台高压容器以及第一套合成氨装置、硫酸装置、硝酸装置、硫酸铵(时称硫酸铔)装置等,被称为"远东第一大厂",人才、工艺技术、设备、建设速度和质量均为当时世界一流,先后创造了30多项"中国化工之最"。

1956年6月1日,南京磷肥厂开工建设;1958年6月28日,占地22公顷的南京磷肥厂建成投产。南京磷肥厂是中国第一家磷肥厂,它是由我国设计人员设计,设备全是国内自己制造的现代化磷肥厂。

永利铔厂和南京磷肥厂合并成立组建了南化公司,南化公司一直是我国重要的基础化工原料、精细化工原料生产基地和化工机械制造基地。永利铔厂最为人所熟知的是由永利铔厂厂长侯德榜先生于1943年发明的"侯氏联合制碱法",此法一经推出便在国际上产生轰动,将世界制碱技术推向了新的高度,至今仍是制碱领域的先进技术,侯德榜先生在列强压迫的艰苦环境下,仍能坚持钻研、开拓创新,体现了一位爱国科学家的优秀品德。

3. 茂新面粉厂旧址

茂新面粉厂旧址位于无锡市梁溪区振新路415号,紧邻环城河,距离无锡市内运河主航道不到1千米,主体于20世纪40年代建成,核心遗存为毛麦仓库、制粉车间、粉库、办公楼以及面粉生产机器设备等。

茂新面粉厂由我国著名民族工商业家荣宗敬、荣德生兄弟和朱仲甫等人筹资于清光绪二十六年(1900年)创办,次年建成,是无锡第一家机制面粉厂。建厂时厂名为保兴,为保证兴旺发达之意,当时引进了法国炼石石磨四部,日产面粉达300包。抗日战争期间,茂新面粉厂被毁,后于1948年重新复工生产,1954年茂新厂资方向国家提出了合营申请,1954年6月定名为公私合营茂新面粉公司,茂新面粉厂进入了历史新时期。

茂新面粉厂是荣家发轫之始基,是荣氏家族创办的第一家民族工业企业,是全国较早的几家机制面粉厂之一,对当时中国民族工业及面粉制造业的发展起到积极的推动作用。同时它也是中国近代民族工业的一个典型标本,从创办、兴盛、被毁、重建到新生，经历了一条曲折的道路，见证了近百年来中国社会的变迁，其经营理念、管理方法具有十分丰富的内涵，至今仍能给人们以深刻的启示。

4. 大生纱厂

大生纱厂位于南通市崇川区，地处具有"近代工业遗存第一镇"的唐闸古镇，紧邻通扬运河，主体建成于19世纪90年代，现存工业遗产主要有钟楼、公事厅、专家楼、清花间厂房、南通纺织专门学校旧址等。这一系列近代工业遗存保存完好，价值独特，是中国近代民族工业发展史的重要见证。其中，大生纱厂遗址2006年被国务院列为全国重点文物保护单位，2017年获评"中国20世纪建筑遗产"之一。

大生纱厂是由清末状元、中国近代实业家、教育家张謇先生在当时"设厂自救"的浪潮中秉承"天地之大德曰生"的理念，筹银50万两在当时唐闸小镇创立的民族工商企业，开创了中国民族工业之先河，曾占全国纱锭总数的11.9%。大生纱厂1895年开始着手购地建厂，1899年开车生产，至今已不间断发展了120多年，可以说是我国近代工业文明和历史发展的见证，张謇以轻纺制造为基础，迅速建立起大生资本集团，先后创办了榨油、磨面、冶铁等二三十个民族工业实体，同时创办了中国第一所师范学校、第一个公共博物馆、第一所戏剧学校等，南通由此成为当时全国"模范县"，被誉为"中国近代第一城"。纺织染传习所是我国最早创办的纺织高等院校。大生纱厂创办后所遵循的先进管理理念，以及培养出的诸多现代化人才，对于南通地方工业的发展起到了重要的推动作用，也激励着一代又一代人坚持走自强不息的道路。

国际工业遗产保护委员会权威刊物 *TICCIH Number*（2013年第3期），在头条位置刊登南通大学建筑工程学院邵耀辉博士的论文《建构历史信息系统保护文化景观：中国南通大生纱厂及其文化景观》。这是 *TICCIH Number* 介绍的首个中国案例，标志着南通大生纱厂得到了国际组织的重视。

5. 恒顺镇江香醋传统酿造区

恒顺镇江香醋传统酿造区位于镇江市丹徒区丹徒新城广园路60号，距离市内运河分支航道仅500余米，距京杭运河主航道约7千米，主体建成于20世纪50年代，现存工业遗产主要有恒顺荣炳老厂房、恒顺老作坊、传统酒窖、传统晒醋场、老门楼、恒顺米业老厂房，传统制醋工具、传统制酒工具，晚清时期营业执照、民国时期商标证书、中华人民共和国成立初期的生产资料记录、20世纪60~70年代商标、印章及镇江恒顺香醋酿制技艺。

镇江恒顺香醋作为我国传统特色产业的重要代表，具有重要的历史价值和代表意义，恒顺恢复了代表中国传统酿醋技艺的手工酿醋生产线，全面展示了"二十一日由酒成醋"的中华传统制醋工艺和博大精深的中国醋文化，同时保留了大量文史资料和实物，不仅为后人留下了宝贵的文化财富，也为当地社会经济发展持续贡献力量。

6.常州恒源畅厂

常州恒源畅厂遗存位于常州市钟楼区三堡街141号，位处常州市内京杭运河河畔，主体建成于20世纪30~70年代，核心遗存主要包括20世纪30年代民族工商业主建造的办公楼、"近代工业之父"盛宣怀及家族办慈善事业的老人堂等7栋民国时期典型江南民居建筑，原厂区内的锅炉房、水塔、烟囱、联排锯齿型厂房、消防综合楼、机修车间、经编车间、医务室、食堂、浴室等建筑，梳毛机、水喷淋空调装置、印染轧机等纺织设备，著名爱国将领冯玉祥题写的"恒源畅染织股份有限公司"厂名题词，清朝时期的土地交易契约，从建厂初期至今近7万份史料、手稿、图书等档案资料。

1927~1937年，是常州近代工业出现奇迹的10年，纺织、印染业成为常州步入近代化的主要标志。恒源畅在这期间也进入了发展的黄金时代，成为常州织布行业的龙头企业。1949年以后，恒源畅转变为公私合营的恒源畅染织厂。2008年，结合古运河申遗，常州申报国家历史文化名城，围绕"运河文化、工业遗存、创意产业、常台合作"四大主题，通过"抢救、保护、利用"的办法，常州产业投资集团有限公司将恒源畅厂改造成运河边的创意街区，成为古运河边上一道独特的风景。

7.洋河老窖池群及酿酒作坊

洋河老窖池群及酿酒作坊位于宿迁市宿城区洋河镇中大街118号，紧邻宿迁市内黄河古道，距离中运河主航道约6千米，现存工业遗产主要有老酿酒厂房、老窖池、一号酒库、二号酒库、地下酒窖以及相关档案和图纸。其中主体建筑建成于20世纪40年代，老窖池则可追溯至明清时期，其中有89条明朝洪武年间老窖池，窖龄超过600年。

洋河老窖池群及地下酒窖，既是近现代规模最大、布局结构完整的工业建筑及附属物，也是省级非物质文化遗产"洋河酒传统酿造技艺"的物质载体，作为一种

"活化"的酿酒业遗产,其独特的发酵、窖藏、贮酒工艺,在中国的白酒行业中具有开创性的引领作用。

8. 双沟老窖池群及酿酒作坊

双沟老窖池群及酿酒作坊位于宿迁市泗洪县双沟镇中大街173号,紧邻怀洪新河,并与淮河连通,现存工业遗产主要有老窖池群、宋元酿酒遗址坑、老酿酒厂房、第一机械化酿酒车间、散酒一库、贮酒库以及"双沟醴泉"墨宝等文史资料。其中主体建筑建成于20世纪30年代,老窖池则可追溯至明清时期,其中最早一条窖池始建于明洪武十八年(1385年),持续使用至今,是省级重点文物保护单位。

双沟地区拥有悠久的酿酒及饮酒历史,最早起于隋唐,发展于宋元,繁盛于明清。老窖池群及其酿酒作坊是双沟千年酿酒历史的精华沉淀,是支撑双沟酒镇发展的重要根基,其酿造技艺历史悠久、底蕴深厚,传承脉络清晰,是江淮流派传统浓香型酿造技艺的典型代表,对于江淮酿酒史及酿酒文化的研究具有极高的价值。

9. 常州大明纱厂

常州大明纱厂位于常州市经济开发区延陵东路388号,金陵大运河主航道,主体建筑建成于20世纪20~70年代,核心遗存为中国近代纺织巨子刘国钧先生及其女婿爱国实业家查济民先生办公区3处、高级管理人员住宿区2处、民国时期火炬形砖筑水塔1座,以及1980年前建成的纺纱一车间、机修车间、接待室、办公室、会议室、化验室、计量室、仓库、浴室、宿舍、食堂等建筑。

大明纱厂前身为利民纱厂,由吴县(现为江苏苏州吴中区)实业家张云搏、杨翼之等人于1921年创建,厂址选定于交通便利的京杭大运河畔。利民纱厂以"振兴国货、利民为本"为建厂初心,产品为土纱、土布。大明纱厂是中国近代纺织工业发展的缩影。

10. 戚墅堰机厂

戚墅堰机厂位于常州市经济开发区延陵东路358号,紧邻大运河主航道,主体建筑群于20世纪30年代建成,核心遗存为民国建筑群、机车联合厂房、机器设备以及武装起义雕塑等。

戚墅堰机厂的前身是上海吴淞机厂,始建于1898年,由铁路督办大臣盛宣怀亲自选址、兴建,1936年为避战火迁至常州戚墅堰,是常州第一个大型近代化工厂。戚墅堰机厂见证了中国工人斗争史和铁路工人运动史,其民国建筑群是日军占领工厂期间所建,见证了日本侵华罪行,具有重要的历史文化价值和爱国主义教育意义。

11. 谢馥春香粉厂旧址

谢馥春香粉厂旧址位于扬州市广陵区东关街243号，紧邻古运河航道，主体建筑于19世纪60年代建成，核心遗存为谢氏老宅、后花园和粉装坊建筑群和谢馥春"香、粉、油"制作技艺。

谢馥春香粉铺创立于清道光十年（1830年），是中国第一家化妆品生产企业，现为江苏谢馥春国妆股份有限公司。其代表性传统产品鸭蛋粉、冰油及香件（被誉为东方固体香水）通称谢馥春三绝。民国时期谢馥春香粉业制造达到鼎盛，在民国四年（1915年）美国旧金山巴拿马万国博览会上，谢馥春香粉、香件获得银奖，奠定了谢馥春的国际品牌地位，同年获国民政府农商部国货展览会铜奖，民国十年（1921年）获江苏省地方物产展览会铜奖。2006年，谢馥春被商务部认定为全国首批"中华老字号"企业。2011年，谢馥春"香、粉、油"制作技艺被列入江苏省非物质文化遗产名录。

二、江苏运河工业遗产溯源

（一）古代工业遗产

大窑路窑群遗址及窑业公所旧址位于无锡市梁溪区大窑路27号，于明代至民国时期修建，其核心遗存为108处古窑群遗址（现有19处保存较为完整），以及建于1911年的窑业公所。遗存的古窑中，明代老中窑是保存最为完好的一座，从形制上看是一座蒙顶小型倒焰窑，分为燃烧室、窑门、窑膛、烟道几个部分。明代初年，无锡南门外大运河东岸的"南下塘地区"，广大农民在冬种小麦植水稻的空余时间，搞副业生产。他们利用这里土质黏性强和水上运输方便等有利条件，掘土建窑，自制土砖瓦坯，经干燥后装进窑内烧制，烧成的砖瓦运往远近各地销售。于是土砖窑便在运河东岸、伯渎港南岸一带陆续建起，延绵排列，相传有"横十里、竖十里"的说法。自明初至20世纪50年代，窑业生产持续600多年，其址数量之多，分布线之长，砖瓦品种之全，质量之高，影响之大，在整个江南地区都很少见。它紧靠京杭大运河和古老的伯渎河，与无锡城的发展紧密相连，可以说，大半个无锡城是从这里烧造出来的。这处窑群址对无锡窑业发展史和整个民族工商业发展史的研究具有重要的参考价值。同时，它又是京杭大运河无锡段上一道独特的风景线，具有一定的参观游览价值。

（二）当代工业遗产

江南无线电厂遗存位于苏州市姑苏区胥江路426号，于20世纪50~70年代建成，主要遗存包括大礼堂、老厂房、配电间、金工车间和机修理车间等建筑。江南无线电厂的前身为1956年2月由25家私营无线电行组成的苏州市无线电修理生产合作社。1958年，该社由集体所有制改制为全民所有制，定名为苏州电讯器材厂，主要产品为微波通信设备、船用救生电子设备和收录音机、电视机，这三大系列是当时苏州电子行业历史早、基础好、规模较大的一家无线电专业整机厂。1961年，改名为苏州无线电厂，同时分出微电机车间，另建苏州电讯电机厂。20世纪70年代是江南无线电厂的鼎盛辉煌时期，企业产品规模日益扩大，产品的先进性、适销性、经济性均具有相当高的水平，为苏州市的知名企业。20世纪80年代开始，作为国有企业的江南无线电厂在计划经济转向市场经济的转型中，经济效益逐步滑坡，最后成为苏州市亏损大户，成为资不抵债、濒临破产的困难企业。1981年7月，与苏州有线电厂、苏州无线电五厂组建成江南广播通讯联合厂。1983年解体，各厂恢复原有建制。2000年，江南无线电厂按国家规定进行全面改制。为摆脱企业困境，2008年响应"退二进三"进行转型升级，并于2010年成功完成了老企业的转型升级，成立了苏州中心城区第一座专业装饰设计产业园——江南文化创意设计产业园。

三、江苏运河工业遗产特征

总的来说，江苏运河工业遗产发展呈现出数量类别多样、文化内涵深厚、保护开发实践丰富等特征。

一是数量类别多样。全省范围内具备一定规模的工业遗产在全国名列前茅。工业遗产中既有传统工业技艺的代表，如洋河酒、双沟酒、恒顺香醋、甪直酱品等，又有近代以来中国工业化发展的先锋，如金陵机器制造局、永利铔厂、大生纱厂等机械、化工、纺织企业，不仅数量多，且涉及的行业门类广泛，形成了相对完备的工业体系。

二是文化内涵深厚。自明朝会通河开通后，整个京杭运河畅通无阻，且与运河并行或垂直的官道、大道交通发达，形成了运河区域纵横交错的水陆交通网，使得运河周边成为沟通南北的重要商贸与文化中心区域。近代以来，面对西方列强的坚船利炮，在民族自强精神的激发下，以江苏为代表的运河沿线区域又是最早觉醒并接受和引进西方技术设备，推动实业救国的地区。纵观江苏运河工业的发展，其蕴含的开放包容和自强创新精神，具有极高的文化价值。

三是保护开发实践丰富。21世纪以来，得益于整个江苏地区的经济发展，文化旅游、研学旅行、休闲度假产业的需求逐渐增加，工业遗产的文化和旅游价值逐步被挖掘，出现一批代表性工业遗产保护开发项目，从而积累了较为丰富的工业遗产保护开发经验，为省内其他地区乃至全国其他区域的工业遗产保护性开发工作提供了有益的参考依据，推动了工业遗产保护性开发实践的稳步发展。

四、新时代江苏运河工业遗产保护传承利用之策

（一）结合政府法治建设，推动工业遗产法律体系建设

2006年，首届中国工业遗产论坛在无锡召开，论坛的主题是"重视并保护工业遗产"。论坛通过了旨在加大工业遗产保护力度的《无锡建议》，在国内首次对工业遗产保护进行了较为系统的阐述，这是中国工业遗产保护的一个里程碑，标志着中国工业遗产的保护进入一个新的时期。2020年6月，国家发改委等五部门联合印发《推动老工业城市工业遗产保护利用实施方案》，提出把工业遗产保护利用作为推动老工业城市高质量发展的重要内容，打造一批集城市记忆、知识传播、创意文化、休闲体验于一体的"生活秀带"，要进一步厘清工业遗产的概念、工业遗产的界定标准、保护方式和产权认定，在法律法规层面进一步规范工业遗产管理和保护。

（二）结合城市发展规划，推动重点工业遗产项目建设

工业遗产是一个城市发展的历史印记，往往见证了一个城市工业文明的发展历程，对于一个城市来说在社会文化层面往往具有较为强烈的情感纽带，因此在城市发展规划过程中，要坚持整体性、系统性的思维，从城市特色风貌入手，突出地标性，让工业遗产融入当代生活，体现年轻化，使其成为公众日常生活的重要组成部分。2007年南京晨光集团会同南京市秦淮区政府，将金陵机器局遗址整体打造成晨光1865创意产业园，充分发挥历史文化优势，保护性开发利用老建筑，建成融合文化交流与展示、创意设计、休闲旅游、科技开发、创新创业为一体的综合性时尚创意文化产业基地。经过10年建设，2017年总产值45亿元，税收2.33亿元，实现了良好的社会和经济价值。

（三）结合城市文化建设，推动运河工业文化传播弘扬

工业文化是城市文化的重要组成部分，以德国、日本等国为代表的发达国家，在工业文化的传播方面已经有较为成熟的实践方式。要以运河工业遗产为载体，深入挖掘当地工业遗产的资源禀赋和历史文化价值，重视现代产业转型升级所形成的当代工业遗产保护，重视工艺、流程、工序、技术等工业遗产所涉非物质文化遗产的传承保护，加强各类博物馆、展览馆、遗址公园建设，充分发挥其宣传、展示和教育功能，更多发挥其经济价值与空间价值。通过老工业建筑、机器设备、文史资料等传播和宣传工业文化，培育新型文化业态和产业模式，生动展现工业发展的奋斗史，弘扬积极向上的文化正能量，推动工业遗产保护可持续发展。大生纱厂创办初期档案（1896~1907年）是研究中国近代民族工业发展历史的重要依据，2022年被联合国教科文组织世界记忆亚太地区委员会选入《世界记忆亚太地区名录》。2006年，洋河酒厂以传统酿造技艺展示馆、手工生产区、老窖池群、地下酒窖等工业遗产为核心建成的文化旅游区投入运营，并被评为全国工业旅游示范点，2015年成为国家4A级景区。

（四）结合运河水运特点，推动运河水工遗存保护利用

运河工业遗产的一个显著特点就是与"运河水"相关，"运河水""活"，运河工业遗产才能"活"，运河工业遗产保护传承利用要紧密结合大运河生态修复和沿线环境与风貌保护。大运河传统交通运输工具、运河故道、古纤道、沿线水工遗产、船闸、码头是运河工业遗产的重要组成部分，也是运河工商文化内涵的重要载体，是体现运河工业遗产独特性、立体性、完整性和延续性的重要内容，需要深刻把握其历史脉络、与运河之畔的工业建筑的关联性，彰显运河工业遗产的鲜明特色。

参考文献

［1］国际工业遗产保护委员会.工业遗产的下塔吉尔宪章［EB/OL］.

［2］王波，任文龙.江苏省工业遗产保护与再生研究［J］.江苏社会科学，2021（5）：232-240.

［3］曹计，魏方圆.保护老工业遗产与文化创意产业协同发展策略研究［J］.投资与合作，2021（10）：98-99.

［4］刘娜，薛美珏.苏南工业遗产旅游开发模式研究［J］.全国流通经济，2019（29）：141-143.

［5］刘畅，朱彦榕，李晓.大运河镇江段工业建筑遗产现状调查与分析［J］.中外建筑，2021（5）：108-111.

［6］宫震，侯可明，班淇超.南京工业遗产建筑改造发展探析［J］.建筑与文化，2019（10）：247-249.

第三章 觉醒与坚守：江苏运河老字号

一、江苏运河老字号概述

（一）概况

老字号凝结了几代人的智慧和心血，集历史、文化、商业等诸多功能于一体，历经几十年乃至数百年市场考验，是我国工商业发展中孕育的"金字招牌"，承载着独特技艺和传统文化精髓，是国家和民族宝贵的无形资产。2006年商务部开始在全国实施"振兴老字号工程"，第一批、第二批共认定1129家"中华老字号"。其中，江苏共有"中华老字号"96个，占比8.5%，数量在全国排名第三（上海180个、北京117个）。从老字号的规模和分布来看，省内老字号最多的城市为苏州，拥有30个中华老字号，占全省30%以上，其次是南京19个，此外无锡9个、扬州9个、南通6个、常州5个、镇江5个、徐州4个、宿迁3个、淮安2个、连云港2个、泰州1个（表2-3-1）。

表2-3-1 江苏中华老字号名单（96家）

城市	序号	企业名称	品牌名称	始创时间
苏州	1	苏州乾生元食品有限公司	"乾"牌	1781年
	2	常熟市王四酒家有限责任公司	王四酒家	1887年
	3	苏州市朱鸿兴饮食有限公司	朱鸿兴	1938年
	4	苏州采芝斋食品有限公司	采芝斋	19世纪末期
	5	江苏张家港酿酒有限公司	沙洲优黄	清光绪年间
	6	太仓肉松食品有限公司	太仓牌	清光绪年间

续表

城市	序号	企业名称	品牌名称	始创时间
苏州	7	苏州陆稿荐食品有限公司	陆稿荐	1663年
	8	苏州市吴中区甪直酱品厂	甪直	1995年
	9	吴江市平望调料酱品厂	莺湖	1874年
	10	苏州市吴中区藏书老庆泰羊肉馆	老庆泰	1898年
	11	昆山奥灶馆有限公司奥灶馆	奥灶馆	清咸丰年间
	12	苏州市得月楼餐饮有限公司	得月楼	明嘉靖年间
	13	苏州市近水台面馆	近水台	1926年
	14	苏州稻香村食品厂有限公司	禾	1773年
	15	苏州市石家饭店	石家饭店	1790年
	16	苏州市义昌福酒店	义昌福	1991年
	17	苏州津津食品有限公司	津津	清末民初
	18	苏州市春蕾茶庄有限公司	汪瑞裕	清乾隆年间
	19	苏州松鹤楼饮食文化有限公司	松鹤楼	清乾隆初年
	20	苏州黄天源食品有限公司	黄天源	1821年
	21	苏州叶受和食品有限公司	和合	1886年
	22	苏州玉露春茶叶有限公司	玉露春	清光绪年间
	23	苏州三万昌茶叶有限公司	三万昌	1855年
	24	雷允上药业有限公司	雷允上	1734年
	25	苏州医疗用品厂有限公司	华佗	1862年
	26	苏州雷允上国药连锁总店有限公司宁远堂药店	宁远堂	明晚期
	27	苏州雷允上国药连锁总店有限公司良利堂药店	良利堂	1809年
	28	苏州雷允上国药连锁总店有限公司王鸿翥药店	宁远堂	1882年
	29	苏州市恒孚首饰集团有限公司（恒孚银楼）	恒孚	清嘉庆年间
	30	苏州乾泰祥丝绸有限公司	乾泰祥	1863年
无锡	1	无锡市三凤桥肉庄责任有限公司	三凤桥	1875年
	2	无锡市穆桂英美食广场有限责任公司	穆桂英	1946年

续表

城市	序号	企业名称	品牌名称	始创时间
无锡	3	无锡市真正老陆稿荐肉庄有限公司	真正老陆稿荐	1871年
	4	无锡市玉祁酒业有限公司	双套	1954年
	5	无锡聚丰园大酒店有限责任公司	聚丰园	1867年
	6	无锡市王兴记有限公司	王兴记	1912年
	7	无锡市惠山泥人厂有限责任公司	大阿福	1980年
	8	无锡市世泰盛经贸有限公司	世泰盛	1889年
	9	江苏大众医药连锁有限公司	致和堂	1894年
常州	1	江苏仙鹤食品酿造有限公司	仙鹤	同治年间
	2	常州瑞和泰食品有限公司	瑞和泰	光绪年间
	3	常州市义隆素菜馆有限公司	义隆	1916年
	4	常州市梳篦厂有限公司	白象牌	1925年
	5	常州新世纪商城有限公司	常百	1986年
镇江	1	江苏恒顺醋业有限公司	恒顺	清道光年间
	2	镇江宴春酒楼有限公司	晏春	1890年
	3	镇江存仁堂医药连锁有限责任公司	存仁堂	1831年
	4	镇江唐老一正斋药业有限公司	唐萼楼唐老一正斋	1712年
	5	镇江鼎大祥商贸有限公司	鼎大祥	1939年
扬州	1	扬州富春饮服集团有限公司富春茶社	富春	1885年
	2	扬州绿杨春茶叶有限公司	绿杨春	2000年
	3	扬州共和春饮食文化发展有限公司	共和春	1990年
	4	扬州三和四美酱菜有限公司	三和四美	1796年
	5	江苏大德生药房连锁有限公司	大德生	1912年
	6	扬州玉器厂有限责任公司	玉缘	1956年
	7	扬州漆器厂有限责任公司	漆花	1990年

续表

城市	序号	企业名称	品牌名称	始创时间
扬州	8	扬州市光明眼镜有限公司	光明	1990年
	9	扬州谢馥春化妆品有限公司	谢馥春	1830年
淮安	1	江苏今世缘酒业有限公司	今世缘	1915年
	2	江苏淮安市浦楼酱醋食品有限公司	浦楼	清道光年间
宿迁	1	江苏洋河酒厂股份有限公司	梦之蓝	明清时期
	2	江苏双沟酒业股份有限公司	双沟珍宝坊	1719年
	3	江苏省宿迁市三园调味品有限公司	三园	1866年
徐州	1	徐州恒顺万通食品酿造有限公司	万通	1941年
	2	徐州市老同昌茶叶有限责任公司	老同昌	1927年
	3	徐州市金悦饮服有限公司两来风酒楼分公司	马市街	1993年
	4	徐州市金悦饮服有限公司马市街饪汤分公司	马市街	1986年
南京	1	南京中央商场股份有限公司	中央商场	1936年
	2	南京新街口百货商店股份有限公司	百形图案	1991年
	3	南京清真马祥兴菜馆	马祥兴	1845年
	4	南京金都饮食服务有限公司绿柳居菜馆	绿柳居	2005年
	5	南京金都饮食服务有限公司永和园酒楼	永和园	1901年
	6	南京冠生园食品厂有限公司	冠生园	1991年
	7	南京小苏州食品有限公司	小苏州	1991年
	8	南京清真桃源村食品厂有限公司	桃源村	清同治年间
	9	南京夫子庙饮食有限公司奇芳阁菜馆	奇芳阁	1920年
	10	南京奶业集团有限公司	卫岗	1992年
	11	南京韩复兴清真食品有限公司	韩复兴	2002年
	12	南京刘长兴餐饮有限公司	刘长兴	2000年
	13	南京清真安乐园菜馆	安乐园	1920年
	14	南京中烟工业公司南京卷烟厂	南京	2006年
	15	南京云锦研究所有限公司	元先	1991年

续表

城市	序号	企业名称	品牌名称	始创时间
南京	16	南京宝庆银楼首饰有限责任公司	宝庆	2002年
	17	南京白敬宇制药有限责任公司	白敬宇	明永乐年间
	18	南京四明眼镜店有限责任公司	四明	1937年
	19	南京吴良材眼镜店	乐家老铺	1979年
	20	南京同仁堂药业有限责任公司	同仁堂	1929年
泰州	1	泰州梅兰春酒厂有限公司	梅兰春	1998年
南通	1	南通白蒲黄酒有限公司	水明楼	2002年
	2	如皋市林梓潮糕店	林梓老万和	雍正年间
	3	江苏新中酿造有限责任公司	新中	1979年
	4	南通颐生酒业有限公司	颐生	2004年
	5	如皋市白蒲三香斋茶干厂	三香斋	1696年
	6	南通老天宝银楼有限公司	老天宝	1991年
连云港	1	江苏汤沟两相和酒业有限公司	汤沟	明朝末年
	2	连云港市板浦汪恕有滴醋厂	汪恕有	1675年

（二）江苏运河老字号分类

从老字号创始时期来看，老字号大多创始于清朝，也有一些建立于民国时期或中华人民共和国成立初期，少数老字号可追溯至明朝甚至更早时期。

从老字号经营的品类来看，主要集中在传统经济下的手工商贸和餐饮等行业，包括轻工百货、食品、茶叶、酒业、酒楼、医药保健、首饰、服装等类别。

（三）江苏代表性运河老字号

1. 中央商场

1934年春天，由张静江、李石曾、曾养甫、茅以升等社会名流和爱国人士以"抵制日货、弘扬国货、振兴民族商业"为宗旨倡议在市中心的新街口兴建一家大型商场。1936年1月12日上午9时，在往日寂寞的新街口中正路上正式开门迎客，成为当时"实业救国"大潮中南京第一家大型综合商场。考虑到南京是"中央"所在地，且商场选址在全市的中心位置，取名"中央商场"。于右任书写了商场第一块招牌。当时商场本身并不直接经营商品，而是出租场地招商经营，尽管租金昂贵，但因其地处黄金地段，还是吸引了全国各地大商号前来承租，包括上海中华珐琅厂、五和织造厂、亚光制造厂、五洲袜厂、中央皮鞋厂、一心牙刷厂等11家厂商组成"上海国货工厂联合营业所"，以及景德镇瓷器、湖南湘绣、杭州张小泉刀剪和丝织品，以及中国珠宝、亨得利钟表、皖南茶叶等各地名店经营。还建有各色餐馆、茶社、书店、花木店、理发店、银行、旅社和戏院，其规模之大、品种之多，集各地名特产品于一堂，是南京历史上前所未有的，也是古城旧有的传统商业迈向新型商业的里程碑。中央商场承载了民族工商业发展的风雨历程。

2. 三凤桥

三凤桥酱排骨起源于清朝光绪年间（1875年前后），无锡南门莫盛兴饭馆将猪的背脊和胸肋骨，加调味作料煮透焖酥，以酱排骨为菜名出售。1927年三凤桥肉庄创立后，对肉骨头烧煮的配料和调味进行改进，形成独有配方，甜咸适口，一时间三凤桥酱排骨名声大噪。三凤桥酱排骨坚持色泽酱红、香味浓郁、骨酥肉烂、油而不腻的烹制特色，成为无锡三大特产之一，2006年获评无锡首家"中华老字号"。

3. 仙鹤

常州百年老字号酱油品牌，前身是创建于1869年的震新酱园，至今保留有一块清朝同治年间颁发的鎏金"官盐"招牌。仙鹤酱油色泽红润，滋味鲜美，醇厚柔和，有较好的酱脂香气，因而广受欢迎，当时震新酱园开在常州南大街上，店前面就是大运河，来来往往船只将仙鹤酱油运往各地，从而驰名省内外，成为江苏省著名商标。

4. 恒顺

源于清道光年间，丹徒西彪村人朱兆怀采用自家酒糟为主要原料，集镇江传统制醋技艺之所长，探索出独特的恒顺固态分层发酵传统制醋工具：大灶、蒸桶、沥水盆醛技艺，自此名扬天下。恒顺香醋曾于1910年在南阳劝业会获金牌奖，目前恒顺醋业已经成为中国最大的制醋企业，也是中国食醋业首家上市公司。

5. 富春

始创于1885年，位于扬州老城区得胜桥，是公认的淮扬菜点正宗代表。经过百余年发展，形成了花、茶、点、菜结合，色、香、味、形俱佳，闲、静、雅、适取胜的特色，巴金、朱自清、冰心、梅兰芳等大家及文艺巨匠都留下了墨宝和赞语。

富春茶社首先以茶出名。富春茶名为"魁龙珠",由店家在21世纪20年代初自行窨制。它是用浙江的龙井、安徽的魁针,加上富春花园自家种植的珠兰兑制而成。此茶取龙井之味、魁针之色、珠兰之香,以扬子江水泡沏,融苏、浙、皖三省名茶于一壶,浓郁淳朴,色清澈,味芳香,入口柔和,解渴去腻,令人神清气爽,疲劳顿清,再配上别具风味的富春点心与佳肴,使众多客人流连忘返。

6. 马祥兴

南京著名的中华老字号,全国现存清真菜馆中的"老寿星",创店于清道光年间的1845年,形成清真风味与江南食材相结合的菜肴特色。书法家于右任对于菜馆的羊肉汤赞不绝口,曾亲笔书写饭店招牌——"马祥兴菜馆"。民国初期的经营特色是"牛八样"清真菜,20世纪20~30年代以来,创制"美味肝""松鼠鱼""蛋烧卖""凤尾虾"四大名菜。散文家黄裳在1946年《旅京随笔》中提及:"店虽小却十分有名,以一味'美人肝'驰誉当世……"

7. 宴春

创建于1890年,选用著名大儒家吴季衡的一副嵌头联"宴开桃李园中亦觞亦饮,春在金焦山畔宜雨宜晴"头两字起名,迄今已有130余年历史。宴春酒楼以供应镇江特食早茶、喜庆筵席、特色菜肴、地方特色产品水晶肴蹄、蟹黄汤包闻名遐迩。1984年荣获江苏省人民政府授予的"江苏名特食品"称号,1989年荣获商业部"全国饮食业优质产品金鼎奖",1997年中国烹饪协会授予宴春蟹黄汤包"中华名小吃"称号,其生产技艺被列入江苏省非物质文化遗产保护项目,镇江宴春酒楼有限公司食品分公司被列为江苏省水晶肴蹄生产性保护示范基地。

8. 王四酒家

王四酒家于清光绪十三年(1887年)创立,原为常熟虞山北路兴福街北段的一家小酒店,取名王万兴酒店。店主王祖康之子王润漳于1920年继承父业,改店名为王四酒家。诗人易君左1933年曾来店用餐并赋诗:"王四酒家风味好,黄鸡白酒嫩菠青。"王四叫花鸡被列入《中国菜谱》,王四叫花鸡、桂花血糯八宝饭是常熟十大传统美食之一,王四桂花白酒制作技艺源于前店后坊独特的民间酿酒工艺,被列入江苏省非物质文化遗产保护名录,"王四酒家"创制的独家筵席名点是冰糖葫芦。

9. 乾生元

苏州乾生元食品——"乾"牌,位于苏州木渎古镇,原名为"费萃泰",清乾隆四十六年（1781年）创立，其特色产品松子枣泥麻饼是宫廷御膳点心，清光绪七年（1881年）更名为"乾生元"。"乾"即乾坤，代表天地，"元"乃第一，表达乾生元麻饼天下第一的意思。200多年来，其原料、配方和制作工艺经历代技师传承而被完整保留、持续改进。目前，乾生元生产的产品已经由原先单一的松仁枣泥麻饼发展到各种苏式糕点、蜜饯、休闲小吃等一百多种产品。

10. 乾泰祥

乾泰祥，前身是乾泰祥绸缎顾绣局、乾泰祥绸缎顾绣呢绒哔叽局，地处苏州观前街，1999年迁至大成坊口。清同治二年（1863年）创立，是当时苏州商会的第一批成员。光绪三十四年（1908年）苏州商务总会绸缎业14户名册记载道："乾泰祥，玄妙观东……"。开业伊始由周以漠出资，1923年被"协记"老板姚君玉等人盘下，规模由宫巷口的一开间小店开始逐渐扩大，成为观前街上最大的绸布商店，也是现今苏州城里最老的绸布店。其经营方式是自采原料、自定花型、加工染色、服装加工，其"绫罗绡绉丝纱"的绸缎经营在苏州最为有名，当地流传着"吃到松鹤楼，着到乾泰祥"一说。

11. 白敬宇

"白敬宇"品牌源于明朝永乐年间白氏家族的制药技术，其后代于1931年创立"白敬宇药庄"，是中国最早的制药企业之一。药庄以"白敬宇"为商标，得到了当时国民政府实业部核发的《商标注册证》，使得"白敬宇"品牌首次获得法律保护。20世纪30年代，白敬宇药行已在全国各地开设24家分行，成为全国唯一一家具有连锁规模的制药企业。其传统产品"白敬宇眼药"（现名为复方炉甘石眼膏），疗效显著，深受海内外患者喜爱，在1915年获得"巴拿马—太平洋万国赛会"金奖。中华人民共和国成立后，企业带头申请"公私合营"，2003年企业又改制为南京白敬宇制药有限责任公司，现已发展成为生产化学原料药及化学制剂药的综合性制药企业。

12. 朱鸿兴

陆文夫先生在小说《美食家》里生动描绘了苏州人到面馆"朱鸿兴"吃头汤面的热闹情景。"朱鸿兴"由朱春鸿始立于1938年，讲究花色、汤水、浇头、细面和瓷碗，由一家不足30平方米的面馆店发展成为苏州地区的面业大王、驰名京沪的金字招牌。苏州市朱鸿兴饮食有限公司1995年成立，坚持以面业为主，发展花式点心，拓展其他餐饮，2005年成立了朱鸿兴卤菜配送中心。

13. 玉缘

扬州琢玉工艺源于五千年前的新石器时代，扬州琢玉工艺到唐朝已高度发达，元朝扬州艺人已经开始制作"山籽雕"，古籍《书经·禹贡篇》记载有"雍州贡琳琅、扬州贡瑶琨"。"天下玉、扬州工"，现在北京故宫博物院珍藏的清朝大型玉器，多半出于扬州艺人之手。"玉缘"商标出自扬州玉器厂有限责任公司，是中国驰名商标。公司前身是1956年由罗来富等8位玉雕艺人发起成立的邗江县玉石生产合作小组，公司是国家标准《玉器雕琢通用技术要求》的主要起草单位，1977年在全国玉器行业第一个恢复了清朝中期以后逐渐失传的古老的山籽雕工艺，公司产品具有"浑厚、圆润、儒雅、灵秀、精巧"的鲜明艺术风格。

14. 漆花

中国古人较早认知漆树树液的黏结特性，调色用作装饰美化。汉朝扬州的民间漆器生产作坊的规模已经很大。唐朝扬州漆器工艺已很成熟，《新唐书·地理志》记载的扬州的二十四种贡品中，就有漆器。扬州在元朝逐渐成为全国漆器制作中心，扬州漆器在明清两朝进入全盛时期。"漆花"商标出自1955年创立的扬州漆器厂。扬州漆器厂是目前全国规模最大、工艺最全、技术力量最雄厚的漆器厂之一，成功研制失传已久的珍贵品种——"点螺"漆器，"扬州漆器髹饰技艺"2006年被列为首批国家级非物质文化遗产。

15. 谢馥春

元、明两朝的地方志记载："天下香粉，莫如扬州"，而谢馥春则是其中的代表。江苏谢馥春国妆股份有限公司是中国第一家化妆品企业，源于谢宏业创立于清道光十年（1830年）的扬州谢馥春香粉铺。谢馥春将香粉与中医药巧妙结合，以"香、粉、油"三绝闻名天下，既有花香又有保健作用，其经典传统工艺是"鲜花熏染、冰麝定香、先露后窨"，体现了"天人合一"的自然美妆理念，作为清廷贡粉，被百姓称之为"宫粉"，是中国化妆品第一品牌。谢馥春在当时北洋政府工商部注册登记"五桶"商标，香粉、香件1915年荣获巴拿马万国博览会银奖，被誉为"东方固体香水"，成为当时国际化妆品著名品牌。

16. 玉露春

苏州玉露春茶叶有限公司，源自清光绪二十五年（1899年）张长德在苏州玄妙观内创立的玉露春茶庄。玉露春茶庄自产自销碧螺春茶叶，原产地是洞庭湖西山的茶果复合系统，茶树常年吸收果木香味，造就了茶叶花果香的独特品质。玉露春茶庄自创"手不离锅、锅不离茶、揉中带炒、炒中带揉、连续操作、起锅即成"纯手工制茶工艺,确立"劣货不卖,卖货归真,真不二价,价不欺人"的店规。

二、江苏运河老字号溯源

大运河江苏段作为运河文化的发祥地,是大运河经济发展最有活力、文化以及商业交流最为频繁的地区,在长期商业和手工业发展中孕育出充满生命力、丰富多样的老字号品牌,承载着城市商业文明记忆,是大运河文化的重要载体与继承者,形成江苏大运河文化带最为珍贵的商业文化资源。

宋朝太湖流域的苏州、湖州成为重要的粮仓,元代任仁发的《浙西水利议答》里提及"苏湖熟,天下足"的谚语。南宋范成大编著的《吴郡志》说道:"谚曰:天上天堂,地下苏杭。"南宋诗人陆游曾说道:"朝廷在故都(东京开封)时,实仰东南财赋,而吴中又为东南根柢。"(《陆游集》)南宋石刻《平江图》是现存最早的苏州城市地图,也是我国现存最大的碑刻地图,其中就有传统商业街道的石牌坊。苏州又是著名的丝绸之乡,西汉刘向《说苑》记载,春秋时期吴国已将苏绣用于服饰。明朝时期苏绣已在苏州地区形成了"家家养蚕,户户刺绣"的传统,清朝成为苏绣的全盛时期,当时的苏州被称为"绣市"。

西晋建邺(今南京)店铺鳞次栉比,商品种类繁多。西晋时期著名文学家左思创作的《吴都赋》云"开市朝而并纳,横閫圜而流溢;混品物而同廛,并都鄙而为一。"六朝建康(今南京)商市繁荣,既有百货俱全的大集市,还有纱、谷、盐和牛马等专门性小集市。《隋书·地理志》称:"(建康)市廛列肆,埒于二京(长安、洛阳)。"

中唐以后,扬州以"富庶甲天下"闻名于世。《新唐书·李袭誉传》记载:"扬州,江、吴大都会,俗喜商贾,不喜农",《资暇集》记载:"扬州者,以其风俗轻扬,故号其州"。宋朝李昉等人编撰的《太平广记》充分反映了扬州独特的地域民俗文化。"夏日江干,驾言临眺。于时桂舟始泛,兰棹初游。鼓吹沸于江山,绮罗蔽于云日"。骆宾王《扬州看竞渡序》在展现唐朝扬州端午节竞渡盛况中揭示了扬州自由开放的社会风气。

明朝中后期,江苏出现资本主义生产关系的萌芽,洞庭商帮等商人资本雄厚。明清时期,江苏形成一批以经济功能为主的商业市镇,南京、苏州发展成为全国丝织业中心;明朝徽商黄汴所撰的《一统路程图记》,是我国现存最早的商旅交通指南,其中提及无锡是"布码头",镇江是"银码头";无锡还是"四大米市"之一;扬州成为全国盐业中心和漆器、玉雕的加工贸易中心。

《春秋经传集解·成公下》记载有彭城(今徐州),由此徐州古城是江苏最古老的城市。《明史》卷40记载:"万历六年,户三万七千八百四十一,口三十四万五千七百六十六"。清朝康熙时期陈梦雷编撰的《古今图书集成》职方典卷171《徐州民俗考》记载:"一切布、帛、盐、铁之利,悉归外商……百工技艺之徒,悉非土著。"《徐州纺织品行业志》记载,清朝末年,徐州土布行业发展迅速,纱布庄经营集中在"买卖街"。文学名著《金瓶梅》中的"清河"就是徐州,"临清码头"既是徐州的房村码头。1904年,清末状元张謇的《徐州应建行省议》奏曰:徐州"殖原陆之物产,富士马之资材。"连云港民主路老街在20世纪20、30年代商业兴盛,当时被称为苏北的"小上海"。

南京、镇江在第二次鸦片战争后成为通商口岸,苏州在中日甲午战争后被辟为商埠,客观上推动了江苏商业和贸易的发展。江苏众多中华老字号的源起大致分为三类,一是独特的地理自然条件,二是独有的文化传统,三是个体独家秘方技艺。

三、江苏运河老字号特征

一是历史悠久。历史悠久是运河老字号最显著的标志。苏州松鹤楼创立于1757年,苏州"稻香村"品牌创立于1773年,苏州采芝斋食品有限公司的前身是创立于清同治九年(1870年)的采芝斋糖果店,南京韩复兴食品有限公司溯源于清同治五年(1866年)创立的"韩复兴板鸭店"。以无锡为例,大运河无锡段是文献记载开凿最早的江南运河一段,滋养了无锡商业的兴盛土壤。首批"无锡老字号"都是1956年公私合营前创办的商家,最早的可以上溯到宋朝。见诸文字的惠山泥人历史为400多年,明朝《陶庵梦忆》卷七·愚公谷、《古今图书集成》(岁功典)明·第二十二卷元旦部等都有惠山附近贩卖泥人的记述。1849年,陶宫桂在江阴巷中段独资创办陶谦益酱园槽坊,光绪年间成为无锡最大的酱园槽坊。创办于1863年的"江苏老字号"拱北楼面馆,原址在北门外游弄里,由面馆、茶馆、浴室三个部分组成。"真正老陆稿荐"由无锡肉摊老板陆步高夫妇1871年以卖熟肉起家,是有史料记载最早的无锡酱排骨品牌。皇亭小吃建于1876年,至1949年共有菜馆、饭店、面店、点心店36家,小吃摊担29个,各种小吃152个品种。1889年钱孟安开设世泰盛呢绒布绸商店于大市桥。"中华老字号"王兴记创立于1913年,是无锡历史最悠久的馄饨店。

二是文化底蕴深厚。运河老字号凝聚着运河两岸居民的勤劳与智慧，带有运河文化的烙印，既是运河文化物化形式留存与展现的重要内容，又具有运河文化开放包容、兼收并蓄的精神特质，而地域文化与运河文化的交融，又使江苏运河老字号彰显鲜明的地域特色。例如，无锡小吃，俗语有云："天下诸福，惟吴越口福。"《清稗类钞》中有言："小食者，犹俗所称点心是也，苏杭嘉湖人多嗜之。"《云林堂饮食制度集》记载了馄饨、黄雀馒头、手饼、蜜酿红丝粉等多种无锡点心小吃的制法，反映了无锡人追求极致、精细雅致的特点。随着时代的发展与进步，一些运河老字号已经成为江苏运河城市的文化符号。虽然非遗名录由文化部门公布，老字号名录由商务部门评定，但两者高度关联。老字号坚守的是世代相传的匠心、技艺与精神，而非物质文化遗产是以人为核心的技艺、经验、精神，其特点是谱系清晰的活态流变，两者都具有地域文化属性，从而形成了两者的内在联系。通过聚焦当下人民群众生活需要的"生产性保护"，既可以促进运河非遗的活态传承、创新利用，又可以促进运河老字号保持活力、持续发展。

三是承载运河城市的商业灵魂。老字号是重要的生活所需，满足居民日常生活对各种商品、技艺、服务需求，多在与居民生活息息相关的街巷里弄，如无锡运河沿岸、码头及延伸区域有醉月楼、世泰盛、老凤祥银楼，运河带内圈（城市中心街道）有穆桂英美食、沈光茂洗染店，运河带外圈（近运河带）有聚丰园。街巷里弄的合纵连横，构成具有3000多年历史的传统风貌和民族地方特色的街区，如无锡北塘大街原有接官亭弄、大成巷、秦栈弄、小泗房弄、祝栈弄、江阴巷等巷弄，曾经是近代无锡最繁华的商埠。运河带动了商贸交易、文化交流的日益繁荣，由此促进了各种关系到地方民生的产品技艺不断提升，老字号在传承和发展中不仅形成物质层面的地方风貌特征、店铺整体建筑风格、局部建筑小景、细微处设计以及生产工具、店铺内物品陈列和摆设，也积淀非物质层面的典籍记载、店训店规店约、价值追求、服务宗旨、经营方式、偏方绝技、审美情趣、民间传说、口诀歌谣、生活民俗，蕴含着技术、工艺、品质、信誉的老字号作为历史遗存衍生成为街区的历史文化地标，涵盖了人们对于江苏运河城市的"历史记忆"，折射出城市发展历史变迁和地域文化、运河文化传承，弥漫着浓浓的城市味道。老字号所营造的特有的场所感和认同感，呈现出空间开放、各类业态集聚的街区的形象特征和功能品质，形成了一种特定的文化精神、文化脉络、文化心理和生活方式，成为构成江苏运河文脉、展现城市魅力与活力的重要部分。

四是独特经营理念书写的商业传奇。老字号是历经几代人精益求精、艰苦奋斗打造出来的金字招牌。民国初年无锡北大街上的九余绸庄和实生公司首创"真不二价",诚信经营推动了两个行业,带动了一条街,在消费者中赢得了口碑;许多老字号落细落小,如绸缎店备有丝线、裤腰布、鞋面布、沿条口,南货店代配筵席,瓷器店代为碗碟凿字,药材店代碾药末药粉,冶坊店代磨锅膛砂子,火腿店代为批切成纸样薄肉片,优质服务温暖了顾客的心;无锡时和绸庄1933年创办时和广播电台,播放商业信息、歌舞唱片、天气预报等,特色营销激发了顾客的购买热情;无锡穆桂英美食城2011年开设了当地第一家纯中式饼屋,在继承传统糕团蒸、煮技艺的基础上,吸纳烘、烤等西式糕点的制作技艺,产品创新使其始终居于无锡市区专业糕团店的首位;无锡三凤桥推进品牌建设和集团化发展,将沿袭近百年的传统配方与现代生产工艺结合,拥有210张商标注册证书,先后取得了ISO 9001质量管理体系、ISO 22000食品安全管理体系认证,已发展为集新鲜熟食、餐饮、定型包装三大业务于一体,集自主生产、自主品牌和自主渠道于一身,贯通产业链上、中、下游的现代化餐饮企业,成为上市企业无锡商业大厦大东方股份有限公司重要组成部分。目前,三凤桥在无锡主流的住宅集中区开设了27家连锁线下门店,在主流电商平台开设了3家线上网店,在主流商圈开设了三凤酒家、三凤桥客堂间、三凤桥大排档3家餐厅,成为提升传统消费、培育新型消费的重要载体。根据无锡2019年的统计数据,当年营业额过亿元的运河老字号有三凤桥肉庄、大众医药致和堂、江阴邵氏食品、无锡国旅CITS 4家;营业额持续增长明显的有玉祁酒业、穆桂英美食、天天食品、滨江酿酒、邵氏食品、苏之酥食品、沈广茂洗染、华西食品酿造、和桥米厂、乾元茶业、工艺雕刻11家。

五是具有较高的品牌美誉度和社会影响力。以无锡为例,去"三阳百货"置办物品,到"世泰盛"扯几尺布,"沈广茂"汰汰衣裳,饿了就进"王兴记"吃碗馄饨,或去"功德林"吃顿素斋……老字号曾是无锡人旧时流行的生活方式;以小笼馒头为招牌的点心店遍布无锡城区乃至运河两岸,无锡地区(包括宜兴、江阴)供应小笼馒头的大小店铺和酒店有数千家之多,巅峰时期达8000家左右,这样的影响力和规模是其他小吃无法比拟的;惠山泥人的代表作"大阿福",1992年由原国家旅游局定为当年旅游吉祥物,2002年又被电影"金鸡""百花"奖定为吉祥物;三凤桥、忆秦园美食亮相央视纪录片《舌尖上的中国》;王兴记"鸡汤三鲜馄饨""鲜肉小笼馒头"获"中华名小吃"称号；玉祁酒业等9家运河老字号参展2021年第十五届中华老字号博览会；2021年"江苏好礼 舒心相伴"江苏特色伴手礼评测活动中，邵府牛肉、惠山泥人、惠山油酥获评"江苏优选好礼奖"，惠泉寿怡红群芳开夜宴黄酒、三凤桥非遗礼盒获评"江苏特色好礼奖"。在"2023中国品牌价值评价信息"中，始于1840年的镇江恒顺醋业品牌价值80.22亿元，在食醋行业中位居第一。

四、新时代江苏运河老字号保护传承利用之策

老字号的复兴，不再是一个企业、一个行业的命题，而是国货品牌、民族品牌崛起的重要命题。江苏运河老字号要深入挖掘其历史文化价值和精神内涵，坚守德义为本的精神底色，继承老字号敢为人先的光荣传统，传承与弘扬江苏运河文化精神，深度融入人民群众的现代生活实践，促进传统文化和现代商业相互融合，有效发挥老字号特色品牌在稳增长、促消费、惠民生中的积极作用，促进地方经济特色发展，奋力在推进中国式现代化中走在前做示范。

（一）加强顶层设计，优化工作机制

"风物长宜放眼量，直挂云帆济沧海"。贯彻新发展理念、构建新发展格局，在大局大势中高水平谋划、高标准推进江苏运河老字号高质量发展。正确认识文化遗产保护与社会经济发展的关系，完善老字号保护传承和创新发展促进机制，在保护中发展、在发展中保护，形成"有效保存—合理利用—反哺保护"的老字号发展良性循环。健全老字号保护名录制度，强化知识产权保护，引导和支持老字号企业在境内外注册商标、申请专利。地方相关财政、税收政策具体落实国家支持老字号发展的政策措施。提升老字号行业协会的"抱团"作用。鼓励管理咨询、会计、法律、知识产权等中介机构为老字号提供专业服务。建立完善老字号企业人才的社会化、多元化培养体系，加强老字号传承人的教育培训工作，制定人才激励政策，吸引更多青年加入老字号传承队伍。通过实施好产业投资基金等新机制激发老字号内生动力，支持老字号以"金融+产业"模式进行市场化运作，实现转型发展。

（二）营造文化氛围，形成集聚效应

"接天莲叶无穷碧，映日荷花别样红"。加强老字号文化遗产保护，对符合条件的老字号品牌、经营理念和独特技艺优先纳入非物质文化遗产保护体系。支持高校、研究机构、社会组织与老字号紧密合作，开展江苏运河老字号专门研究、老字

号传承人口述历史记录和老字号历史资料的搜集整理。将运河老字号发展纳入城市规划，结合城市更新、城市综合空间建设、江苏大运河文化带和大运河国家文化公园建设，建设运河老字号商业特色街、运河老字号博物馆，老字号网点布局与轨道交通、新商圈建设、新居民小区建设、景区建设同步，积极创建特色化、品牌化和高品位的江苏省老字号聚集街区，打造老字号企业集聚的江苏示范展示区、城市历史文化的传承发展展示区、传统商贸企业转型的创新发展展示区。

（三）打造国潮网红，促进融合创新

"沉舟侧畔千帆过，病树前头万木春"。江苏运河老字号要既不保守、也不盲从，主动适应市场变化，进行品牌文化理念的创新，着力新产品研发与设计，既继承传统、保持传统特色，又创新发展、体现时代特征。老字号要紧扣消费，聚焦年轻群体，更加关注品质和消费者个性化需求，重视用户细分需求和诉求变化，演绎老字号"潮文化"的魅力，与时代发展同频共振，将代表彼时需求的潮流元素焕新为当下的时尚元素，将产品与服务所蕴含的传统文化精髓与现代潮流相融合，再现经典与内涵，让国风年轻化、多元化、多样化，不断创新产品和营销方式，变身"新国潮"，更好地增强消费者的品牌认同感。老字号还要寻找自身发力点，注重自身传统核心资源的创造性展示，紧紧围绕"文化+创意"的内核，整合内容开发、营业推广、活动运营、商业变现、客户管理等系列链条，重点打造"一店一场景、一店一精品、一店一神韵、一店一特色"的生活美学，外塑形象与内在修为并举，持续保持"网红"本色，增强吸引力，留住回头客。

（四）运用现代技术，着眼永续发展

"忽如一夜春风来，千树万树梨花开。"老字号要顺应信息化、数字化、网络化、智能化发展趋势，加快数字化转型。2022财年，天猫平台的老字号旗舰店中，7%年成交额超过1亿元。2021年商务部《老字号数字化转型与创新发展报告》显示，2019~2020年，阿里平台直播成交额同比增速达到343%。从直播成交额规模来看，2019年平台直播成交额占比总成交额的比重为1.7%，2020年这一比重提高到5.3%。直播带货成为传统实体企业数字化转型发展的新模式。老字号要秉承工匠精神，凝练老字号的文化底蕴和品牌价值，结合当地特色讲好品牌故事，主动适应市场变化，以精益求精的态度去对待每一款产品，着力新产品研发与设计，既继承传统、保持传统特色，又创新发展、保持活力。百年医药老字号"李良济"依托原有中药产业基础向大健康产业延伸。百年老店上海家化和天猫新品创新中心合作

推出佰草集、玉泽等多款新品，重新焕发出活力。近400岁的刀具品牌"张小泉"通过天猫电商平台的大数据，分析消费者的年龄和喜好占比，结合时尚消费群体追求新奇、偏好黑科技等消费特征，2019年专门为年轻群体设计的银鳞4件套厨房刀具在天猫首发，立刻成为线上爆款。

（五）促进精准传播，聚力品牌推广

"身无彩凤双飞翼，心有灵犀一点通"。品牌是老字号立身之根本，老字号要树立品牌发展、品牌维护、品牌传播的意识，让品牌价值与城市资源实现优化组合，通过老字号的"软实力"感知城市的"软实力"，让老字号与城市一起走向世界，促进国内国际双循环。品牌宣传推广要有明确定位，不宜一味"摊大饼""赶时髦"，要针对品牌特点，区别不同对象，有效组合展会宣讲演示、展览现场互动、节庆活动试吃试用、广告牌展示、传统媒体宣传、新媒体平台推广、宣传片创作、影视节目制作、消费者口碑等多种手段，扩大并筑牢自己的"朋友圈"。适应分众化、差异化传播趋势，注重深度传播、价值传播，老字号的品牌宣传推广要锁定目标人群，进社区、进校园、进景点，讲好新时代的老字号故事，在现代商业和生产生活中反映老字号敢为人先、不断进取的感人事迹，传承和弘扬精益求精的工匠精神和诚信经营的人文精神，彰显老字号品牌的IP化、个性化特质，在内容准备、渠道选择、方式运用上统筹谋划、系统推进，促进老字号的"逆生长"。

（六）融入文化旅游，拓宽商业平台

"同舟共济扬帆起，乘风破浪万里航"。以大运河世界文化遗产为基础，以老字号相随相伴、2021年入选江苏100个"运河百景"标志性运河文旅产品为重点，把运河老字号提升作为江苏文化、旅游和商业高水平融合、高质量发展的重要抓手，丰富老字号的功能，将旅游打卡地、文化展示馆、博物馆、传承人工作室、技艺传习所、研学目的地与经营场所融为一体，增强体验感，集成运河沿线街市商业活动、市民生活习俗等资源，把运河老字号打造成为"吃、住、行、游、购、娱"的全产业链不可或缺的重要元素，城市文化旅游线路的特色文旅精品，城市相互联系的生态圈、生活圈、文化圈和经济圈的重要节点。使保留历史外观、再现文化场景的"活化"老字号成为人们在穿街走巷中感受运河城市文化品位、体验运河城市现代与传统交织的独特生活气息的时空标识和文化名片，促进江苏运河城市争创世界级旅游景区、国家全域旅游示范区。

参考文献

[1] 李泉.运河文化[M].济南：山东大学出版社，2013.

[2] 付崇兰.运河史话[M].北京：社会科学文献出版社，2011.

[3] 明洁，姜小琴.江苏老字号企业技术创新发展策略[J].商业研究，2009（11）：199-201.

[4] 张倩如.披尽黄沙始到金：江苏老字号文化遗产初探[J].江苏地方志，2010（4）：43-46.

[5] 刘彤，袁亮，徐国方.扬州"老字号"的发展现状与对策探讨[J].市场周刊，2016（6）：37-38.

[6] 包旦妮，高志强.文化创意视阈下的江苏中华老字号品牌创新发展路径[J].美术教育研究，2016（6）：41-42，44.

[7] 汤颖，杨敏.传统老字号借力社交媒体营销创新[J].今传媒，2021，29（10）：124-128.

[8] 文化和旅游部等十部门.关于推动传统工艺高质量传承发展的通知[EB/OL].

第四章 唯美与匠心：江苏运河手工技艺

一、江苏运河手工技艺概述

（一）江苏运河手工技艺演进的背景

工艺文化起源较早，春秋时期的《考工记》是中国第一部手工技术与工艺典籍。《考工记》提出了制造精工产品的四大要素，即"天有时，地有气，材有美，工有巧，合此四者，然后可以为良。"《考工记》还提出"国有六职"——王公、大夫、百工、商贾、农夫、妇功，百工包括建筑工匠、车辆制造工匠等。"工艺"一词在《新唐书·阎立德传》中出现："父毗……本以工艺进，故立德与弟立本皆机巧有思。"

中国古代经济重心的南移开始于魏晋南北朝时期，北方的战乱使大批农民南下江浙地带，给江南地区带来了先进生产技术和劳动力，隋唐和五代时期持续进行。反映唐朝历史的纪传体史书《新唐书》记载："天下大计，仰于东南。"至唐朝后期，已经出现"赋之所出，江淮居多"的现象。《宋史》记载："国家根本，仰给东南。"南宋时期经济重心的南移最早形成。两宋时，苏州和扬州等城市商业繁荣，手工业也发展迅速，很多领域的技艺达到当时顶尖水平。宋元时期，苏州一带的棉花种植技术和纺织业兴盛。明清以来，江苏经济的空前繁荣推动了手工业的蓬勃发展。

苏州府吴江的震泽镇，"元时村市萧条，居民数十家。明成化中至三四百家，嘉靖间倍之二又过焉。"吴江的另一大镇黎里，经过明代前期100余年的发展，至"明成、弘间，为邑巨镇，居民千百家，百货并集，无异城市"。到了隆庆以至清初，"居民更二、三倍焉"。又如吴江的盛泽镇、平望镇、同里镇、江南市、新杭市，常熟的福山镇、梅李镇、支塘市、沙头市等许多市镇，都是在明中叶以后兴起的。晚明小说《醒世恒言》第十八卷《施润泽滩阙遇友》写道，明嘉靖年间苏州府吴江县盛泽镇家有织机。丝织业兴旺繁荣的情景，反映了当时江南社会的真实景象。

江南自古崇文重教风气浓郁，崇尚"诗礼传家""耕读传家"。317年，晋元帝在建康设立太学，唐肃宗在常州府设立江南最早的府学，北宋范仲淹在苏州府创办郡学。至明代，江苏尤其是江南地区，经济文化水平提高迅速，在织绣工艺、雕版印刷、园林建筑、造船技艺、文学创作、绘画书法、教育、学术研究等方面都有突出的成就和广泛的影响，传统手工织造技艺的南京云锦列中国四大名锦之首，元、明、清三朝均为皇家贡品，被称为中国古代织锦工艺史上的一座里程碑。清代，江苏成为全国粮食命脉和财赋税收的主要来源地之一，纺织业和种植业领先于全国其他地区。清朝乾隆年间《吴江县志》记载，吴江的盛泽、黄溪的居民更是"尽逐绫绸之利，有力者雇人织挽，贫者皆自织，而令其童稚挽花，女工不事纺绩而日夕治丝"。

手工技艺类的项目主要集中在历史悠久、文化氛围浓厚的城市，呈现出相对集中的特征，呈现由南向北递减的分布，南京、无锡、苏州、常州和镇江苏南五市最多，泰州、扬州和南通苏中三市次之。国家级非遗代表性项目区域间分布存在较大差距，苏南地区集中在苏州，苏中地区集中在扬州，苏北地区集中在徐州。

传统手工技艺非遗的发展与工业文明同生共长。19世纪晚期，无锡、苏州、常州、南通、徐州等地形成纺织、缫丝、面粉、采煤等近代工业的雏形，同期这些城市的传统手工技艺也得到发展。

（二）江苏运河手工技艺的类别

手工技艺本质是手工制作、与实用紧密关联、有审美意匠。手工技艺产生于民族传统生活方式，是创造性活动的体现，具有区域、历史和民族文化属性。依据手工技艺与大运河的关联程度及大运河对手工技艺的影响方式，运河手工技艺可划分为三个类别：一是在大运河开凿、疏浚和维护过程中形成的与大运河直接关联的手工技艺；二是大运河漕运、商贸带动发展的手工技艺；三是在大运河沿线区域形成、大运河在其传播传承过程中产生重要影响的手工技艺。

（三）江苏运河手工技艺与江苏运河非物质文化遗产的关系

作家冯骥才曾言，非遗是一种生活文化、活着的文化遗产。江苏运河手工技艺蕴含中华民族文化价值观念、创造精神、思想智慧、实践经验和审美情趣，是江苏运河非物质文化遗产的重要组成部分。

截至2022年联合国教科文组织保护非物质文化遗产政府间委员会第17届常会，我国列入联合国教科文组织非物质文化遗产名录、名册的项目有43个，位列世界第一。入选联合国教科文组织"人类非物质文化遗产代表作名录"的江苏运河手工技艺包括剪纸（扬州剪纸、南京剪纸、徐州剪纸、金坛剪纸等，2009年），蚕桑丝织技艺（苏州缂丝织造技艺、宋锦织造技艺，2009年），雕版印刷（扬州雕版印刷，2009年），传统木结构营造（苏州香山帮传统建筑营造技艺，2009年），云锦（老式提花木机织造，2009年），中国传统制茶技艺及其相关习俗（苏州洞庭碧螺春制作技艺、南京雨花茶制作技艺、扬州富春茶点制作技艺，2022年）。

国务院已于2006年、2008年、2011年、2014年、2021年先后批准命名了五批国家级非物质文化遗产代表性项目名录（表2-4-1）。江苏国家级手工技艺类"非遗"代表性项目主要有传统技艺、传统医药和传统美术，具有较高的技术技能水平，传承历史悠久，文化积淀深厚，是体现江苏大运河文化带历史和当代手工艺的"活"的文化（表2-4-2）。

表2-4-1 国家级非遗及其扩展项目

序号	江苏各市	传统美术	传统技艺	传统医药
1	镇江	灯彩（秦淮灯彩、苏州灯彩）	镇江恒顺香醋酿制技艺	
			丹阳封缸酒传统酿造技艺	
			家具制作技艺（精细木作技艺）	
2	苏州	桃花坞木版年画	宋锦织造技艺	雷允上六神丸制作技艺
		苏绣	苏州缂丝织造技艺	
		苏州玉雕	香山帮传统建筑营造技艺	
		光福核雕	苏州御窑金砖制作技艺	
		泥塑（苏州泥塑）	明式家具制作技艺	

续表

序号	江苏各市	传统美术	传统技艺	传统医药
2	苏州	灯彩（苏州灯彩）	制扇技艺	
		盆景技艺（苏派盆景技艺）	剧装戏具制作技艺	
			苏州民族乐器制作技艺	
			装裱修复技艺（苏州书画装裱修复技艺）	
			绿茶制作技艺（苏州洞庭山碧螺春茶制作技艺）	
			国画颜料制作技艺（姜思序堂国画颜料制作技艺）	
3	连云港	水晶雕刻（东海水晶雕刻）	晒盐技艺（淮盐制作技艺）	
4	扬州	扬州剪纸	扬州漆器髹饰技艺	中医诊疗法（扬州传统修脚术）
		扬州玉雕	雕版印刷技艺	
		扬派盆景技艺	富春茶点制作技艺江都金银细工制作技艺	
		苏绣（扬州刺绣）	传统造园技艺（扬州园林营造技艺）	
			毛笔制作技艺（扬州毛笔制作技艺）	
			脂粉制作技艺（谢馥春脂粉制作技艺）	
5	无锡	泥塑（惠山泥人）	宜兴紫砂陶制作技艺	
		苏绣（无锡精微绣）	陶器烧制技艺（宜兴均陶制作技艺）	中医传统制剂方法（致和堂膏滋药制作技艺、季德胜蛇药制作技艺）
		竹刻（无锡留青竹刻）		

续表

序号	江苏各市	传统美术	传统技艺	传统医药
6	南京	剪纸（南京剪纸、徐州剪纸、金坛刻纸）	南京云锦木机妆花手工制造技艺	中医诊疗法（丁氏痔科医术）
			南京金箔锻制技艺	
			金陵刻经印刷技艺	
			南京云锦木机妆花手工织造技艺	
			南京宝庆银楼金银细工制作技艺	
			绿茶制作技艺（雨花茶制作技艺）	
			素食制作技艺（绿柳居素食烹制技艺）	
7	南通	苏绣（南通仿真绣）	南通蓝印花布印染技艺	中医传统制剂方法（致和堂膏滋药制作技艺、季德胜蛇药制作技艺）
		盆景技艺（如皋盆景）	风筝制作技艺（南通板鹞风筝）	王氏保赤丸制作技艺
			传统棉纺织技艺（南通色织土布技艺）	
			地毯织造技艺（如皋丝毯织造技艺）	
8	常州	常州梳篦	金坛封缸酒传统酿造技艺	
		竹刻（常州留青竹刻）		
		象牙雕刻（常州象牙浅刻）		
		剪纸（南京剪纸、徐州剪纸、金坛刻纸）		
		苏绣（常州乱针绣）		

续表

序号	江苏各市	传统美术	传统技艺	传统医药
9	徐州	剪纸（南京剪纸、徐州剪纸、金坛刻纸）、邳州纸塑狮子头		
		徐州香包		
		丰县唐人贡		
		徐州香包		
10	泰州	扬派盆景技艺		
			兴化传统木船制作技艺	
11	盐城	发绣（东台发绣）		
		瓷刻（大丰瓷刻）		

表2-4-2　省级非遗及其扩展项目

序号	江苏各市	传统美术	传统技艺	传统医药
1	常州	剪纸	封缸酒酿造技艺	金坛儒林树德堂妇科疗法
		乱针绣	常州龙泉印泥制作技艺	常州钱氏中医儿科疗法
		竹刻（无锡竹刻、常州竹刻）	常州梨膏糖制作技艺	金坛老人山程氏骨伤疗法
		常州梳篦	豆腐制品制作技艺（横山桥百叶制作技艺）	骨伤疗法（常州朱氏伤骨科疗法）
		常州烙画	酱菜制作技艺（常州萝卜干腌制技艺）	常州屠氏中医内科疗法
		盆景技艺（孟河斧劈石盆景）	家具制作技艺	

续表

序号	江苏各市	传统美术	传统技艺	传统医药
1	常州	常州掐丝珐琅画	糕点制作技艺（常州大麻糕）扩展	
		象牙雕刻（常州象牙浅刻）	糕点制作技艺（常州芝麻糖）扩展	
		木雕（常州红木浅刻）		
2	淮安	剪纸（溱湖刻纸、金湖剪纸）扩展	钦工肉圆制作技艺	阙氏膏药制作技艺
			淮帮菜烹制技艺	骨康外敷药酒炮制技艺
			淮安全鳝席烹制技艺	膏药制作技艺（蒋氏骨伤膏）扩展
			羊肉烹制技艺（码头汤羊肉烹饪技艺）	
			酱油酿造技艺（浦楼白汤酱油酿造技艺）	
			洪泽湖渔具制作技艺	
			淮安茶馓制作技艺	
			汤包制作技艺（楚州文楼汤包制作技艺）	
			传统木船制造技艺扩展（洪泽湖木船）	
			蒸馏酒酿造技艺扩展（高沟酒酿造技艺）	
			平桥豆腐制作技艺	

续表

序号	江苏各市	传统美术	传统技艺	传统医药
3	徐州	邳州喜床画	徐州饣它汤工艺	沛县武术
		草编（薛桥草编）	柳编技艺（草桥柳编）扩展 草编（下邳蒲扇编织技艺） 草编（新沂蓑衣编织技艺）	膏药制作技艺（徐州祛腐生肌膏）
		邳州年画	色织土布技艺（沛县色织土布技艺）	
		农民画（邳州农民画）		
		剪纸	沛县鼋汁狗肉烹制技艺	
		徐州香包工艺	传统建筑营造技艺（徐州民居）	
		泥塑	民族乐器制作技艺（柳琴制作技艺）	
		丰县糖人贡	蒸馏酒酿造技艺（丰县泥池酒、沛县酿酒技艺）	
		邳州纸塑狮子头	传统棉纺织技艺（雷沟大布制作技艺、丰县棉纺织技艺）	
		丰县吹糖人	配制酒制作技艺（窑湾绿豆烧）	
		玉雕（徐州玉雕、邳州玉雕）	蓝印花布印染技艺扩展（邳州蓝印花布）	
		民间绣活扩展（邳州绣花鞋）	风筝制作技艺扩展（徐州风筝）	
		石雕扩展（铜山石刻）	沛县鼋汁狗肉烹制技艺	
			配制酒制作技艺（窑湾绿豆烧）扩展	
		泥塑扩展（徐州泥塑、邳州泥玩具）	传统棉纺织技艺（丰县棉纺织技艺）扩展	
4	南京	木雕（南京仿古木雕）	素食烹制技艺（绿柳居素食烹制技艺）	丁氏痔科医术
		剪纸	安乐园清真小吃制作技艺	张简斋中医温病医术

续表

序号	江苏各市	传统美术	传统技艺	传统医药
4	南京	南京十竹斋饾彩拱花技艺	秦淮（夫子庙）传统风味小吃制作技艺	金陵洪氏眼科
		灯彩	南京云锦木机妆花手工织造技艺	金陵中医推拿术
		农民画（六合农民画）	南京金箔锻制技艺	金陵杨氏中药炮制技艺
		瓷刻（南京瓷刻）	金陵刻经印刷技艺	接骨术（张氏接骨）
		戏剧脸谱	真金线制作技艺	
		竹刻（金陵竹刻）	绿茶制作技艺（南京雨花茶制作技艺）	
		泥塑（南京泥人）	绒花制作技艺	
			天鹅绒织造技艺	
		象牙雕刻（仿古牙雕）	南京板鸭、盐水鸭制作技艺	
			素食制作技艺（鸡鸣寺素食制作技艺）	
			皮毛制作技艺	
			京苏大菜烹制技艺	
			永和园面点制作技艺	
			制扇技艺扩展（金陵折扇制作技艺、高淳羽毛扇制作技艺）	
			清真菜烹制技艺（马祥兴清真菜烹制技艺）	
			刘长兴面点制作技艺	
			毛笔制作技艺（徐氏毛笔制作技艺）	
5	南通	木雕（南通红木雕刻）	如皋丝毯织造技艺	黄氏玉容丸制作技艺
		平绣	南通扎染技艺	益肾蠲痹法治疗风湿病技术

续表

序号	江苏各市	传统美术	传统技艺	传统医药
5	南通	沙地灶头画	南通钩针技艺	季德胜蛇药制药技艺
		灯彩（南通灯彩）	南通铜香炉浇铸技艺	王氏保赤丸制作技艺
		年画（南通木板年画）	石港腐乳酿制技艺	
		苏绣（南通彩锦绣）	南通蓝印花布印染技艺	
			风筝制作技艺（南通板鹞风筝、如皋风筝制作技艺）	
			色织土布技艺（南通色织土布技艺）	
			糕点制作技艺（西亭脆饼制作技艺）	
			董糖制作技艺（如皋董糖制作技艺）	
		年画（南通木版年画）	缂丝织造技艺（南通缂丝织造技艺）	
			家具制作技艺	
			盆景技艺扩展（如皋盆景技艺）	
			豆腐制品制作技艺（白蒲茶干）扩展	
			精细木作技艺（柞榛家具制作技艺）	
			酿造酒酿造技艺（海门颐生酒、糯米陈酒酿造技艺）	
6	宿迁	核雕（云渡桃雕）	蔡集手抄草纸制作技艺	
			蒸馏酒酿造技艺扩展（洋河酒酿造技艺、双沟大曲酒酿造技艺）	

续表

序号	江苏各市	传统美术	传统技艺	传统医药
7	苏州	苏州砖雕	太仓糟油制作技艺	闵氏伤科疗法
		桃花坞木版年画	太仓肉松制作技艺	郑氏妇科疗法
		苏绣	木渎石家鲃肺汤制作技艺	苏州雷允上六神丸制药技艺
		苏州玉雕	苏州织造官府菜制作技艺	吴氏疗科
		苏州石雕（藏书澄泥石刻）	宋锦织造技艺	针灸（宋氏耳针）
		光福核雕	苏州缂丝织造技艺	传统中医膏方制作技艺
		泥塑	香山帮传统建筑营造技艺	儿科疗法（塘桥陆氏中医儿科）
		灯彩	传统砖瓦制作技艺扩展	
		虞山派篆刻艺术	明式家具制作技艺	
		玉雕（苏州玉雕）	制扇技艺	
		苏绣（苏州发绣）	剧装戏具制作技艺	
		木雕（苏州红木雕刻、佛像雕刻）	苏州民族乐器制作技艺	
		竹编（后塍竹编）扩展	苏州碑刻技艺	
		盆景技艺（苏派盆景）	常熟花边制作技艺	
			风筝制作技艺扩展（沙洲风筝）	
			吴罗织造技艺（四经绞罗织造技艺、纱罗织造技艺）	
			传统鸟笼制作技艺（苏派鸟笼制作技艺）	
			青铜失蜡铸造技艺	
			盆景技艺扩展（苏派盆景技艺）	
			姜思序堂国画颜料制作技艺	

171

续表

序号	江苏各市	传统美术	传统技艺	传统医药
7	苏州		彰锻织造技艺（苏州彰锻织造技艺）扩展	
			酿造酒酿造技艺（铜罗黄酒、后塍黄酒、王四桂花酒）扩展	
			糕点制作技艺（乾生元枣泥麻饼）扩展	
			传统棉纺织技艺（雷沟大布制作技艺）	
			苏帮菜烹制技艺	
			羊肉烹制技艺（藏书羊肉制作技艺）	
			装裱技艺（苏州装裱技艺）	
			陆慕蟋蟀盆制作技艺	
			绿茶制作技艺（苏州洞庭碧螺春制作技艺）	
			糕团制作技艺（黄天源苏式糕团制作技艺）	
			糕点制作技艺（稻香村苏式月饼制作技艺、叶受和苏式糕点制作技艺）	
			采芝斋苏式糖果制作技艺	
			陆稿荐苏式卤菜制作技艺	
			常熟叫化鸡制作技艺	
			汤面制作技艺（昆山奥灶面制作技艺）	
			家具制作技艺	
			苏州漆器制作技艺扩展	
			传统木船制作技艺（七桅古船制作技艺、古船制作技艺）	

续表

序号	江苏各市	传统美术	传统技艺	传统医药
7	苏州		缂丝织造技艺（苏州缂丝织造技艺）	
			传统建筑营造技艺（香山帮传统建筑营造技艺）	
			豆腐制品制作技艺（苏式卤汁豆腐干制作技艺）	
			酱菜制作技艺（甪直萝卜制作技艺）	
8	连云港	东海水晶雕刻	制陶技艺（黑陶制作技艺）	曹氏中药热敷接骨疗法
		连云港锻铜技艺	汤沟酒酿造技艺	戴晓觉膏药制作技艺
		连云港贝雕	柳编技艺	万寿堂胃病疗法
			晒盐技艺（连云港淮盐晒制技艺）	五妙水仙膏制作技艺
			绿茶制作技艺（连云港云雾茶制作技艺）	
			酿醋技艺扩展（汪恕有滴醋酿制技艺）	
			传统木船制作技艺扩展	
			酿造酒酿造技艺（樱桃酒酿造技艺）	
9	泰州	泰兴麻将雕刻	兴化水车制作技艺	雅妙河戴氏中医喉科疗法
		面塑（姜堰面塑）	兴化木船制造工艺	许氏正骨疗法
		泥塑（孤山泥狗子）	扬派盆景技艺	针灸（陈氏针灸）
		木雕（泰州木雕）	传统绳带编制技艺	膏药制作技艺（邱氏烫伤膏制作）

173

续表

序号	江苏各市	传统美术	传统技艺	传统医药
9	泰州		高港宫灯制作技艺	儿科疗法（兴化史氏中医幼科疗法）
			溱潼砖瓦制作技艺	正骨疗法（许氏正骨疗法）
			黄桥烧饼制作技艺	
			靖江肉脯制作技艺	
			渔具制作技艺（兴化渔具制作技艺）扩展	
			汤包制作技艺（靖江蟹黄汤包制作技艺）	
			蒸馏酒酿造技艺（泰州白酒酿造技艺）	
10	无锡	无锡纸马	宜兴青瓷制作技艺	龙砂医学诊疗方法
		平绣	制陶技艺（宜兴均陶制作技艺、宜兴彩陶装饰技艺）	中医肝病疗法（汤氏肝病疗法）
		竹刻（无锡竹刻、常州竹刻）	宜兴紫砂陶制作技艺	朱氏诊法（咽喉诊、脐腹诊）
		泥塑	三凤桥酱排骨烹制技艺	梨膏糖制作技艺
		剪纸	宜兴龙窑烧制技艺	致和堂膏滋药制作方法
			宜兴陶传统仓储技艺	丁氏痔科医术（无锡丁氏痔科疗法）
			锡帮菜烹制技艺	黄氏喉科疗法扩展
			太湖船菜	周氏妇科疗法扩展
			太湖船点	骨伤疗法（刘氏骨伤疗法）
			清水油面筋	正骨疗法（谢氏正骨疗法）

续表

序号	江苏各市	传统美术	传统技艺	传统医药
10	无锡		酱油酿造技艺（华士冰油酿造技艺）	
			王兴记小吃	
			宜兴陶堆花技艺	
			家具制作技艺扩展	
			酿造酒酿造技艺（玉祁双套酒、黑杜酒酿造技艺）	
			糕点制作技艺（惠山油酥制作技艺）	
11	扬州	木雕（扬州木雕）	谢馥春"香、粉、油"制作技艺	臣字门儿科中医术
		江都漆画	扬州漆器髹饰技艺	然字门内科中医术
		剪纸	雕版印刷技艺	春字门内科中医术
		平绣	传统金银饰品工艺	针灸（朱氏针灸）
		扬州玉雕	绒花制作技艺	儿科疗法（谦字门儿科中医术）
		灯彩	扬州通草花制作技艺	
		象牙雕刻（扬州牙刻）	扬派盆景技艺	
		江都漆画	扬州富春茶点制作技艺	
			传统建筑营造技艺扩展（扬州园林）	
			传统鸟笼制作技艺（扬派雀笼传统制作技艺）	
			高邮咸鸭蛋制作技艺	
			酱菜制作技艺（三和四美酱菜制作技艺）	
			扬州炒饭制作技艺	

续表

序号	江苏各市	传统美术	传统技艺	传统医药
11	扬州		家具制作技艺扩展	
			豆腐制品制作技艺（界首茶干制作技艺）	
			共和春小吃制作技艺	
			扬州毛笔制作技艺	
			装裱技艺（扬州装裱技艺）	
			朴席制作技艺	
			宝应捶藕和鹅毛雪片制作技艺	
			董糖制作技艺（秦邮董糖制作技艺）	
12	盐城	盐城老虎鞋	建湖花炮制作技艺	建湖"十八团"杂技
		瓷刻（大丰瓷刻）	合成昌醉螺制作技艺	膏药制作技艺（吴氏膏药）
		麦秆剪贴（大丰麦秆剪贴）	草编（射阳草编技艺）	
		苏绣扩展（东台发绣）	何首乌粉制作技艺	
		剪纸（溱湖刻纸、金湖剪纸）扩展	八楗立式大风车制作技艺	
		农民画（射阳农民画）	晒盐技艺（盐城海盐晒制技艺）	
		面塑（阜宁面塑）	配制酒酿造技艺（东台陈皮酒酿造技艺）	
			柳编（盐都柳编）扩展	
			糕点制作技艺（阜宁大糕制作技艺）	
			汤面制作技艺（东台鱼汤面制作技艺）	

续表

序号	江苏各市	传统美术	传统技艺	传统医药
13	镇江	玻璃雕绘画	天鹅绒织造技艺	唐老一正斋膏药制作技艺
		乱针绣	镇江恒顺香醋酿制技艺	
		上党挑花	封缸酒酿造技艺	
		灯彩	镇江肴肉制作技艺	
		扬中竹编	汤面制作技艺（镇江锅盖面制作技艺）	
		泥塑（太平泥叫叫）	家具制作技艺	
			民族乐器制作技艺（扬中箫笛制作技艺、赵氏二胡制作技艺）	
			酿醋技艺（恒升香醋酿造技艺）	

2003年联合国教科文组织第32届大会通过《保护非物质文化遗产公约》，我国于2004年批准加入，中国非物质文化遗产保护命名的文化事业由此开始。2006年江苏率先在全国为非遗保护立法，修订《江苏省非物质文化遗产保护条例》，支持指导江苏各设区市出台地方非遗保护条例或文化遗产保护管理办法。2021年江苏在全国率先倡导"无限定空间非遗进景区"。

2013年江苏发布《苏州市非物质文化遗产保护条例》，苏州成为国内第一个公布非遗保护条例的地级市。2014年，苏州成功加入联合国教科文组织创意城市网络（UCCN），并被授予"手工艺与民间艺术之都"称号。

二、江苏运河手工技艺示例

（一）漕船制造技艺

经大运河从南方把粮食、丝绸、瓷器、建材等朝廷所需物资运往北方京师的运输方式，称为漕运。宋朝张方平在《论卞河》中指出："今日之势，国依兵立，兵以食为命，食以漕运为本，漕运以河渠为主。"用于漕运的船只称为"漕船"。明朝宋应星《天工开物·漕舫》记载:"凡京师为军民集区,万国水运以供储,漕舫所由兴也。"漕船早在春秋中期已用于水上运输,漕船起初是采用两船相并,加板于上、联为一体行驶的形式,载量大,谓之"漕舫",又名"方舟"。

明朝时期的造船业是我国古代造船史上的巅峰。明朝清江督造船厂,专造内河漕船,地处大运河与淮水交汇的淮安,是明朝唯一的国营漕运造船厂,常年保持5000人左右的工匠,总厂在清江闸一带,下设京卫、卫河、中都、直隶四个大厂,共八十个分厂,厂区沿运河绵延11.5千米。由明朝席书编撰的以清江督造船厂为主的漕船专志——《漕船志》记载,弘治三年至嘉靖二十三年(1490~1544年),清江督造船厂年均实造船只数632艘。

明朝漕船因行走运河,需吃水较浅,又称"浅船",舱体宽大,便于载粮。1956年梁山县出土的漕船是明朝洪武初年制造,全长21.8米,排水量为32吨,一次能运12~15吨的物资。船身结构简单,工艺精细,南松木制,船身呈柳叶形,纵向连接使用了钩子同孔的木作技术,横向结合则使用了铁质铲钉和穿心钉加固。舱壁板则采用了暗榫和铁锔连接工艺,船底使用了"水泥密封法",船板接缝用白灰、桐油和麻丝制成捻料灌封,船体由13道横隔板把船分割成一个个船舱,每道隔梁用三四块木板榫接而成,并与船肋骨紧密结合在一起,舱内采用水密舱壁。

(二)镇江香醋制作技艺

食醋的酿造在我国具有悠久的历史。公元前1058年,周公所著《周礼》中就有关于醋的文字记载,距今已有3000多年历史。南朝梁朝陶弘景《神农本草经集注》、元朝鲁明善《农桑衣食撮要》、明朝徐光启《农政全书》和李时珍《本草纲目》等都有米醋的记载。镇江香醋以优质糯米为主要原料,是一种典型的米醋。

清朝道光二十年(1840年),镇江丹徒西彪村朱兆怀创立"朱恒顺糟坊"(今镇江食醋龙头企业——江苏恒顺醋业股份有限公司前身)。"恒顺"源自佛家《华严经》之"恒顺众生愿"。恒顺香醋是中华四大名醋之首,独具"酸而不涩,香而微甜,色浓味鲜,愈存愈醇"的特色,1889年《丹徒县志》记载:"……京口(今镇江)黑醋,味极香美,四方争来货之"。2020年镇江获评"中国醋都·镇江"称号,镇江香醋也是全国食醋类行业首个原产地地理标志证明商标,是全国首个获得欧盟保护的调味品。

镇江香醋采用传统制醋工艺——固态分层发酵法,历经制酒、制醅、淋醋三大工艺过程、40多道工序制成。酿完酒后制醋醅,制醋醅是这一发酵技术的核心。

醋醅制作需要21天，醋醅含水量低，醋酸发酵在固态条件下完成，封醅7～10天后加水萃取，即淋醋。最后，经高温杀菌后装坛。封入陶坛6个月以上，存放时间越久，口味越香醇，且其质不变，有"香醋摆不坏"之说。镇江食醋产业先后经历了"以池朝缸""以罐朝缸""机械翻醅"等多次技术革新，目前已拥有全国最先进的酿造生产工艺。

（三）手工纺织技艺

手工纺织技艺包括织、绣、印、染等特色手工技艺。"锦"是用彩色经纬丝织出各种图案的纺织品，我国的织锦肇始于西周，发展于汉朝，形成于两宋，鼎盛于明清。明朝宫廷衣履主要依靠江南供给。"明制，两京（南京、北京）织染，内外皆置局。内局以应上供，外局以备公用。南京有神帛堂、供应机房，苏、杭等府亦各有织染局。"明朝苏州织造局设立于明洪武元年（1368年），在织造规模上居于苏州、南京、杭州"江南三织造"首位，康熙南巡苏州时均驻跸于苏州织造局行宫。明万历张瀚记载："余尝总览市利，大都东南之利莫大于罗、绮、绢、纻，而三吴为最。"苏州是当时的"时尚之都"，明万历王士性的《广志绎》对姑苏人的描述是："善操海内上下进退之权，苏人以为雅者，则四方随而雅之，俗者，则随而俗之，其赏识品第本精，故物莫能违。"

1. 云锦织造技艺

"秣陵之民善织""秦淮之水宜染"。东晋义熙十三年（417年）在建康（今南京）设置锦署，官府手工业体系初具雏形，这是南京历史上的第一个官办织锦机构。元明清三朝先后在南京设立过"以官领之，以授匠作"的中央性质织造机构。这些机构的设立极大地推动了云锦业的快速发展。《同治上江两县志》记载："乾、嘉间机以三万余计。"徐仲杰《南京云锦史》则说："至道光年间，单缎机（包括花、素缎，主要是素缎）即发展至三万多台。纱、绸、绒、绫等机尚不在内。"云锦业是当时南京地区规模最大的手工业。

云锦是明朝南京上供织物的名品。南京云锦技艺采用"通经断纬""挖花盘织"等技术，在大型织机上，由织工们一上一下、两两配合手工操作，用蚕丝线、黄金线和孔雀羽线等材料织造华贵织物。妆花技法大量运用各种金银线交织于一件彩锦中，使整件织物显得典雅华美，是云锦代表品种。晚明诗人吴梅村的《望江南》道："江南好，机杼夺天工，孔雀妆花云锦烂，冰蚕吐凤雾绡空，新样小团龙。"云锦织造工序包括纹样设计、挑花结本、造机、原料准备和织造五部分120多道工序，代表人类织锦技艺最高水平。

2. 宋锦织造技艺

明朝有吴中多重锦之称，宋锦是明朝苏州上供织物的名品。南宋在苏州地区设立了织造署，司职宋锦的生产，元至正年间在苏州设立了织造局。宋锦继承宋朝织造技艺，花色古雅，以经面斜纹作地、纬面斜纹显花，背面没有抛线，多用真丝而少用金线。宋锦织造主要有起综和压综工艺、双经轴工艺、抛道换色工艺三大工艺。宋锦织造工艺程序有：

甲经：厂丝→挑剔→浸泡→络丝→打拈→并丝→复拈→定型→成绞→染色→挑剔→返丝→牵经→接头或穿经→织造；

乙经：厂丝→挑剔→浸泡→返丝→牵经→穿经或接头→织造；

纬：1/120旦有光人丝→成绞→染色→挑拣→络丝→摇纤→织造。

3. 苏绣技艺

苏绣是以苏州为中心的吴地手工刺绣品，镇湖是苏绣的主要发源地，它与湘绣、粤绣、蜀绣并称四大名绣。据西汉刘向《说苑》记载，早在2000多年前的春秋时期，吴国已将苏绣用于服饰。三国时期，刺绣工艺已很发达，如东吴有"吴王赵夫人，丞相赵达之妹，善书画、巧妙无双能于指间以彩丝织龙凤锦，宫中号为机绝""又于方帛之上，绣作五岳列国地形，时人号为针绝。又以胶续发丝作轻幔，号为丝绝。"

至宋朝随着全国政治、经济重心不断南移，织绣中心也转移到江南地区。苏州地区目前发现的最早的刺绣实物是1956年出土于苏州虎丘塔中的五块罗地刺绣经帙，色彩质朴明丽，菱地、宝相莲花、凤穿牡丹、海棠等图案仍清晰可辨，并绣有墨书字样，在针法上使用了接针、斜缠、铺针等。清朝，苏绣在产品种类、应用范围和针法技艺等方面达到全盛时期。进入民国时期以后，苏绣技艺持续发展。

刺绣是一门运针用线的技艺，而"针法是刺绣时运针的方法，也是刺绣线条组织的形式"。刺绣针法从最初的锁针和齐针开始，由单一到多元、从简单到复杂。沈寿在《雪宦绣谱》中将传统苏绣的基本针法共归纳为18种，即齐针、戗针、单套针、双套针、扎针、铺针、刻鳞针、肉入针、打子针、羼针、接针、绕针、刺针、拙针、施针、旋针、散整针和虚实针。通过一代代民间刺绣艺人的创新，苏绣针法得到了极大的丰富。根据苏州刺绣研究所专家的搜集和整理，传统苏绣艺术中的常见针法可归纳为平绣、条纹绣、点绣、编绣、网绣、纱绣、辅助针法等7大类，共计四十余种（表2-4-3）。

表2-4-3 传统苏绣常用针法分类及简介

	名称	种类	针法简介
1	平绣	包括齐针、戗针、反戗针、迭戗、平套、混毛套、极套、撒和针、施针九种针法	线条平铺排列，适合表现大块面的图案
2	条纹绣	包括接针、滚针、切针、辫子股（即锁绣）、平金、盘金、钉线七种	线条为单行，适合绣制人物的头发、动物的毛丝、衣服的褶纹、文字等
3	点绣	包括打籽、结籽、拉梭籽针等	用线条绕成圈形或粒形，分散或集中的表现花蕊等对象
4	编绣	包括鸡毛针、编针、格棉等	将绣线横直交错经纬线后，通过编织的形状来表现各种图案花纹
5	网绣	包括网绣、冰纹针、桃花、桂花针等	绤绣的一种，图案花纹灵活
6	纱绣	包括纳绵、戳纱、打点绣等	以纱为地，按格数眼进行绣制
7	辅助针法	包括扎针、铺针、刻鳞针、施毛针	在绣品中起辅助或点缀的作用，须与其他针法配合使用

4. 缂丝织造技艺

南梁《玉篇》记载："缂，织纬也"。缂丝是一种带有立体感的丝织品，自古便有"织中之圣"的美名。缂丝织造是一种古老的丝织工艺，与刺绣技艺有很大不同，工艺复杂程度更高，有"寸缂寸金"之说，起源于以毛线为纬的缂毛织物，经线采用素色生丝，纬线采用彩色熟丝进行织造坯布，一次性织成双面图案。缂丝技艺包括套筘、嵌前后经轴、打翻、揽经面、画稿、配线、摇线装梭、经纬制作、修整等工艺流程。

缂丝采用的"通经断纬"的织法最早是经丝绸之路传入的西域缂毛工艺，目前发现最早的缂丝织物是唐朝的一条缂丝腰带。北宋缂丝技艺继承发展了唐朝的缂丝技法，代表性作品有北宋缂丝《赵佶花鸟图》《赵佶木槿花绘图》等宫廷缂丝画。明朝缂丝织造技艺进一步提高，生产中心仍在苏州等地，民间家庭作坊非常普遍。

明万历皇帝定陵出土的袍服印证了明朝缂丝能够织造较大尺寸的衣物。清朝宫廷所用的缂丝大多出于苏州织造局。

5. 南通蓝印花布印染技艺

蓝印花布，即传统的镂空版白浆防染印花。《诗经》中提及的织物有多种颜色，说明当时人们已掌握多种矿物染料和植物染料。西周官府手工业作坊已设掌染草的"染人"，"掌染丝帛。凡染，春暴练，夏纁玄，秋染夏，冬献功。掌凡染事。"《左传》提及贵族们"衣必文彩"。战国后期儒家学派代表作《荀子》的首篇《劝学篇》曰："青，取之于蓝，而青于蓝"，其中，"青"指蓝靛，"蓝"指蓝色染料，说明这一时期的染匠已初步掌握了蓝靛的制取工艺。北魏贾思勰的《齐民要术》在世界上最早记载了从蓝草中提取靛青染料的制靛工艺："刈蓝倒竖于坑中，下水，以木石镇压，令没。热时一宿，冷时再宿，漉去荄，内汁于瓮中，率十石瓮，著石灰一斗五升，急手抨之，一食顷止。澄清，泻去水，别作小坑，贮蓝靛著坑中。候如强粥，还出瓮中盛之，蓝淀成矣。"汉朝设有专管练染的机构，工官有"平准令"，主练染，作彩色，宫中设"暴室，主掖庭织作染练之署"。

蓝印花布的花版制作源于东汉的夹缬工艺，唐朝的夹缬色彩丰富。到了宋朝，木版被桐油纸所取代，制作工艺更为简单。宋元时期，棉花的种植技术和纺织技术传入中原，印花技术也在民间开始流传。蓝印花布形成自己的生产工艺和独特风格是在明清时期。在江苏，蓝印花布也称药斑布，《古今图书集成》记载："药斑布——以布抹灰药而染青，候干，去灰药，则青白相间，有人物、花鸟、诗词各色，充衾幔之用。"南通是蓝印花布的主要产地之一，明清时期蓝草和棉花种植十分普遍，染织蓝印花布作坊已成街市，据明朝《南通县志》记载，在"染织局"登记在册的手工染坊就有19家之多。南通蓝印花布是人工手纺、手织、手染而成，典型图案是蓝底白花和白底蓝花。民间蓝印技法的工艺流程包括：挑选坯布、脱脂、裱纸、画样和替版、镂刻花版、上桐油、刮浆、染色、刮灰、清洗和晾晒。

（四）紫砂茗壶制作技艺

《中国工艺美术史》指出，紫砂陶所用原料是紫砂泥，深藏于岩石层下，呈岩石块状，经风化，研磨成泥块，再制成各种器皿。宜兴紫砂的原料为宜兴范围内开采的紫砂矿，主要包括紫泥、红泥、本山绿泥三种。

宜兴紫砂工艺历史悠久，产生于宋元，成熟于明朝。1976年宜兴丁蜀镇的羊角山考古发现了北宋古龙窑紫砂窑址。明朝周高起的《阳羡茗壶系》记载："金沙寺僧，久而逸其名矣，闻之陶家云，僧闲静有致，习与陶缸、瓮者处，抟其细土加以澄练，附陶穴烧成，人遂传用。"丁蜀镇现已形成陶刻、雕塑、练泥、烧窑、包装、销售等完整的紫砂产业链。

紫砂壶制作要历经炼泥、制坯、雕刻、烧炼四个工序，其中制坯为其中主要的工艺流程。《阳羡茗壶系》记载："壶之土色，自供春而下，及时大彬初年，皆细土淡墨色，上有银沙闪点，迨硐砂和制，穀绉周身，珠粒隐隐，更自夺目。"这说明，明朝后期宜兴紫砂艺人已掌握运用天然泥料和颜料配色的方法。明朝制壶大家供春首创的树瘿壶，现藏中国历史博物馆，是迄今最早的紫砂茶壶实物。

从清康熙到乾隆晚期，宜兴紫砂艺人制壶类型包括自然形壶、几何形壶、筋纹器和小圆壶（即水平壶的前身）四种，从清嘉庆到光绪年间，又出现了大量在壶上镌刻书画的制作。

2007年"宜兴紫砂"被认定为国家地理标志证明商标，2014年"宜兴紫砂"荣获国家地理标志保护产品，2022年全国首单工艺品类地理标志保险落地宜兴，维护"宜兴紫砂"品牌。

（五）淮盐制作技艺

最早的制盐方式是直接煎煮海水成盐。"煮海之利，两淮为最"。江苏产盐区以淮河为界，淮河以南为淮南盐场，淮河以北为淮北盐场，所产海盐通称"淮盐"。淮盐素以粒大、色白、质干著称。诗仙李白盛赞"吴盐如花皎白雪"。据《明史·食货志》记载，淮盐的生产在明朝已改煮海制盐为滩晒制盐（早期砖池，后泥池）。生产技艺主要是修滩、制卤、结晶、收盐四大工序。

淮南制盐始于西汉初期，公元前196年汉吴王濞立国广陵。《史记·货殖列传》记载："彭城以东，东海吴广陵有海盐之饶。"《史记·吴王濞列传》记载，煮海水为盐，国用富饶。《两淮盐法志》记载："吴王濞立国广陵，煮海水为盐，盐所入辄以善价与民，此两淮盐利之始也。"淮北盐生产采用传统滩晒制盐技艺，是传统海水制盐的典型代表。

（六）南通板鹞制作技艺

我国风筝有"北鸢南鹞"之说，南通是我国历史上著名的风筝产地之一。板鹞风筝，属硬板子风筝，驭风性能优越，源于北宋，为江苏南派风筝的代表作之一。其造型如一块平板，形状有正方形、长方形、六角形和八角形，其中，六角板鹞居多，即由一个长方形和一个正方形组合而成的有六个凸角的风筝。也有由多个这样的几何图形组合而成的"七联星""九联星""十九联星"等。风筝的题材和内容带有浓厚的民俗特色，装饰图案多为工笔重彩，以红、黑、青、紫色居多，色彩对比强烈，融扎裱造型、配色绘画、音律设计、哨口雕刻于一体，骨架选材多用江南笔竹或本地上乘老竹，文火烤直，砂纸抛光，罩以清漆，以防虫蛀。

哨口是南通板鹞与象形风筝的主要区别之一，也是板鹞风筝的最大特色。哨口的大小形状和材料的差异，使发出的音量、音质、音调千变万化。桶形的称"哨"，球形的称"口"。"哨""口"的制作材料以葫芦和竹子居多，也有果壳、蛋壳、蚕茧和鹅毛管等。风筝上天后，哨口"得风则鸣，其声随风抑扬"，形成"弦响碧空"的特点，寓意吉祥如意、产业兴旺。板鹞相比较一般造型风筝，对于选材和工艺的要求较为严格。制作骨架会选择生长3年以上、品质上乘的竹子，对其进行切割分段。在扎制过程中十分考验师傅的制作工艺。将画好的鹞布平整地糊到骨架上，板鹞的黏合缝制会选用强力胶、笔刷和胶带等工具，兼顾了风筝的扎实稳固与美观。

三、江苏运河手工技艺特征

江苏运河手工技艺是由大运河文化和江苏地域文化融合而成的具有独特艺术性的手工制作技艺，其内涵与表现形式具有鲜明的地域文化特征。在大运河的流变和江苏地域文化的演进中，江苏运河传统手工技艺不断发展与创新。

（一）开放融汇的工艺风格

大运河文化的生命力在于大运河生生不息的流动性。江苏运河手工技艺的功能与价值在大运河的流动中始终保持包容与开放，呈现出遗产的活态属性与传承活力。大运河沿线手工艺因大运河的流动和传播而在材料处理和制作方式上具有相似性，"具有文化基因同源性"。不同地域的技艺交流融汇、博采众长，演化出新的样态或衍生出不同分支和流派，呈现出文化多样性的特质。例如，随着苏绣艺术的发展和刺绣技术的传播、交流，苏绣衍生出了上海的顾绣、南通的沈绣、常州的正则绣、无锡的锡绣、扬州的宝应绣等诸多绣种。

（二）历史悠久的传承源头

早在新石器时代苏州地区的百姓就开始养蚕，蚕桑业和丝织业由此孕育。蚕桑丝织是汉民族认同的文化标识，5000多年前，江苏先民已经从事丝绸生产。在苏州唯亭距今6000多年的草鞋山遗址中，考古学家曾在新石器第10层文化堆积中发现了3块距今5400多年、已经炭化的纺织物残片，经鉴定，纺织品的纤维原料可能是野生葛麻，织物为纬线起花的罗纹编织品，花纹为山形和菱形的斜纹，它不同于普通的平纹粗麻布，显示了较高的织造工艺水平。在苏州吴江的梅堰新石器时期遗址曾出土过56根骨针，长短粗细不一，有的圆柱穿孔，孔部扁圆；有的圆孔较大，这些骨针的磨制穿孔技术较精细。骨针是苏州地区刺绣的发展的重要工具。关于苏州地区所出现刺绣的文字记载，最早出现在汉代刘向的《说苑》中："晋平公使叔向聘于吴，吴人拭舟以逆之，左五百人，右五百人，有绣衣而豹裘者，有锦衣而狐裘者。"宋代，苏州丝织行业建机圣庙作为公所，成为后来行会的雏形。1840年以后，近代机器丝绸工业在江苏悄然兴起。江苏地区的代表性技艺为苏州缂丝织造技艺、宋锦织造技艺。

缂丝最早可以追溯到商朝。我国出土的最早的缂丝实物出现于唐朝，唐朝缂丝多以几何纹为装饰，还有的带有钱币纹饰。宋代，缂丝织物色泽优雅、构图严谨、生动形象，形成了独特的艺术风格。自南宋以来，苏州始终是缂丝的生产中心。

淮盐生产起源于春秋，发展于汉唐，振兴于宋元，鼎盛于明清，至今已有4000多年历史，有文字记载的历史有2500多年。据《江苏盐业史》载，春秋时吴王阖闾时期，就在今海州（今江苏连云港）、扬州、苏州以东经营海盐。"天下大计仰东南，而东南大计仰淮盐"。晋朝石碑拓印即为雕版印刷的雏形，唐朝诞生了世界上最早的雕版印刷术。扬州是中国雕版印刷术的发源地，是国内唯一保存全套古老雕版印刷工艺的城市。江苏剪纸自北向南主要分布于徐州、扬州、南京、常州金坛和南通一带，已有千年历史，其中，扬州剪纸和南京剪纸的历史跨度最长，影响最大。

（三）文化底蕴的厚重积累

宋朝，缂丝汲取绘画艺术表现手法，缂与画的技艺互通互补，缂丝形成书画气韵。书画和缂丝的相得益彰，将缂丝技艺推向了新的巅峰。

苏绣长期浸染在吴地浓厚的文化氛围中，也在一定程度上受到宋元书法绘画艺术的影响，逐渐形成了自身淡雅、柔美的风格。北宋时期设立文绣院，南宋时苏州、杭州、成都设立锦院，出现了书法绘画艺术和刺绣融合的画绣，画为绣本，绣为五彩，先画后绣，通过针线表现绘画的意境，刺绣艺术达到相当高的水准。明朝苏绣技艺开启了与文人画家相结合的新发展，吴门画派、华亭画派等帮助苏绣提升了艺术境界，使在宋朝兴起的以绘画为绣稿的刺绣作品得到进一步发展。明朝文渊阁大学士王鏊在其编纂的《姑苏志》中写道："精、细、雅、洁，称苏州绣"。苏绣技艺向来强调"密接其针，排比其线"，"精"与"细"指精致细密，反映了其最主要和直观的特点；而"雅"与"洁"则指雅致纯洁，是苏绣在艺术层面的追求。这是苏绣被苏州地方志首次记载，是苏绣艺术正式形成的标志。众多传世的苏绣作品都能体现苏绣的细密工整和风雅意趣，充分体现了"工"和"艺"的结合。

明朝中后期，苏南地区以经济繁荣带动了教育和文化的发展，人文荟萃，这些文人将自己的文化素养转化为日常生活的组成部分，打造雅致的艺术生活，表达内心的情趣与追求。江苏工匠深受江南文化氛围的濡染，并与士大夫密切互动，文化修养不断提升，制作奇巧精致，手工手作与艺术互相推动，文人的品鉴、收藏和记录又使江苏手工技艺声名日高，名工名匠甚至"名闻朝野""知名海内"，亦使晚明江苏手工技艺在全国独领风骚。

光福核雕、苏州玉雕、苏州盆景技艺、无锡留青竹刻、常州留青竹刻等也得到发展。明末，江阴人张希黄创留青阳文浅刻法，作品借竹筠与竹肌质、色的变化模仿书画。"吴门画派"书画进入了苏州折扇扇面，成就了小小折扇成为综合工艺品。天启间魏学洢《核舟记》详细描述了常熟人王毅在桃核上镂雕出东坡夜游赤壁场景，人物各具情态，舟背刻款"天启壬戌秋日虞山王毅叔远甫刻"，并刻"初平山人"小印。明中叶以降，通俗文学流行，小说、话本、拟话本、小品文等需要插图，加之书画普及到江南富裕的城市平民家庭，唐寅、文徵明、董其昌、李流芳等江苏籍画家各自私刻画谱进行自我宣传或设帐课徒，更有印刷木版图画的墨谱、笺纸等，雕版印刷由此兴盛。明朝，苏州已成为全国的绘画中心，由此带动了苏州国画颜料制作技艺和书画装裱修复技艺的发展。明万历年间，太仓人陆子刚用减地阳文、镂空磨洗等技法制仿古玉器和玉盒、花插、茶具等，精巧圆活，擅用俏色，深得文人厚爱。

明朝万历年间，昆曲带动了民间乐器、剧装戏具制作技艺的发展。许多文人和官宦人家在苏州兴建私家花园，带动了香山帮传统建筑营造技艺的发展。一些文人还参与指导了家具设计，推动了明式家具制作技艺的发展。文人的酒文化兴盛，则带动了丹阳封缸酒传统酿造工艺的发展。茶文化推动了苏州绿茶制作技艺、宜兴紫砂陶制作技艺的发展。宜兴紫砂技艺吸取了中国绘画、书法等传统的文化因子，创作融入了丰富的寓意和思想内涵。

（四）工匠生成的师承传统

《考工记》中对工匠的定位是"守之世"。官府工匠通过世袭形式进行技艺传承。民间工匠则通过家传绝技、拜师学艺的"学徒制"，以实践为基础，以口传心授为主，技艺通常以匠人个人经验、个人技巧、情感信念、理解感悟等形式存在，而不是以文字、语言、图像形式表达，凸显高度个性化的特征，导致技艺传承很大程度上受到工匠个人喜好与能力的影响。技艺传承方式还有特定时期特定人物的技术总结，如营造则例和匠家典籍，以文字记述为主，具有理论指导意义。明朝黄成著《髹饰录》二卷"传诸后进"，致力于将漆艺发扬光大。黄成著、杨明注《髹饰录》为我国现存唯一古代漆工专著。

在扬州工匠的技艺传承中，漆器名匠卢葵生继承发展了其祖父卢映之的漆艺，还恢复和新研发如绿沉漆、紫砂漆、八宝灰等工艺，"漆器自卢葵生后为扬州特产，销行甚广"；江千里师承传统漆艺，并首创软螺钿漆器工艺。香山帮也是通过师承关系、父子或其他亲属传承关系，使传统营造技艺延续至今。清道光三十年（1850年），香山帮水木作匠人在苏州建立供奉鲁班为祖师爷的行会组织——梓义公所，这是香山帮建筑业最早的行会组织。据民国《吴县志》的《苏州公所简况表》，香山帮陆续成立了巧木公所、石业公所、三义公所、小木公所等具有行会性质的公所。师徒制构成的技艺传承谱系和家族血缘的继承，加之个体的独特创造和智慧，最终衍生出地域团体特点。

（五）工匠行帮的流派营造

江南各地工匠自成一体，形成多个地域性工匠行帮。香山帮是一个传承千年的建筑流派，有"江南木工巧匠皆处于香山"的盛誉，是一个以苏州市吴中区胥口镇为地理中心，以木匠领衔，集泥水匠、漆匠、彩绘匠、堆灰匠、叠山匠、雕塑匠等古典建筑工种于一体的建筑工匠群体。《吴县志》载，明朝香山帮工匠的领头人蒯祥被尊称为"蒯鲁班"。永乐四年（1406年）永乐皇帝下诏"以明年五月建北京宫殿"，征召全国各地数以万计的优秀工匠到北京，擅长复杂精细的香山帮工匠也在其中。蒯祥，由于精于建筑构造和工程计量测算，进京不久就担任营缮所丞（相当于现在的工程总设计师），直接指挥宫城的建造。蒯祥官至工部侍郎，成为天下百工的总领头。姚承祖撰写的《营造法原》，记述香山帮传统技法，被誉为"中国苏派建筑的宝典"。据20世纪80年代《苏州古典园林建筑公司志》和基于香山胥口乡志编辑而成的《"香山帮"能工巧匠录》记载，该公司集聚了一批诞生于清末，成长于民国,活跃于中华人民共和国成立后,涵盖木作、泥水作、假山、雕花、砖细等领域的近朝香山帮匠人。

清朝李斗撰《工段营造录》,是记述扬州建筑专著。扬州工匠结合本地悠久的手工艺传统,吸收苏州、安徽地区传统建筑样式和营造技术,发展形成别具一格的扬州形式。清朝钱泳将其与苏杭工匠比较,称"造屋之工,当以扬州为第一""此苏、杭工匠断断不能也"。扬州装折工匠分工细致,不止限于木作,还有"工兼雕匠、水磨烫蜡匠、镶嵌匠三作",呈现工匠技艺的多样性和多种工艺融合的特点。其中,雕刻和镶嵌为匠作工艺主要特色。明清时期扬州地区各项手工艺极为发达,木刻、琢玉、珐琅、髹漆尤为突出,涌现出了一批名工。名扬京畿的珐琅名匠王世雄,被称为"珐琅王"。漆器工匠有明朝周柱、江千里,清朝卢映之、卢葵生等。其中,周柱所创百宝嵌,又称为"周制"。据钱泳《履园丛话》记载,其法是以金银、宝石、翡翠等名贵材料雕成山水、花木、楼台、人物等形态,镶嵌于梨木、檀木家具,也可用在漆器上,"大而屏风、桌椅、窗楠、书架,小则笔休、茶具、砚匣、书箱,五色陆离,难以形容"。这些工匠群体主要分为漆艺、闺阁绣、雕刻等工匠群。

(六)技艺风格的地域特点

地域文化对于当地技艺风格的形成具有潜移默化的作用。桃花坞木版年画,是原生于苏州的民间艺术,构图丰满、色彩鲜艳、线条流畅,起源于宋朝的雕版印刷工艺,到雍正、乾隆年间到达鼎盛。"一团和气"是桃花坞木版年画的经典题材,将清雅、诗性的苏式意蕴融入装饰意味和审美情趣中。

"平、光、齐、匀、和、顺、细、密"是苏绣自成一派的技术特色。平,绣面平服,烫贴如画;光,光彩夺目,色泽鲜明;齐,针脚整齐,轮廓清晰;匀,线条粗细均匀,排列疏密一致;和,色彩调和,浓淡合度;顺,丝缕合理,转折自如;细,用针纤巧,绣线精细;密,线条排列紧密,不露丝毫针迹。这种艺术禀赋映射出江南特定的水乡人文生态。无锡刺绣匠人创制的"精微绣",以及惠山泥人、宜兴紫砂、锡剧、留青竹刻蕴含了丰富的无锡地域文化意象。

剪纸在大运河沿岸流传甚广,其中,徐州剪纸具有画面质朴、留白大胆、简洁明快的特点,这与徐州地处苏鲁豫皖四省交界的楚汉文化区,又受中原文化与齐鲁文化的影响有着直接的关系。而金坛刻纸幅式灵活、构图繁茂、表现细腻、手法多样,具有浓郁的江南水乡特色,反映了柔和细腻、婉约轻扬、灵动创新的吴文化区特点。

酿造行业有句行话:"水是酿造的血液"。镇江中泠泉,是万里长江唯一的泉眼,位于金山寺之西，出于古簏山下。唐朝著名的品茶家陆羽把中泠泉列为天下饮水第一，品茶家刘伯刍认为，水之与茶宜者凡七等，长江中的中泠泉为第一等，从此中泠泉就被誉为"天下第一泉"。镇江水质纯净特殊，水系完美醇和，地理环境独特，自然条件优越，十分有利于香醋的酿造，奠定了镇江香醋"色、香、酸、醇、浓"特有风味的物质基础。

（七）巧夺天工的手工技艺

"扬州胭脂苏州花，常州梳篦第一家。"明洪武、建文、永乐年间，江苏手工技艺坐拥宋元以来全国手工技艺之冠。明朝艺术为后人引为范式的，是以江南审美为主导的手工技艺，特别是明中晚期江苏手工技艺，以至西方人认为"装饰艺术才是明朝艺术最大的特长"。《地道风物·苏州》中这样描述苏州：明清时期以苏州为代表的江南文化成为时尚，北上影响了宫廷文化的发展，同时成为上海的文化源头。

宋应星《天工开物》在论及治玉时指出："良玉虽集京师，工巧则推苏郡。"明朝文人张岱的《陶庵梦忆》中也称苏州手工为"吴中绝技"，对苏州手工艺人的顶尖技艺赞叹道："陆子冈之治玉，鲍天成之治犀，周柱之治嵌镶，赵良璧之治梳，朱山之治金银，马勋、荷叶李之治扇，张寄修之治琴，范昆白之治三弦子，俱可上下百年保无敌手。"纳兰常安《受宜堂宦游笔记》记载："苏州专诸巷，琢玉、雕金、镂木、刻竹、髹漆、装潢、针绣，咸类聚而列肆焉……凡金银、琉璃、绮、铭、绣之属，无不极其精巧。概之曰苏作。"精湛的技艺上升到"技可进乎道，艺可通乎神"的境界。在故宫博物院浩瀚的馆藏文物中，明清两朝的苏州手工艺术品多达31万件（图2-4-1）。

图2-4-1 清朝苏作犀角花蝶图杯（故宫博物院藏）

(八) 人间烟火的集大成者

江苏运河手工艺，是人们在大运河持续开凿、疏浚、修筑、维护过程中，在依河而居、漕运行船、沿河贸易、引水灌溉的长期生产生活实践中，逐渐形成的特殊的传统技艺和实践技能，涉及社会生活的方方面面，无论建筑装饰，还是编织玩具，都彰显了人的主观能动性以及尊重自然、顺应自然、利用自然的思想智慧，体现着劳动人民对美好生活的向往，生动呈现了江苏民众的社会生活和民俗文化。

清朝，作为南北漕运的咽喉以及淮盐的中转地，古城扬州迎来空前的富庶和繁华。距离扬州城不过100千米的兴化竹泓镇，水乡人民为出行和劳作方便，因地制宜摸索出一套独特有效的传统木船制造技艺。人们以老龄杉木为主要原料，以铁钉、麻丝、桐油等为辅料，制作流程包括选料、备料、拼板、油船等十多道工序，造出的木船形制多样、结构复杂、轻盈灵巧、坚固耐用、工艺精美，享誉江淮地区。

古时百姓凭借云彩形状和烛火方向来判断天气状况，无法准确预测天气变化。勤劳聪明的南通人为了晒盐捕鱼，制作出了板鹞风筝，通过哨口声响和图案可见度来辨析光线、预测天气变化。

(九) 官办民营的互促互进

官手工业是为了巩固中央政权、满足皇室和官府的各种需要而建立的。明清时期，官手工业与民间手工业共同发展，其中，扬州盐政衙门与江宁织造、苏州织造在手工技艺方面都扮演了重要角色，如两淮盐政造办处的官手工业代表了当时扬州手工业技艺的最高水平，这些高超的技艺流传到民间，推动了扬州漆器、玉器、木刻雕版等民间传统手工技艺的整体提升。清朝宫廷玉器发至地方加工，两淮盐政为清宫加工琢制大件玉器，承做大量陈设玉器，如"大禹治水图玉山""会昌九老图玉山""云龙大玉瓮""关山行旅图玉山""丹台春晓图玉山"。扬州民间玉雕技艺的鼎盛时期出现在清乾隆年间，这一时期扬州玉雕中的山子雕越做越大，形成了善于制作大件的技艺特色。两淮盐政组织的工艺活动又促进了民间手工业生产方式的成熟，内部分工的精细。《扬州画舫录》中以重宁寺为例，详细记录了各道工艺流程。从文中记载工序来看，分工详尽、职能明确、生产方式专业，仅工匠名称就有木匠、锯匠、坯木匠、雕銮匠、脱纱匠、塑工、包纱匠、装颜匠、彩漆匠、霉洗匠、镞匠等11种。

（十）传承创新的紧密结合

传统技艺的创新发展坚持走现代技术与传统工艺相结合的道路。镇江香醋在传承和保护的基础上，深入研究酿制技艺发酵机理，深度挖掘镇江香醋保健功能，开发新型保健产品，以科技手段不断丰富镇江香醋非物质文化遗产的内涵。现在镇江香醋生产规模迅速扩大。工艺创新主要包括：大罐发酵制酒醪，液体管道化输送系统，以池代缸机械化翻醅技术，自动化控制技术制酒醪，活性干酵母、酸性蛋白酶、糖化酶等酶制剂在发酵过程中应用，天然气和电力等清洁能源的提供，自动化炒米色新工艺，离心技术和膜分离技术应用于镇江香醋的过滤等。镇江香醋固有的传统特色和精髓传承不变，如以糯米为主要原料，制小曲、制大曲、制酒醪、固态分层发酵制醋醅、炒米色、淋醋、煎醋、陈酿八大工序和产品标准等。

淮北滩晒制盐传统技艺是淮北盐工在长期生产实践中的智慧结晶，是一份极其珍贵的历史遗产，具有很高的科学价值、工艺价值和经济价值。20世纪60年代中期，塑苫结晶新工艺试验成功，淮盐生产进入优质高产的发展阶段，但生产技艺仍然保持传统。滩地上的技术领头人（俗称领滩手）的经验、悟性仍是稳产、高产的关键。特别是在制卤技艺的走水、看卤花等，全凭领滩手的经验，仍是现代科技无法替代的。改革开放以来，聪明勤劳的淮北盐场人总结出淮盐生产"五十六字诀"——塑布毡盖、常年结晶、做盐池板、长活茬盐、清卤飘花、加卤串联、卤深三十、环境文明、斩头去尾、抓好中段、薄卤输洗、分开细盐、专产专运、堆存半年。

四、新时代江苏运河手工技艺保护传承利用之策

文化总是在历史中产生，在传承中发展。手工技艺是中华民族生生不息的记忆载体，是炎黄子孙的情感纽带，凝聚着劳动人民的集体创造与智慧，承载着历史记忆，延续着文化血脉。江苏运河手工技艺既依附于特定的人（群）和器物，也存在于社会认同、文化认同的过程之中，我们要全面促进江苏运河手工技艺保护传承利用，彰显"大美苏作"的时代魅力。

（一）加强江苏运河手工技艺管理制度的体系化建设和传承创新的系统性研究

手工技艺保护传承是手工技艺活化利用的前提，活化利用则是对手工技艺的创新与转化，唯有保护传承利用形成合力，方能彰显手工技艺的生命力，促进手工技

艺可持续发展。围绕江苏大运河文化带建设，优化江苏运河手工技艺保护传承利用的顶层设计，发挥政府在手工技艺保护传承利用中的主导作用，克服政府管理部门的多头管理和其职能上的"条块分割"，充分运用市场机制，鼓励社会力量参与手工技艺保护和开发利用。进一步健全手工技艺地方性法规和规章，建立手工技艺获取和惠益分享制度，界定手工技艺活化目标，防止手工技艺过度市场化开发。传统手工制作的技术标准、工艺流程和操作规范坚持原材料、原工艺、原形制的保护原则，切实加强运河手工技艺知识产权保护，建立政府主导、智库支持、政策完善、社会参与、企业投入的江苏运河手工技艺保护传承利用体系。立足区域特色，健全江苏运河手工技艺名录体系，规范清单编制，明确保护对象和保护范围，通过全面细致的基础调查与系统梳理，汇集和记录江苏运河手工技艺，确认其表现形式和表现形态，并不断扩充、修订和完善。提升建档水平，分类保护江苏运河手工技艺的个体传承项目、团体传承项目、群体传承项目，有效区分江苏运河手工技艺的非产业化项目和产业化项目。

  对于江苏运河手工技艺的研究要提高站位，要从坚守文化自信、铸牢中华民族共同体意识、满足人民日益增长的精神文化需求、激发全民族文化创新创造活力的高度来系统推进。贯彻2022年文化和旅游部、教育部、科技部等10部门印发的《关于推动传统工艺高质量传承发展的通知》精神，以社会主义核心价值观为引领，充分挖掘和梳理其精神内涵与内在价值，守住中华优秀传统文化的根脉。着眼于文化战略全局，立足于大运河文化线路，根据江苏运河手工技艺不同形态、类型、级别，开展分类研究，深化价值保全、价值再生研究，在展现运河手工技艺地域特色和文化个性的同时突出其线性特征和跨文化交融的特点，剖析运河手工技艺与大运河文化线路之间的内在关联，揭示其内在的运河文化基因，建立运河手工技艺与当代社会生活之间的连接。根据手工技艺项目的稀缺性、文化艺术价值、历史价值、应用价值、品牌价值、市场需求、开发前景、预期收益进行产业化评估论证，推动运河手工技艺的历史文化价值向时代价值、经济价值转化。细化运河手工技艺项目策划研究，引导传承实践活动的有效开展，实现载体创新和功能延展。扩大文化遗产保护基金对于江苏运河手工技艺的扶持范围和支持力度，资助运河手工技艺研究、运河手工技艺传承人培养、运河手工技艺普及、手工技艺活化引导等。充实手工技艺研究与保护的专业力量，加强手工技艺学术研究机构和保护机构的专业人员配备，广泛开展手工技艺学术交流和专门推介宣传，营造江苏运河手工技艺保护和宣传的浓厚氛围，夯实居民和旅游者的自觉保护意识，推动运河手工技艺保护传承和自主创新。通过科学合理的传承与保护方式，推动江苏运河手工技艺更加鲜活、完整、动态地活化发展，使其成为树立江苏形象、赋能美好生活、促进区域社会经济发展的重要基础。

（二）推进江苏运河手工技艺风貌环境的整体性保护和资源类别的融合性开发

运河传统手工技艺与大运河物质文化遗产和自然遗产之间存在内在相互依存关系，传统手工技艺活化与物质文化遗产、自然遗产保护相辅相成，江苏运河手工技艺离不开江苏大运河文化带的古村落、老街区的环境、场所和老宅，其保护传承需要依托一定的自然条件、物质基础和物质空间。需要整体性保护运河传统手工技艺赖以生存的自然环境、人文环境与社会环境，并把运河传统手工技艺和物质遗产结合起来进行原生态保护。例如，无锡"城河相连"的运河特征，商周遗址梅里，吴泰伯开凿的伯渎港，始于春秋的黄埠墩，古运河芙蓉湖，临运河老街街巷肌理和老建筑风貌，南长街、南下塘、大窑路与运河河道独特的水弄堂格局，惠山古镇祠堂谱牒文化等，深深浸润了无锡运河手工技艺。无锡自古人文荟萃，运河两岸广泛分布着总数超过100处的名人故居，数量众多，类型多样，蕴含着丰富的运河历史文化，在这些宅院的改造提升、活化利用过程中，要渗透运河手工技艺元素，打造传承运河手工技艺的平台，使得这些活化利用的老宅成为激起乡愁记忆的载体，成为兼具传统风貌和无锡传统手工技艺文化内涵的复合性活化利用典范。

运河传统手工技艺来自生活实践，并在不断地变化和演进，并被每一代传承人所丰富，其文化又与物质生产、经营、消费行为关联。要整合衔接运河传统手工技艺资源，打破传统边界，突破时空与形式限制，遵循"宜融则融、能融尽融"的原则，将运河传统手工技艺与旅游产业、文化创意产业、商贸业、农业、工业融合，与旅游、演艺、动漫、节庆、会展等多种业态相结合，推出一批反映江苏运河手工技艺鲜明特色的高颜值、高品位、高效益的主题旅游线路，成为旅游景区、主题园区、旅游度假区、旅游休闲街区、夜间文化和旅游消费集聚区、历史文化街区、乡村旅游重点村镇的有机组成部分。突出江苏运河手工技艺的穿越时空的经典属性和与时俱进的创新品格，通过科技和文化创意的驱动，催生新业态、新工艺和新产品，推动紫砂、泥人、竹刻、黄酒、精微绣、二胡等运河手工技艺产品创新、工艺创新和商业模式创新，延伸产业链，实现运河手工技艺资源向旅游产品、演艺产品、文创产品、动漫产品的创造性转化，打造资源通融、产业兼容的文商旅融合发展格局，实现传统技艺活态传承。

（三）着力江苏运河手工技艺项目运营的市场化推广和文化旅游的内涵式发展

广泛开展市集、沉浸式实体空间、线下交互体验、系列线上线下主题活动、静态展陈与活态展演相结合、创意作品大赛等"看得见、尝得到、摸得着、能体验、可带走"多种传统手工技艺体验活动，以更为年轻化的方式把运河传统手工技艺、器物文化传递给广大受众。

数字化技术为江苏运河手工技艺保护传承提供了新的路径，拓展了新的传承空间、体验方式和传播业态，以数字化赋能促进江苏运河手工技艺融入现代生活，引领时尚潮流。

建立传统手工技艺数字化档案和纸质交互阅读、应用软件、移动社群以及数字化学习平台等数字化网络服务体系，实现资源共享，通过数字化技术对传统手工技艺进行客观、准确的记录，提升保护传承水平。开展传统手工技艺传承人的记录，从手工匠人的娓娓道来中了解该技艺的主要特点与文化意义，将其手工制作的过程、环节以图片、影音视频等数字化素材的形式进行保存，完整记录工匠的制作心得与雕刻技艺的变化，并以纪录片等形式传播，使更多的人关注传统手工技艺的保护与传承工作。开展手工制品的数字化记录，将流传至今的木雕、石刻、古籍等手工制品，通过现代信息技术采集、记录其图像、文本、形状、测量数据等准确信息，并以三维重建的手段将获取到的高精度数据进行模型构建、纹理匹配等，使传统手工制品以数字化的形式传承。

依托各大线上购物平台，把新的销售推广模式引入运河手工技艺，推动运河手工技艺传统商业模式迭代升级。跨界构建文化生态，开展传统技艺品牌化开发，深入挖掘其核心意蕴、文化价值、美学价值与经济价值，打造运河手工技艺IP（知识产权）新形象，加强数字藏品探索，发行更多的江苏运河手工技艺国潮IP形象及数字藏品。博物馆等非遗展示场馆应突破传统展陈方式，增强表现形式，丰富受众参与方式，充分利用数字科技手段，拓宽运河手工技艺传承应用场景，化静态展示为动态互动体验，把运河手工技艺从无到有、从小到大、从点到面生动呈现出来。通过区块链、5G、云计算、AI技术的普及应用，以及数字空间建模、虚拟现实、增强现实、3D打印、3D扫描、动态捕捉等技术手段，打造虚实相生的新型用户体验，赋予传统文化新的时代元素和现代意义,焕新江苏运河手工技艺品牌形象。国风益智手游《匠木》将手工技艺和空间解谜交互手游设计交融,玩家需要在3D视角下观察基础木料,从一件大型木制器具中选取最为核心的传统榫卯结构进行制作,最终复刻中国古代木制建筑与家具。

以文塑旅、以旅彰文。蕴含运河传统手工技艺元素的活动项目在满足人们对娱乐性、消遣性精神生活需要的同时,对于增强人们的文化体验具有独特的优势。持续推进无限定空间非遗进景区,在景区吃住行游购娱各环节,植入形式多样的运河传统手工技艺展陈、展示、展演、体验活动,使游客于景区内全程感受、全程共享运河传统手工技艺活态魅力,提升运河传统手工技艺项目的融入性、互动性和代入感。例如,无锡推进"两园三带十五点"以及荡口古镇、梅里古镇、巡塘古镇、灵山拈花湾等文旅新型产业空间的运河传统手工技艺活化利用,如将锡绣、留青竹刻等传统手工技艺运用于"两园三带十五点"重要建筑物内部装饰;在三凤桥、王兴记、聚丰园等一批老字号不仅能够尝到正宗的锡帮菜,还能够欣赏无锡酱排骨、梁溪脆膳、锡式卤鸭等锡帮菜制作技艺;依托历史街区、古镇、老街的休闲产品改造开发,用运河传统手工技艺提升现有夜游项目和休闲产品的文化内涵,丰富民俗资源,组合惠山泥人、剪纸、舞龙、灯谜等传统技艺、音乐、舞蹈和民间文学资源,扩大泰伯庙会、惠山庙会、宜兴观蝶节等重大特色节庆活动中运河传统手工技艺的影响。在运河传统手工技艺保护传承中活化运河传统手工技艺资源,增强百姓文化体验,增强居民和游客参与度,恢复地域文化记忆,扩大江苏运河手工技艺的地域文化标识影响力,弘扬和传承江苏运河手工技艺文化,加强对外文化交流,提升国际传播能力,进一步提高江苏运河手工技艺的知名度,全面推进江苏世界级运河文化遗产旅游廊道建设,发挥江苏运河手工技艺作为江苏"一带一路"交汇点建设重要载体作用。

(四)注重江苏运河手工技艺传承队伍的整体性提升和专门人才的复合型培养

传统手工技艺传承的关键在"人",传统手工技艺的生命力取决于一代又一代将其传统、技能和知识传递给社区其他成员或其他社区的人。要进一步提高传统手工技艺传承人的社会地位和经济待遇,发挥其主导作用,资助其以工作室带徒等多种形式开展长培养周期授徒传艺活动,维持学徒队伍的可持续发展,表彰奖励有突出贡献的传承人及传承团体。巩固代际传承,注重传统技艺在其所在的社区、群体内部和代际之间的系统性传承的保护，为传统技艺同行之间的交流搭建平台，更好地推进传承工作，促进行业整体技艺的提升。加强传统手工技艺项目代表性传承人的提升培养，帮助其提升综合素质，促进其跳出习惯思维，更多地去思考如何运用工艺来表达新时代作品的主题和内涵，以便更好地适应社会变化，对其进行电商运营、直播带货、短视频拍摄、流量提升等数字技能专题培训，鼓励传统手工技艺传承人拓宽发展思路，激活其主动性、积极性和创造性，走产业化道路，将民间零散的，或是个体不便于传承发扬的制作活动，聚合转变为一种标准规格一致、具有一定规模并可以产生利润的生产经营活动，进而形成较为完整的产业链，形成联动效应和产业集群，让更多人购买手工制品、了解手工技艺、喜爱手工技艺、感悟传承人的工匠精神，理解手工制品所蕴含的丰富文化内涵，感受中华优秀传统文化的魅力。激励更多的新媒体人加入传统手工技艺传播的队伍之中，打破传统媒体单向度的传播缺陷，微博、微信、抖音、小红书这些网络平台应成为传统手工技艺传播的重要渠道，短视频则是时下最受网络用户欢迎的内容形式和传播载体，尤其是资深旅游达人和网络红人拍摄的旅游小视频，具有更强的传播力和影响力。

建构传统手工技艺保护传承利用的产教融合人才培养共同体，为传统手工技艺人才培养提供教育培训、创新创业、社团传播实践、产品转化、营销融资等全方位的支持与服务。更广泛地建立青少年传统手工技艺研学基地，编写普及读本，开展相关巡展活动，推动江苏运河手工技艺进中小学、送乡村，提高青少年的保护意识，让传统手工技艺走进大众视野，扩大、积聚传统手工技艺传承的社会影响，提升传统手工技艺传承的认知价值和时代意义。根据江苏运河手工技艺的不同类型，在院校设立人才培养基地，遴选高校和职业学校开设传统手工技艺相关专业和课程，打造文化创意特色专业群，加强传承梯队建设，壮大运河传统手工技艺传承人后备力量。充分发挥职业院校平台优势，依托传统手工技艺传承人工作室模式和工坊模式，借助真实项目任务，优化传统手工技艺教学资源，把职业教育和传统手工技艺传承有机结合，结合专业教学特点，有针对性地将传统手工技艺项目融入实训教学过程，将当代设计理念和表现形式注入传统手工技艺项目，建立具有江苏运河手工技艺特色的实训课程体系，构建"合作办学、合作育人、合作就业、合作发展、合作传承"的人才培养体系，弘扬优秀传统文化，培养学生核心素养，激发学生的自主学习意识，培育既懂传统手工技艺又懂现代经营管理、数字技术和现代科技的复合型手工制作创新人才。

参考文献

[1] 江苏：千年文明连接现代生活，非遗"走入"百姓家[EB/OL].

[2] 长北.晚明江苏手工技艺名家流派及其影响[J].中国非物质文化遗产，2021（2）：80-87.

[3] 王欣怡.天工苏作，江南品牌，苏州如何将非遗变成城市符号[EB/OL].2021-06-28.

[4] 细数江苏那些世界级非遗，你知道几个？[EB/OL].2017-04-06.

[5] 刘锦藻.清朝续文献通考：四百卷[M].上海：商务印书馆，1955.

[6] 安妮，陈雁，毋岚萍，等.论纺织类非物质文化遗产的资源整合[J].丝绸，2015，52（10）：56-62.

[7] 邱敏.六朝纺织业述论[J].江苏社会科学，1992（1）：83-87.

[8] 沈约.宋书：一百卷[M].北京：中华书局，1974.

[9] 朱同芳.中华瑰宝：南京云锦：中英文本[M].南京：南京出版社，2003.

[10] 戴健.南京云锦[M].苏州：苏州大学出版社，2009.

[11] 徐仲杰.南京云锦[M].南京：南京出版社，2002.

[12] 王宝林.云锦[M].杭州：浙江人民出版社，2008.

[13] 陈辉.天上取样人间织：访南京云锦研究所[J].中华商标，2003（1）：45-46.

[14] 孙佩兰.吴地苏绣[M].苏州：苏州大学出版社，2009.

[15] 高燮初.吴地文化通史[M].北京：中国文史出版社，2006.

[16] 左丘明.左传[M].长沙：岳麓书社，2001.

[17] 孙佩兰.吴地苏绣[M].苏州：苏州大学出版社，2009.

[18] 陈玉寅.江苏吴江梅堰新石器时代遗址[J].考古，1963（6）：308-318，7.

[19] 王卫平，王建华.苏州史纪：古代[M].苏州：苏州大学出版社，1999.

[20] 刘向.说苑[M].北京：商务印书馆，1937：84.

[21] 赵晔.吴越春秋[M].北京：商务印书馆，1937：51.

[22] 王嘉撰.拾遗记：十卷[M].北京：中华书局，1981.

[23] 钱镛，范放，黄正祥.苏州虎丘云岩寺塔发现文物内容简报[J].文物，1957（11）：38-45.

[24] 孙佩兰.吴地苏绣[M].苏州：苏州大学出版社，2009.

[25] 张光福.中国美术史[M].北京：知识出版社，1982.

[26] 林锡旦.苏州刺绣[M].苏州：苏州大学出版社，2004.

[27] 王欣.当代苏绣艺术研究[D].苏州：苏州大学，2013.

[28] 钱小萍.中国宋锦[M].苏州：苏州大学出版社，2011.

第五章　交融与寄托：江苏运河习俗

一、江苏运河习俗概述

（一）习俗概要

习俗，范围比较广泛，文化底蕴深厚，是中国传统文化的组成部分，是由中华民族特有的自然环境、经济发展方式、社会治理结构等因素孕育、发生并传承的，既有人类民俗的共性，又有不同于其他国家和民族的独特个性。习俗作为群体内模式化的生活文化，以习俗事象所归属的生活形态为依据，可划分为三大类九小类。

1. *物质生活习俗*

（1）生产习俗（农业、渔业、采掘、捕猎、养殖等物质资料的初级生产）；

（2）工商业习俗（工业、手工业、服务业和商贸诸业等物质资料的加工服务）；

（3）生活习俗（衣、食、住、行等物质消费）。

2. *社会生活习俗*

（1）社会组织习俗（家族、村落、社区、行会、社团等组织）；

（2）岁时节日习俗（传统节日、二十四节气等）；

（3）人生习俗（诞生、生日、成年、婚姻、丧葬等人生历程）。

3. *精神生活习俗*

（1）游艺民俗（民间游戏、民间体育竞技、民间杂艺等）；

（2）民俗观念（礼俗禁忌、诸神崇拜、民间传说、民间故事、民间歌谣、民间叙事诗、方言俚语、谚语等）；

（3）民间艺术民俗（民间音乐、民间美术、民间工艺、民间小戏、民间舞蹈等）。

（二）江苏运河习俗概况

江苏传统节日文化富有鲜明的地域特色。五月五，过端午。端午是中国重要的民间民俗传统节日之一，全国各地的活动内容丰富、经久不衰。其中独树一帜的苏州端午习俗，作为中国端午节的四处重要传承地之一，于2009年入选联合国教科文组织人类非物质文化遗产代表作名录。苏州端午习俗、南京秦淮灯会、姜堰溱潼会船分别代表中国民族传统节日端午节、元宵节和清明节等地域特色的文化习俗，被列入国家级非物质文化遗产名录（表2-5-1）。2014年江苏多项庙会民俗打包入选国家级第三批非物质文化遗产扩展项目名录。"正月初九舞龙灯，祭祖泰伯赶庙会"的无锡泰伯庙会，可以一窥吴文化之源远流长；农历四月初八的张家港金村庙会，纪念本地抗倭英雄金七，击鼓鸣金，气势非凡；农历四月十四的苏州"轧神仙"庙会，源于八仙传说，热闹喜庆，极富姑苏市井风情。太仓七夕节、金坛柚山放灯节、宜兴观蝶节等形式独特的民俗活动被列入省级非物质文化遗产名录。江苏目前仍然比较活跃、列入省级非物质文化遗产名录的庙会有：南京祠山庙会、妈祖庙会、薛城花台会、苏州轧神仙庙会、无锡泰伯庙会、惠山庙会，镇江金山寺水陆法会、华山庙会、九里季子庙会，徐州子房山庙会，宿迁皂河庙会等。江苏传统生产商贸、生活消费以及礼仪习俗比较典型的有扬州"三把刀"（菜刀、剃头刀和修脚刀，分别指代饮食、理发和沐浴行业习俗）、海州湾渔俗、洪泽湖渔家婚嫁礼俗等被列入省级非物质文化遗产名录（表2-5-2）。

表2-5-1　江苏各市列入国家级非物质文化遗产名录项目

序号	江苏各市	民间文学	传统音乐	传统戏剧	曲艺	民俗	传统舞蹈	传统体育、游艺与杂技
1	镇江市	白蛇传传说	古琴艺术（金陵琴派、虞山琴派、广陵琴派、梅庵琴派）	扬剧				
		董永传说	佛教音乐（金山寺水陆法会仪式音乐）					
			道教音乐（茅山道教音乐）					

续表

序号	江苏各市	民间文学	传统音乐	传统戏剧	曲艺	民俗	传统舞蹈	传统体育、游艺与杂技
2	苏州市	吴歌	苏州玄妙观道教音乐	苏剧	苏州评弹	端午节（苏州端午习俗）		
		宝卷（吴地宝卷）	江南丝竹	滑稽戏		苏州甪直水乡妇女服饰		
			古琴艺术（金陵琴派、虞山琴派、广陵琴派、梅庵琴派）	昆曲		庙会（苏州轧神仙庙会）		
						庙会（金村庙会）		
3	连云港市	东海孝妇传说	海州五大宫调	淮海戏				
		徐福传说						
4	扬州市		古琴艺术（金陵琴派、虞山琴派、广陵琴派、梅庵琴派）	扬剧	扬州评话			
			高邮民歌	杖头木偶戏	扬州清曲			
			十番音乐（楚州十番锣鼓、邵伯锣鼓小牌子）		扬州弹词			
5	无锡市	吴歌	无锡道教音乐	锡剧		庙会（泰伯庙会）		
		梁祝传说						
6	南京市		古琴艺术（金陵琴派、虞山琴派、广陵琴派、梅庵琴派）	昆曲	南京白局	秦淮灯会	东坝大马灯	
				扬剧木偶戏（杖头木偶戏）京剧	苏州评弹（苏州评话、苏州弹词）扬州评话		骆山大龙	
				锡剧				

续表

序号	江苏各市	民间文学	传统音乐	传统戏剧	曲艺	民俗	传统舞蹈	传统体育、游艺与杂技
7	南通市		古琴艺术（金陵琴派、虞山琴派、广陵琴派、梅庵琴派）	童子戏			跳马夫	
			海门山歌					
8	常州市	董永传说	常州吟诵	锡剧		金坛抬阁	龙舞（直溪巨龙）	
			天宁寺梵呗唱诵				竹马（蒋塘马灯舞）	
					小热昏			
9	盐城市			淮剧				建湖杂技
		董永传说						
10	淮安市		十番音乐（楚州十番锣鼓、邵伯锣鼓小牌子）	淮海戏 京剧 淮剧			洪泽湖渔鼓	
			薅草锣鼓（金湖秧歌）					
11	徐州市		唢呐艺术（徐州鼓吹乐）	徐州梆子	徐州琴书		邳州跑竹马	
				柳琴戏				
12	泰州市	靖江宝卷	茅山号子	淮剧		溱潼会船		
						清明节（茅山会船）		
13	宿迁市			泗州戏			洪泽湖渔鼓	

表2-5-2 江苏各市列入省级非物质文化遗产名录项目

序号	城市	民间文学	民间音乐	传统戏剧	曲艺	民间舞蹈	杂技和竞技	民俗
1	常州市	焦尾琴传说	常州吟诵	锡剧	唱春（常州唱春）	傩舞（跳幡神、跳娘娘、跳马夫）	史式八卦掌	柚山放灯节
		董永传说	天宁寺梵呗唱诵	常州滑稽戏	小热昏	谈庄秧歌灯	阳湖拳	庙会（妈祖祭、杨桥庙会、圣堂庙会、茅山东岳庙会、彭祖庙会、泰山庙会）
		苏东坡传说	泓口丝弦		常州评话	冻煞窠		
		孟郊与游子吟的故事	锣鼓乐（陆家锣鼓、戴埠太平锣鼓、天岗锣鼓）			灯舞（万绥猴灯、指前鱼灯、新沂七巧灯）		
		寒山拾得传说	锣鼓乐（东浦丝弦锣鼓、洋渚圣旨锣鼓、新沂锣鼓）					
2	淮安市	韩信传说	楚州十番锣鼓	淮海戏	工鼓锣	洪泽湖渔鼓		渔沟花鼓会
		朱元璋传说	金湖秧歌	黄梅戏	淮海琴书	花船舞（三河花船）		洪泽湖渔家婚嫁礼俗
		巫支祁传说	南闸民歌	京剧				
		水漫泗州城传说		香火戏（金湖香火戏）				
		谜语（无锡灯谜、淮安灯谜、平望灯谜、南通灯谜）		淮剧				

续表

序号	城市	民间文学	民间音乐	传统戏剧	曲艺	民间舞蹈	杂技和竞技	民俗
3	徐州市	汉王拔剑泉和马扒泉传说	鼓吹乐（徐州鼓吹乐、海州鼓吹乐）	江苏柳琴戏	徐州琴书	睢宁鲤鱼戏花篮	铜山北派少林拳	徐州伏羊食俗
		丁兰刻木传说	锣鼓乐（东浦丝弦锣鼓、洋渚圣旨锣鼓、新沂锣鼓）	徐州梆子戏	沛县荷叶落子	睢宁落子舞	六步架大洪拳	沛县汉宴十大碗食俗
		周七猴子传说		丰县四平调	徐州坠子	邳州跑竹马	彭祖导引养生术	元宵节（新安灯会、马庄灯俗、方巷走北习俗、沙沟游走灯会）
		九里山古战场传说			邳州大鼓	睢宁龙虎斗		庙会（妈祖祭、杨桥庙会、圣堂庙会、茅山东岳庙会、彭祖庙会、泰山庙会）
		彭祖传说				睢宁云牌舞		
		张道陵传说				灯舞（万绥猴灯、指前鱼灯、新沂七巧灯）		
		刘邦传说						
4	南京市	秦淮传说故事	古琴艺术（金陵琴派、虞山琴派、广陵琴派、梅庵琴派）	昆曲	南京白局	打罗汉	殷巷石锁赛力	抖空竹
		达摩传说	留左吹打乐	阳腔目连戏	南京评话	麻雀蹦		秦淮灯会

203

续表

序号	城市	民间文学	民间音乐	传统戏剧	曲艺	民间舞蹈	杂技和竞技	民俗
4	南京市	卞和献玉传说	高淳民歌	越剧（竺派艺术）		东坝大马灯		妈祖庙会
		伍子胥故事	民歌（六合民歌、兴化民歌、通东民歌、牛歌）	皮影戏		骆山大龙		雨花石鉴赏习俗
		项羽故事				江浦手狮		元宵节（新安灯会、马庄灯俗、方巷走北习俗、沙沟游走灯会）
		崔致远与双女坟的故事				高跷（沛桥高跷）		
		梁祝传说				龙吟车		
						柘塘打社火		
						跳当当		
						高跷（竹镇高跷、临泽高跷）		
5	南通市	曹瘦脸儿故事	通州民歌	童子戏	洋钎说书	钟馗戏蝠		
		花子街	海门山歌	杖头木偶戏	莲花落	傩舞（跳幡神、跳娘娘、跳马夫）		
		谜语（无锡灯谜、淮安灯谜、平望灯谜、南通灯谜）	吕四渔民号子			花鼓（海安花鼓、浒澪花鼓）		

续表

序号	城市	民间文学	民间音乐	传统戏剧	曲艺	民间舞蹈	杂技和竞技	民俗
5	南通市		古琴艺术（金陵琴派、虞山琴派、广陵琴派、梅庵琴派）			莲湘（姜堰滚莲湘、如皋莲湘、洪武花棍舞）		
			锣鼓乐（陆家锣鼓、戴埠太平锣鼓、天岗锣鼓）			荷花盘子舞		
			民歌（六合民歌、兴化民歌、通东民歌、牛歌）			抬判		
						倒花篮		
6	宿迁市	虞姬传说	锣鼓乐（陆家锣鼓、戴埠太平锣鼓、天岗锣鼓）	江苏柳琴戏	工鼓锣	跑驴（丁嘴跑驴）		
				淮海戏	苏北大鼓	花船舞（大兴旱船、灌云花船）		
				淮红戏	苏北琴书	莲湘（姜堰滚莲湘、如皋莲湘、洪武花棍舞）		
				泗州戏		洪泽湖渔鼓		
				童子戏				
7	苏州市	吴歌	古琴艺术（金陵琴派、虞山琴派、广陵琴派、梅庵琴派）	苏剧	苏州评弹（苏州评话、苏州弹词）	滚灯	江南船拳	苏南水乡婚俗

续表

序号	城市	民间文学	民间音乐	传统戏剧	曲艺	民间舞蹈	杂技和竞技	民俗
7	苏州市	吴歌（白洋湾山歌、阳澄渔歌、昆北民歌、石湾山歌）	江南丝竹	木偶戏（七都提线木偶）		千灯跳板茶		湖甸龙舟会
		宝卷（吴地宝卷）	苏州玄妙观道教音乐	滑稽戏（苏州滑稽戏）		龙舞（陆家段龙舞）		端午节（苏州端午习俗）
		谜语（无锡灯谜、淮安灯谜、平望灯谜、南通灯谜）	吟诵调（苏州吟诵、苏州吟诵）	锡剧		莲湘（甪直连厢）		苏州甪直水乡妇女服饰
			江南丝竹			灯舞（常熟滚灯、春城马灯阵舞、马灯阵舞）		虞山三月三报娘恩
			十番音乐（十番锣鼓、木渎十番）					邓尉探梅
								上鹞灯
								庙会（妈祖祭、杨桥庙会、圣堂庙会、茅山东岳庙会、彭祖庙会、泰山庙会）
8	连云港市	海州智慧人物传说	海州五大宫调	吕剧	工鼓锣	花船舞（大兴旱船、灌云花船）	刘氏自然拳	淮北盐民习俗
		二郎神传说	鼓吹乐（徐州鼓吹乐、海州鼓吹乐）	淮海戏	肘鼓子		形意拳	海州湾渔俗

206

续表

序号	城市	民间文学	民间音乐	传统戏剧	曲艺	民间舞蹈	杂技和竞技	民俗
8	连云港市	镜花缘传说		童子戏				元宵节（新安灯会、马庄灯俗、方巷走北习俗、沙沟游走灯会）
		花果山传说		淮海戏				海州湾渔俗
		徐福传说						
		东海孝妇传说						
		姐儿溜（歌谣）						
9	泰州市	靖江讲经宝卷	板桥道情	杖头木偶戏	兴化锣鼓书	莲湘（姜堰滚莲湘、如皋莲湘、洪武花棍舞）		溱潼会船
		张道陵传说	茅山号子	淮剧				元宵节（新安灯会、马庄灯俗、方巷走北习俗、沙沟游走灯会）
		施耐庵与《水浒》传说	民歌（六合民歌、兴化民歌、通东民歌、牛歌）					庙会（妈祖祭、杨桥庙会、圣堂庙会、茅山东岳庙会、彭祖庙会、泰山庙会）
							掼石锁（无锡花样石锁、海陵掼石锁、姜堰掼石锁）	

续表

序号	城市	民间文学	民间音乐	传统戏剧	曲艺	民间舞蹈	杂技和竞技	民俗
10	无锡市	梁祝传说	二胡艺术	扬剧	无锡评曲	渔舟剑桨		宜兴观蝶节
		吴歌	无锡道教音乐	锡剧	宣卷（无锡宣卷）	男欢女喜		
		谜语（无锡灯谜、淮安灯谜、平望灯谜、南通灯谜）	十番音乐（十番锣鼓、木渎十番）	锡剧	苏州评弹	凤羽龙		
			宜兴丝弦		小热昏	盾牌舞		
						茶花担舞		
						渔篮虾鼓舞		
						渔篮花鼓		
							掇石锁（无锡花样石锁、海陵掇石锁、姜堰掇石锁）	
11	扬州市	隋炀帝传说	高邮民歌	卸甲肩担木偶戏	扬州评话	傩舞（跳幡神、跳娘娘、跳马夫）	十五巧板	扬州"三把刀"
		露筋娘娘传说	邵伯秧号子	扬剧	扬州弹词	黄塍跑马阵		中秋节（扬州中秋拜月）
		谜语（竹西谜语、海虞谜语）	古琴艺术（金陵琴派、虞山琴派、广陵琴派、梅庵琴派）	杖头木偶戏	扬州清曲	高跷（竹镇高跷、临泽高跷）		吴桥社火

续表

序号	城市	民间文学	民间音乐	传统戏剧	曲艺	民间舞蹈	杂技和竞技	民俗
11	扬州市		邵伯锣鼓小牌子		扬州道情			江苏省菱塘回回习俗
			古筝艺术					
12	盐城市	张士诚传说	民歌（六合民歌、兴化民歌、通东民歌、牛歌）	淮剧				
		董永传说						
		九龙口传说						
		沈拱山传说						
13	镇江市	白蛇传传说	南乡田歌	扬剧	丹阳啷当	二龙戏珠	太极拳（孙氏太极拳）	金山寺水陆法会
		蒋乔镇的民间故事	古琴艺术（金陵琴派、虞山琴派、广陵琴派、梅庵琴派）			宝堰双推车		扬中河豚食俗
		董永传说				灯舞（常熟滚灯、春城马灯阵舞、马灯阵舞）		
		《华山畿》和华山畿传说						

注　截至2021年5月。

（三）江苏运河习俗的主要内容

1. 漕运习俗

漕运是古代一种先进的运输方式，在商品流通、商品经济中发挥着重要作用。元朝以后，我国经济重心南移，所谓"百司庶府之繁，卫士编民之众，无不仰给江南"。随着南北经济交流越来越频繁，漕运在向朝廷运输漕粮和贡品的同时，逐渐成为商品流通的主渠道，带来了江苏运河城镇商业和手工业的繁荣。

船丁、船工、船民和纤夫，以船为业、赖河而生，船上劳作、岸边生活，逐渐形成大运河独有的漕运习俗。淮安运河船家的新排船只投产前要举行"交船头"下水仪式，船上贴对联、插彩旗，船身披挂红绸花球，桅上悬一面筛内置镜子的筛子，以示乘风破浪、逢凶化吉。新船下水时，亲友前来致贺，锣鼓鞭炮齐鸣，司仪领唱喜庆歌曲，新船试航归港后，业主宴请亲友。

2. 商业经营习俗

一个地方的商业经营与当地习俗相互联系。本土商人领风气之先，能影响当地百姓的某些生活习俗，而外地商人只有适应当地习俗才能在当地站稳脚跟。随着经营业务与范围的扩大，外地商人带来的异地习俗也会对当地习俗产生潜移默化的影响。商业经营习俗的变化，也是经济与时朝发展变迁的具体表现之一。

在大年初一，家家户户起来的第一件事，就是燃放"开门炮"。受此影响，商家于大年初一，虽不营业也晨起开门，燃放"开门炮"，并以红纸书写"生意兴隆，财源茂盛"等语贴于堂上，讨个好彩头。苏州，元宵节期间"灯市向来极为繁盛，藩运织造署中书差俱有龙灯会，各里社中亦扎成各样灯景，以鼓吹升平。"正月十三上灯，十八落灯。色彩斑斓的龙灯挂红点睛即为"龙灯开光"。各路龙灯开光后，舞龙者或抬或扛，将龙头高高举过头顶，飞舞到大街小巷商家的招牌前、厅堂中、店铺里，去舞龙灯，还吟唱"一祝店家生意好，财源茂盛达三江；二祝店上多利市，生意兴隆四海旺；三祝东家身健康，多子多孙财满堂"之类唱词，各大商家为了"接青龙，都要争相迎入。"再如，敬元宝茶的待客礼俗，流行于江南一带，商家受此影响，对新年第一个登门顾客，十分礼重，有敬奉"元宝茶"的风俗，在茶水中放上两枚青果或金橘，寓意"开年头一桩生意顺利，全年生意就会顺顺溜溜。"

不少店堂的规矩也与当地禁忌习俗有关。例如，店铺的门是不可以用脚踩踏的；进门时，跨门槛则先要把长衫衣角拎起来，不可随意坐门槛上。"账簿翻身，生意勿兴"，账簿不可横着放，不可翻身。"算盘颠倒，勿进财宝"，不可反搁算盘，算盘也不可随便拨弄。伙计或学徒不可面朝里、背朝店门而坐，也不可坐在或躺在柜台之上，更不可以在店铺里打呵欠、伸懒腰。

渔家在鱼汛前置"汛前宴"以预祝丰收，在春汛前做"满载会"以预祝"满载而归"。捕鱼归来，如捕获甚丰，就用篙杆挑起一件衣服，俗称"物子"，竖在船头,表示有鱼要卖;鱼贩则在自己的船头挑起一底朝下的篮子作"物子",篮底朝下空着,表示要买鱼,以招徕渔家。渔家若出售渔船,于河边摘取芦荻之类的草杆,在杆顶编起一个多角形的草圈,置于船头,有意买船者见此便可找船主商洽购船事宜。

3. 游艺习俗

大运河带来的商业繁荣,促进了娱乐休闲游艺活动的发展和传衍。世代傍河而居的百姓人家,劳作、生息在大运河上的渔家船民,开展的传统节日活动都有鲜明的运河印记。游艺习俗,例如,正月十六爬城头、农历八月十八日游石湖、正月十五元宵观灯、端午节赛龙舟、花担、踩高跷、跳"五猖"、跑马灯、抖空竹、放风筝等,具有浓郁的乡土特色,参与面广,以广行民间的杂艺娱戏为活动形式,作为一种自然拙朴的原情感状态在各地传承流播延续至今。由于其自发性情感表现形式而具有更为强烈的艺术性。

赛龙舟是江南一项重要的竞技民俗活动,前来观看游玩的民众摩肩接踵、兴致盎然。明末清初张岱的《陶庵梦忆》记载了竞渡的盛况:"看西湖竞渡十二三次,己巳竞渡于秦淮,辛未竞渡于无锡,壬午竞渡于瓜州,于金山寺。"清顾禄《桐桥倚棹录》记载了苏州龙船竞技时妇女出游情景:"一岁之中,惟龙船市妇女出游为最盛,船价亦增数倍。小户妇女,多雇小快船,自各肴馔,载以俱往。豪民富室率赁灯船,罗袂藻水,脂香涨川,女从如云,语言嘈杂。"清朝苏州龙舟竞技时,还有艺人登舟演戏卖艺:"杂耍之技,来自江北,以软硬工夫、十锦戏法、象声、间壁戏、小曲、连相、灯下跳狮、烟火等艺擅长。每岁竞渡市,合伙驾栏杆驳船,往来于山浜及野芳浜等处,冀售其技。每至一舟,则必葛袍缨帽,手递戏目,鞠躬声喏于前舱。搬演一出,索值一二百文不等。"可见当时艺人表演名目之繁多,人们对舟中看戏之热衷。

百戏之祖——昆曲诞生在江苏。明朝四大声腔之一的昆山腔,元末就在苏州昆山一带流传,由起初的民间小唱、清曲,经过曲师、文人的创作实践,从明朝中叶到清朝中叶,昆山腔成为全国极具影响力的声腔,昆剧也因此成为广受欢迎的剧种。清朝晚期,在江苏宿迁一带产生了一种以"满江红"曲牌为主调的剧种,许多当地说唱艺人乘舟四处卖唱谋生,不断吸收各地的民间小调,形成了淮红剧。淮红剧主要有曲牌联唱的坐唱、跑旱船的歌舞唱演等两种表演形式,以琵琶、二胡、月琴等伴奏。由常州滩簧和无锡滩簧融合而生的锡剧、由苏北的香火戏和扬州花鼓戏结合而生的维扬文戏（扬剧）形成于晚清时期。

此外，一些外来剧种在江苏变异流传，成为江苏重要的地方剧种。清朝中叶，徽剧、京剧和苏北的民间说唱、童子戏相结合产生了江淮戏（淮剧）。由山东肘鼓子与苏北的民间沿门说唱孕育而成淮海戏，主要流传在江苏北部的盐城、淮安、连云港、宿迁等地。由河南梆子与徐州当地的民歌、方言、曲调等元素结合而成的江苏梆子，主要流传在徐州一带。

4. 城镇庙会集市习俗

庙会，又称庙市、香会或节场，具有宗教、祭祀、市民娱乐的商业集市等多重功能。有了商业的兴盛，才有了大市集、古庙会，大运河沿岸各地区的庙会各具特色。

早期庙会仅是一种隆重的祭祀活动，随着社会经济的发展，庙会在保持传统祭祀活动的同时，逐渐融入集市交易和娱乐性活动，成为市集的一种重要形式，于是逛庙会成为人们乐于参与、不可或缺的生活内容之一。

司马迁的《史记》将泰伯列为"世家第一"，东汉桓帝为其建庙修墓。泰伯庙会每年在泰伯诞辰正月初九前后举办，是无锡一年中的第一个庙会。庙会以泰伯庙至德殿的泰伯家祭为始，然后进行民俗巡游，巡游队伍有会标队、舞龙舞狮队、高跷队、花篮队、花轿队、船蚌队。现在，泰伯庙会一般从正月初八开始，至正月十五元宵节结束，期间有各种民俗文化和商贸娱乐活动。

古运河灯会是无锡古运河畔特有的民俗盛会。人们在运河两岸用数千只彩灯装扮着夜幕中的古运河"水弄堂"。各式彩灯、宫灯、水灯、地灯争妍斗奇、大放异彩，衬托出清名桥、跨塘桥、南长桥、大公桥等古桥风姿。两岸枕河民居灯火辉煌，桥上水中，流光溢彩，相映生辉，古老的运河既绚丽雅致，又喜庆祥和。

庙会艺术是一种与地域文化密切关联的特殊的文化艺术。江苏地方庙会艺术也呈现出鲜明的南北差异，苏北庙会艺术具有厚重质朴、雄浑苍劲的特点，苏南庙会艺术具有温婉清雅、秀润灵动的特点。民间传说、民间文学是推进江南庙会文化构建的重要力量。凄婉动人的爱情故事梁祝传说（梁山伯与祝英台传说），是中国汉族四大民间传说之一，其文学性、艺术性和思想性都居各类民间传说之首，是中国极具影响力的口头传承艺术。民间文学较有代表性的有常州吟诵、金坛董永传说和吴歌。《楚辞·招魂》中就有关于吴歌的记载。吴歌是民间口头文学创作的口耳相传的无伴奏"徒歌"，史载自泰伯奔吴并以歌教民至今，发源并流行于苏州、无锡、上海青浦、浙江嘉善一带的吴方言区。吴歌大致分为两类：一类是短歌；另一类是成熟繁荣于清朝的长篇叙事吴歌，代表作有《沈七哥》《金不换》《华抱山》《赵圣关》和《田家乐》。

5. 会所

各路商帮、客商在大运河上挟资载货舟走各地，为商人提供贸易、娱乐、休闲、联络乡谊等活动场所的运河商人会馆由此而生。"敦乡谊，叙桑梓"，会馆主要由同乡组成，还有官绅商兼容的会馆。公所主要是由以行业为主的同业组成。运河商人会馆是明清时期运河社会政治、经济、文化变迁的产物，会馆最早产生于明万历年间，公所多创设于清朝道光、咸丰年间。

"会馆之设，肇于京师，遍及都会，而吴阊为盛。"苏州作为东南一大都会，"五方商贾，辐辏云集，百货充盈，交易得所，故各省郡邑贸易于斯者，莫不建立会馆。"苏州碑刻博物馆和苏州所辖县（市）的文博机构，现珍藏清代工商业碑刻约250块，内容涉及丝绸刺绣业等18个大类，大多数为全国各地商人和作坊主在苏州建立会馆公所时所立，少数为地方官府所立。

漕运重地淮安，"水陆之街，四方辐辏，百工居肆，倍于土著"。清朝各地商人相继在此建立会馆，如山西人办的定阳会馆、浙江人办的浙绍会馆、镇江丹徒人办的润州会馆、福建人办的福建会馆、徽州人办的新安会馆、江西人办的江西会馆等。这些商人有经营绸布业的，有开钱庄的，有经营淮盐和典当业的，有经营木材的，有经营旱烟和酱园的。

在明清时期，扬州的商业以盐业和南北货运为大宗，会馆也多由盐商与从事南北货物贩卖的商人兴建。"至商人办盐虽寓扬州，实非扬产，如西商、徽商皆向来业盐，他省亦不乏人"。明后期扬州数十万人口中，"土著较游寓三十之一"。光绪年间的《申报》曾载："扬郡近年以来，不论大小行业，皆有公所、公馆，地方之繁富，商务之兴隆，即此亦可见也！"

二、江苏运河习俗特征

（一）交流沟通，包容开放

"京师根本重地，官兵军役，咸仰给予东南数百万之漕运。"明清时期漕运成为国家重要的经济命脉。同时，各类商品通过大运河为干线的销售网络运达全国各地市场，打破了地域商业的闭塞状态。大运河作为全国水运交通要道，极大地促进了物质、文化交流，沿岸许多城镇村落由此成为南北物资交流集散地，一大批繁华都市也因此诞生，形成了一条贯通南北的大运河经济带。

"水性使人通，水势使人合。"郑和下西洋的庞大船队起锚于刘家港（今太仓东浏河镇）。元《至顺镇江志》记载其地侨居户道："蒙古二十九（户），畏兀儿十四（户），回回五十九（户），汉人三千六百七十一（户）。"淮安、扬州、苏州等有更多"五方杂处"之民。南宋周密在《癸辛杂识》续集中就有"今回回皆以中原为家，江南尤多"的记载。大运河沟通五大水系，跨越六大文化高地，连接海上丝绸之路与陆上丝绸之路，在长期的交流中，传统民俗文化渐相磨合、悄然吸纳、变相融汇、交会共处。例如，在行业语言中，流行着南北各地商人共同熟悉的江湖式切口，称谓、起居饮食、家具衣饰、身份职业等方面，都广泛使用约定俗成的暗语或手势。

江苏运河民俗开放交流的特质，推动了南北民间文化的交融，影响了流经地域的民俗，促进了古代江苏商品经济和江苏运河经济带的繁荣，密切了全国市场的联系，推动了内河与海上运输的发展，增强了中华民族的向心力和凝聚力，增进了中外经济和文化的交流。

（二）尚德崇文，崇商重利

江苏运河民俗中，重教崇礼的气息浓厚。泰伯奔吴，其"礼让"在功名利禄上体现了高风亮节，其"断发文身"表现出与吴地先民在风俗上的融入，吴文化始祖泰伯的"让德"开创了吴地尚德崇文的良好社会风尚。南京大学范金民教授曾统计，明清两朝自洪武四年首科到清光绪三十末科，共录取进士5万多名，其中明朝2.4万余名，清朝2.6万余名，江南一地进士近8000名，占全国进士总数的15%左右。

书院是唐末五代时期出现的一种新型的文化教育组织，唐末以来江苏运河沿线上的书院有99个，如东林书院、扬州书院、梅花书院等。淮安等地还最先设立了专供商人子弟学习的"商学"。明朝南京国子监、苏州府、淮安府的刻书业最为繁盛。明朝中叶著名学者胡应麟曾评论道："当今刻本，以苏、常为上，金陵次之。近来湖（州）、歙（县）刻骤精，遂与苏、常争价。"清朝的刻书局则以扬州、苏州等最为著名。清朝四大私人藏书家中就有常熟瞿氏"铁琴铜剑楼"。

大运河催生了一批运河商业城市，漕运习俗、商业经营习俗、城镇集市习俗、行帮会馆习俗等体现着工商文化的深厚积淀。"扬州三把刀"的美誉和"早上皮包水，晚上水包皮"的传说，映射着大运河带来的商业文化的发达。随着商品经济在江苏运河区域的普遍发展，人们在自觉或不自觉中被工商文化所吸引，引起价值观念从"民本商末"转变到"舍本逐末",苏州"士大夫家,多以纺织求利";一般平民"苦田少,不得耕耨而食,并商游江南北,以通齐、鲁、燕、豫,随处设肆,博铢于四方",或"执技艺,或贩负就食他郡"。苏州盛泽镇素有"日出万绸,衣被天下"之誉,其地"富商大贾,数千里辇万金而来,摩肩连袂"。

（三）风尚各异,多元纷呈

"水是生命之源,城是文明之舟。"运河城市依水而建、因水而兴,历朝历代对大运河的经营造就了锦绣江南,名城都市之外的众多沿运河中小城市风姿绰约。如难掩琴川"旧里弦歌"的常熟,又如,"昆山玉碎凤凰叫,芙蓉泣露香兰笑。"布罗代尔指出:"城市最鲜明的特征表现于它在尽可能狭窄的地域内集中了最大量的经济活动","有多少城市,就有多少种格局,有多少个'社会方程式'。"千姿百态的江苏运河城市所具有的鲜明特性带来的归属感,使江苏人具有强烈的市民意识。品格独特的运河城市使江苏社会风尚呈"多元化"趋势。

江苏大运河北段流经的徐州、宿迁一带,方言为中原官话,民风尚武,粗犷豪迈,重情重义,刘邦、项羽等楚汉英雄的事迹与传说,为江苏文化抹上了雄浑的底色;中段的扬州、淮安、镇江,方言为江淮官话,孕育了精致的休闲文化;南段的常州、无锡、苏州,方言为吴方言,兼得长江、太湖之利,人文兴盛。饮食民俗,苏南人口味偏甜,嗜品茶;苏北人口味偏辛辣,好饮酒;淮扬菜风味兼收南北之长。江南的无锡惠山泥人、苏州虎丘捏相构思隽妙、观赏性强,江北盐城、海安等地的面塑和东台等地的糖塑既可观赏也可食用。元宵节江南的花灯做工精细、造型美观,而徐州丰沛、连云港等地的面灯由孩子们人手一只端着出去"闹元宵",油尽而食。

三、新时代江苏运河习俗保护传承利用之策

运河习俗缘水而成,江苏运河习俗在大运河江苏段影响了上千年江苏商业、手工业发展,推动了江苏运河城市格局的演进,促进了大运河沿岸民族工商业的萌芽与发展,增添了中华文明的光彩。美国著名文化人类学家莱斯特·A.怀特（Leslic A. White）指出:"文化是一个连续的统一体,是一系列事件的流程,它穿越历史,从一个时代纵向地传递到另一个时代,并且横向地从一个种族或地域播化到另一个种族或地域"。习俗文化是中国传统文化的组成部分。对传统习俗文化的保护、传承和利用,就是保护、传承和利用中国传统文化。

（一）增强研究深入性，提高习俗保护的技术性

深入研究传统习俗文化的精神内涵，深刻把握习俗活动的历史演变和发展趋势，积极运用现代数字技术，突出原汁原味和有根有据的大运河江苏段民俗风情，形成系统的习俗活动的影像资料。

（二）增强习俗开放性，提高现代价值的变通性

习俗在时间上是传承的，在空间上是播布的。习俗保护要突破封闭性、单一性保护方式，激发其内在的生存活力，充分展示习俗的生活性，扩大其传播力和影响范围，促进其持续发展。倡导生活美学理念，传统习俗文化要通过变通，实现传统习俗文化的故事化、时尚化、产品化、生活化，以新的面目出现在群众面前，适应现代社会生活方式，更好地满足人们精神文化的需求。要深入探究民俗事象、民俗资源潜在的现代价值，改变"古化石"或"历史残留物"的刻板形象，使传统习俗焕发新的活力，成为人类永恒的精神财富。

（三）增强群众参与性，提高历史价值的认同性

积极发挥习俗的影响、教化和娱乐功能，面向广大群众，丰富传统习俗活动内容和形式，扩大群众参与基础。群众参与度越高、认同和接受度越高，习俗文化的生命力就越强。通过各种形式，让群众积极参与、乐于接受，主动成为传统民俗的践行者，自觉成为传统民俗的传承者。进一步发挥江苏大运河文化节、大运河姑苏民俗文化旅游节、扬州仁丰里民俗文化节等节庆活动的聚合、示范、传承和辐射作用，超前规划、统筹开发、丰富资源，打造运河民俗节庆品牌，全方位展示江苏运河习俗文化魅力，以传统习俗为载体呈现运河古城资源、古城生活、古城形象、古城韵味，提供更丰富、更有味的历史文化滋养，让人民群众更好地感受文化、感受到城市底蕴，进一步提升"江苏文化"品牌辨识度。

（四）增强保护的联动性，提高习俗保护的重要性

习俗是非物质文化遗产的组成部分，要将习俗与非遗保护有机结合。清明、端午、中秋等传统节日已被列为法定节假日。2023年5月1日起正式施行的大运河苏州段的文化保护、传承、利用地方性法规——《苏州市大运河文化保护传承利用条例》，将昆曲、古琴艺术、端午习俗等列入大运河文化保护传承利用的第四项重点——非物质文化遗产。还要保护好运河习俗文化的承载者与大运河之间的联系，维系好大运河文化中蕴含的特定生活方式，组织好自带大运河文化印记的沿岸原住民。

参考文献

［1］曲彦斌.中国招幌与招徕市声：传统广告艺术史略［M］.沈阳：辽宁人民出版社，2000.

［2］刘桂秋.中国古代的市声［J］.民俗研究，1990（2）：66-69，22.

［3］恩斯特·卡西尔（Ernst Cassirer）.人论：人类文化哲学导引［M］.甘阳，译.上海：上海译文出版社，2013.

［4］淮安市地方志办公室.淮安年鉴：2006［M］.北京：方志出版社，2006.

［5］高建军.山东运河民俗［M］.济南：济南出版社，2006.

［6］乾隆.德州志：卷12［M］.

［7］光绪.陵川县志［M］.

［8］万历.东昌府志：卷2［M］.

［9］乾隆.济宁直隶州志：卷2［M］.

［10］范守己.曲洧新闻：卷2［M］.

［11］明世宗实录.嘉靖四十四年四月丙戌：卷545［M］.

［12］高建军.运河民俗的文化蕴义及其对当代的影响［J］.济宁师专学报，2001，22（2）：7-12.

［13］扬州风土词萃［M］.

［14］范濂.云间据目抄：卷2：记风俗［M］.

［15］康熙.吴江县志：卷17［M］.

［16］两淮盐法志：卷首1［M］.

［17］张瀚撰.松窗梦语［M］.上海：上海古籍出版社，1986.

［18］秦永洲，刘世昭.运河风俗钩沉［J］.中国文化遗产，2006（1）：26-31.

［19］成化.姑苏志：卷13［M］.

［20］顾炎武.天下郡国利病书：卷8、卷19［M］.

［21］范守己.曲洧新闻：卷2［M］.

［22］朱智武.缘水而成的运河民俗［N］.香港文汇报，2007-11-21.

［23］江苏运河城市的文化异同［N］.徐州日报，2020-02-14.

［24］王立斌.运河沿线的书院文化［J］.新阅读，2020（2）：3.

第三编

河韵连绵

引 言

江苏运河工商文化既是历史的，也是当代的；既是民族的，也是世界的。新时代江苏运河城市更新、文旅融合、工商业发展，为江苏运河工商文化注入了鲜活的生命力和时代感，镌刻下解码文化自信的时代答案。

继往开来。城市作为人类文明的成果，既是现代化的重要载体，也是现代化的综合体现。江苏运河城市的灵魂是博大精深的江苏运河工商文化积淀，运河城市建设要真正做到历史文化和现代生活融为一体，在传承中保护、保护中传承，在发展中保护、保护中发展，在保护中加强利用，在利用中促进保护，促进区域治理体系和治理能力现代化，增强江苏运河工商文化遗产保护的内生动力，擦亮人们幸福生活的文化底色，守望我们共同的精神家园。

主客共享。文化遗产传承的题中应有之义是文化遗产的广泛传播。文化是旅游的灵魂，旅游是文化遗产传播的重要载体，江苏"富有运河文化底蕴的世界级旅游景区和度假区"（《江苏省文化旅游融合发展规划》，2021年）的打造要充分发挥旅游业强大的黏合作用和带动作用，突出江苏运河工商文化遗产的活化利用，对江苏运河工商文化进行"创造性发展、创新性转化"，丰富旅游产品的人文内涵，江苏运河沿线居民与旅行者携手促进江苏运河工商文化不断地被发现、被传播，共同感知其当代价值、世界意义的文化精髓，凝聚民族精神和文化自信。通过文旅融合，充分把握现代江苏运河城市的品质要求，增强江苏运河工商文化与美好生活之间联系，增进民生福祉，更好地满足人民群众对美好生活的新期待。

协同创新。江苏运河工商文化是"活态的文化遗产"，具有生生不息的创新精神，为江苏地域文化发展提供了优越条件，也为江苏经济社会发展提供了有力的文化支撑。我们要努力探索以文化为引领推动区域经济社会发展的实践路径，让江苏运河工商文化成为江苏工商业创新发展的重要源泉，将江苏运河工商文化资源优势作为当下江苏工商业发展的核心要素，对接国家区域发展战略，赋能江苏经济社会高质量发展，推动产业结构转型、重塑。

第一章　继往开来：城市更新

一、江苏运河城市更新概述

（一）城市更新——运河工商文化保护传承利用的重要方式

1992年12月，联合国教科文组织世界遗产委员会提出，文化景观是自然与人类的共同作品，包括由人类有意设计和建筑的景观、有机进化的景观和关联性文化景观三类。根据《实施〈世界遗产公约〉操作指南》条款，大运河具有文化景观遗产的明显特征。运河城市中心城区是大运河的产物，是构建文化景观的重要载体与文化内核，是大运河文化带串起的"块状区域"，是大运河文化带的重要部分。在距今2500多年历史的大运河沿线，现存历史文化名城名镇名村277个，这些底蕴深厚的历史文化名城名镇名村千百年来承载着中华文明的经脉，是大运河文化生生不息的"活化石"。大运河江苏段有13座国家历史文化名城，19座中国历史文化名镇，7座中国历史文化名村，以及大量的省市县级文化遗产。

唐代的城市制度是"坊市制"，将住宅区和交易区严格分开。随着商业的发展，到北宋初年，居民区与工商业区不再有区别，凡是向街的地方都可以开设商店。10世纪末、11世纪初，一种与之相适应、城乡分治的制度——"厢坊制"代替了原先的"坊市制"。老城厢是一座城市旧城所在区域，往往也曾是城市历史上的政治、经济、文化中心和人口密集的区域，具有"城市原点"的意义。历史文化街区和老字号是江苏运河城市居民旧有生活场景的留存，民族工商业和乡镇企业遗存等工业遗产是江苏运河城市的宝贵家底。德国哲学家康德曾经说，缺乏文化的城市生活是盲目的，脱离了生活的城市文化是空洞的。通过城市更新，对城市的老建筑、人文习俗注入现代理念，并以现代方式进行解读，延续城市文脉，保留历史文化记忆，推动古运河、古城融合"重生"，探索历史空间的当代创新利用，提升老城厢的年轻态、国际范，着力塑造新时代城市精神、城市品格。世界遗产和城市生活相映生辉，成为人们能共享的生存空间，让人们能够在实践中感受真实的中华优秀传统文化。

（二）运河城市更新的内容与要求

大运河是一个不断演进，始终活着的文化遗产。大运河承载着灿烂的文明，挖掘阐释文物资源优势，让文物"活"起来，是新时代文化遗产保护的重要任务。在大运河文化带建设上，每个城市都应因地制宜，形成自身独特的形象和创意，展现自身的魅力。

城市是一个生命体，人们感受一座城市，主要体验的是这座城市的独特之处。城市的独特之处既可以通过城市布局结构、传统建筑等体现，也可以通过传统技艺、民风民俗、居民生活态势等表现。英国"城市工作专题组"发布的未来城市黄皮书名为《迈向城市的文艺复兴》，将城市复兴的意义首次提高到同文艺复兴相同的历史高度。城市更新不仅是物质空间的更新，还包括传承历史文化等精神层面的内容。

所谓城市更新，指的是将城市中已经不适应现代化城市社会生活的地区做必要的、有计划的改造。城市更新主要内容是建设宜居、绿色、韧性、智慧、人文城市，构建以中心城市、都市圈、城市群为主体，大中小城市和小城镇协调发展的城镇体系，具体包括完善城市空间结构；完善城市生态修复功能，提升人居环境质量；强化历史文化保护，塑造城市风貌；全面推进城镇老旧小区改造，加快建设完整居住社区；推进城市新型基础设施建设，增强城市防洪排涝能力；加强城市治理中的风险防控，提升城市安全韧性；深入推进美好环境与幸福生活共同缔造。

在城市快速变迁与商业开发的大潮中，需要深入思考保护与开发的辩证关系，正确处理历史文化保护与城市建设的关系。城市更新是城市未来发展的重要驱动力，是解决城市发展过程中所出现的经济、社会、文化等一系列问题的重要举措和有力手段，是建设人民城市、深化城市治理、推动城市高质量发展的必然要求。

二、江苏运河城市更新的实践

（一）扬州

大运河对扬州平面布局与里坊设置的直接影响，形成了"街垂千步柳、华馆十里连、车马少于船"的水乡城市特色。扬州明清古城是我国东南地区保存得最大最完整的古建筑群，扬州围绕古运河环绕的5.09平方千米古城核心区，下足了微改造的"绣花功夫",在景区、社区、街区复兴老扬州的市井生活,整治老街道,恢复老字号,让人们记住扬州的老味道,使文化旅游有了全新的体验,也使文旅融合成为扬州经济发展的全新增长点。

12公顷的仁丰里历史文化街区,街巷形制发端于唐,街名由来于宋,旌忠寺、文选楼、阮元家庙等历史文化遗存众多,有传统风貌建筑128处,其中文物保护单位8家、历史建筑1处。这里保持坊制鱼骨状分布的街巷格局,100多户原住民常年生活其间,保留着扬州人日常生活原生态,生活气息浓厚。街巷遍及非遗项目,众创空间既有怀旧展示,又有当代文创,文化气息浓郁。

(二)淮安

城市更新离不开产业升级,淮安作为历史文化名城,挖掘大运河文化、运河工商文化内涵,将漕运文化、饮食文化、道教文化等文化点位串联起来,结合顶层商业逻辑系统规划,将文化旅游作为城市更新升级过程中的重要载体,导入文旅产业,建设中国漕运文化核心展示区、中国水利河工文化经典集成区、运河生态文旅江淮经典体验区、运河保护利用综合示范区、河下古镇历史街区、清江浦1415街区、蒋坝河工风情特色小镇等项目。

2022年1月6日,大运河百里画廊项目开工。大运河百里画廊东起淮安船闸,经里运河、京杭运河至五河口,向南经二河、洪泽湖大堤、蒋坝、马坝、官滩至老子山镇龟山村,沿线水域长约125千米,结合沿线地域人文特征,精心绘制"如意安澜卷""泱泱治水卷""传世古堰卷""湖山胜境卷"等"淮上四卷",着眼于把画廊建设成为产城融合、镇村繁荣、河湖共生、人景和谐的生态画廊、文化画廊、旅游画廊、产业画廊,打响"运河之都·百里画廊"的淮安城市形象品牌,提升城市知名度和美誉度,再现"壮丽东南第一州"盛景。

"如意安澜卷"以清江浦区城市更新类"一线七点"项目、淮安区四湖一垠一镇项目为重点,将运河沿线及城市更新片区打造成为历史文化与生态景观相辅相成的特色风光带,绘制现代版"清明上河图";"泱泱治水卷"聚焦大运河国家文化公园清口枢纽核心展示园、洪泽湖古堤(二河西堤)生态修复工程,涵盖环境整治、城市提升、旅游开发等多个环节;"传世古堰卷"重点建设洪泽湖生态修复示范项目、淮安华强方特项目,提升城市滨湖地带景观面貌,打造"吃住行游购娱"一体化的城市度假区;"湖山胜境卷"中,盱眙县港口产业园、第一山历史街区分别结合自身区位和文脉优势,着力产业升级、还原古城风韵。

（三）盐城

盐城的瓢城古城始建于南宋绍兴年间，明永乐十六年（1418年）重修，专为防御海上倭寇侵犯。为提升城市环境品质，重塑城市风貌特色，盐城加快推进老城区微更新建设，于2020年启动瓢城绿廊建设。项目位于中心城区老城核心区，主要实施线路为沿环城南路、西路、北路、迎宾北路、南路原瓢城城墙形成瓢形环状，总长度4.84千米，景观总面积148.5亩。这一地段承载了老盐城的历史文化，区域人文资源丰富，且盐城老商业核心区贯穿其中，商业氛围浓厚。项目结合建军路商圈业态提升，固化瓢城城墙遗址提升沿线生态环境，挖掘地方特色文化内涵，打造宜人宜居的居住环境，历史与现代的融合、生态与文化的互动，留住瓢城记忆。

"瓢城记忆"、盐城电厂、国家水文观测站在五河交汇处形成三足鼎立之势，沿着新洋港南岸向东，还有华茂纺织厂、东港码头、化纤厂、金港煤球厂等工业遗迹，这些工业企业随着时代浪潮的冲击和城市发展的南移失去发展活力，慢慢衰落萧条，大量工业建筑停产空置，逐渐变成了"工业锈带"。在城北地区改造过程中，这些被保留、整修、升级。同时，将各个分散的历史建筑串联，融入整体的景观设计中，保留工业场地记忆，再现辉煌历史和发展历程，部分保留改造加以利用，增加场地的归属感和地域记忆。

（四）南通

地处南通主城崇川区中心地段的任港路，曾是当地著名的工业集中区。南通城市更新，告别以往的商业地产开发和拆迁安置，对始建于20世纪60年代的任港路新村破旧片区改造实施"拆一换一""原拆原建"，让居民原地住新居、不离故土，原住户不仅能住上高品质的商品房，而且依然能享受城市中心的商业、学区、交通等生活便利，熟悉的老邻居、老朋友，还能像以往那样其乐融融。新小区的楼间距满足住户享有充足的阳光，有整洁的绿化，舒适的社交、活动户外空间。此外，项目还配备社区服务站，配套卫生、文化、体育、养老及商业等功能设施。

作为南通大生纱厂所在地，唐闸是中国在近代由工业化而城市化，进而推动整个区域发展的特例。唐闸在工业化之初就有意识地规避城市病，实施绿色生态城市战略，开辟了有中国特色的早期现代化模式。时至今日，当年大生纱厂附属的油脂厂和造纸厂斑驳厂房变身为1895文化创意产业园，吸引了几十家创意设计、数字媒体、广告视频制作公司入驻，并且长期举办各种文艺展会和创意展览，提升了唐闸古镇的吸引力。

（五）苏州

姑苏区是全国首个国家历史文化名城保护区，是苏州历史最为悠久、人文积淀最为深厚的中心城区。姑苏区系统性、综合性编制全区范围内的城市规划，《姑苏区分区规划暨城市更新规划（2020—2035）》提出，深化三区三线划定，以高质量发展为目标，确立"一中心、两高地、一典范"的总体定位和"古城、老城、新城"的分区定位，即古城扩大文商旅辐射影响力、老城强化城市服务功能支撑力、新城提升产业反哺造血推动力，做优行政和文商旅中心，做强教育医疗高地、科技创意高地，做精苏式生活典范。

姑苏区吴门桥街道古运河畔，筹建于1895年的苏纶场，是苏州第一家现代化纺织工厂，如今成为品质、时尚、多元的高品质夜市。

苏州改造后的双塔市集融合了传统和现代，不仅吸引了周边的老苏州人，很多年轻人也慕名而来，成为苏州又一个新的网红景点。改造后的淮海街，将街道及景观、建筑立面、临街商业、市政设施和文化艺术等一体整合，突出淮海街的苏州在地性和日本社群文化特点，打造了一个结合中外文化特点的特色街道，同样成为年轻人打卡的爆火街区。

山塘历史街区自2002年6月启动保护性修复以来，严格遵循"保护风貌、修旧如旧、延年益寿、有机更新"和"分级分类保护"的原则，先后完成了整体风貌保护、重要节点修复、基础设施建设、文化内涵挖掘，被誉为"老苏州的缩影、吴文化的窗口、天堂里的街市"。2008年荣获"中国民族建筑事业杰出贡献奖"，2009年获评庆祝改革开放三十周年苏州民心工程；2010年获评"中国文化遗产保护典范单位""中国历史文化名街"。

苏州还开展了"古城细胞解剖工程"，对传统民居结构肌理、文化内涵等内容深度挖掘，甄选推荐形成传统民居、历史建筑和历史院落档案，为今后古城有序更新提供新的支撑。

（六）无锡

无锡梁溪区推进百巷梁溪提升计划，打造街景灯光环境，精心打造一批口袋公园，提升城市整体灯光环境，为人们打造生活之光，街景亮化不只是点亮夜色，解决功能需求，还要能让人发现趣味，满足审美期待，以功能性、美化性、服务性兼具的夜景吸引人气，实现商文旅协同提升，推动老城厢商业复兴。

无锡古运河畔现存规模最大的蚕丝业仓库——建于1938年的原中国蚕丝公司无锡北仓门仓库，修缮为风貌依旧而内涵现代的文化艺术展示创意中心——北仓门生活艺术中心，原压缩机厂曾经改造为N1995创意园区、现已成为南下塘运河古城的有机组成部分。乐运体育文化创意园区、庆丰文化艺术园区成为新型文化业态的"孵化器"。蓉运1号项目总建筑面积约为32000平方米，地块范围内有1960年建成的国营"559"厂、成立于清末民初的惠元面粉厂、荣氏家族办公用房等历史遗址，依托20世纪30年代民族建筑形式风格的建筑，引进广告设计、服装设计、装饰设计、新媒体运营、艺术培训、特色餐饮等多种业态，致力于百年工商业与现代服务业的融合、现代科技工业与文化创意产业的融合。

占地6.2万平方米的原无锡钢铁厂地块，由央企和市、区国企联合打造，投资13亿元，利用原锡钢厂的工业遗产价值，保留建筑面积约3800平方米的老厂房及其主体钢结构，焕新为大运河文化带上文商旅融合的新地标——运河汇，2023年6月，这一滨水艺术商业街区正式开街，以诠释城市个性的主理人模式彰显"创想生活"的定位。

建办于1986年的无锡最大的轧钢厂——雪浪初轧厂，在无锡产业转型升级之路上于2008年关停。这处工业遗存现已变身为以"科技拍摄+数字制作"为特色，拥有国内最大电影级巨幕拍摄屏、5G智慧虚拟摄制棚的无锡国家数字电影产业园，园区现已建成较为完整的现代电影产业链。

（七）常州

常州，"三吴襟带之邦，百越舟车之会"，以大运河为主轴、以老城厢为重点，多样的大运河文化既留存了青果巷、南大街、天宁宝塔、天宁寺、毗陵驿、西瀛里、东坡公园、常州园林、工商遗存等历史文化地标，也衍生了龙城象教、玉局风流、篦梁灯火、三杰故里、百年工商等虚拟性文化品牌。常州老城厢发端于战国时期常州土城依河而筑，其形成与变迁与大运河息息相关，形成了"三河四城"的历史形态和"城中有河、河抱古城、城河相依、水陆并行"的城河形制。从公元前547年季札被封于延陵起算，2500多年的常州运河史，形成了独特的内子城—外子城—新城—罗城演变的轨迹。目前，位于常州中心城区的老城厢复兴计划划定的区域范围西至中吴大桥，东至丽华北路，北至关河路，南至老运河，总面积7.4平方千米，其范围与五代时期的罗城大致相当，包括子城一厢、子城二厢、左厢、东右厢、中右厢、西右厢和河南厢。

青果巷，承载半部常州史，大运河常州段最重要的文化地标之一，立足"江南名士第一巷"的文化定位，聚力文化研究与文脉传承，开展原真性保护和精细化修缮，历时7年建设，不仅保留了不同历史时期的部分历史遗迹，还保留有纯朴秀丽的传统建筑和名人故居，再加上古运河的毗邻而居，一派江南水乡之风韵，成为常州市区保存最为完好、最负盛名的古街巷，是常州整体历史风貌的精华所在，是常州探索城市更新和文化复兴的典型样本，于2019年4月对外开放。青果巷的A面，立足传承，以文化为魂，形成了常州文化博物馆群落；青果巷的B面，着眼未来，围绕运河的未来性、世界性和时代性，创新业态和内容。

常州运河五号创意街区位于大运河常州段南岸，钟楼区三堡街，前身为创办于1932年的常州恒源畅厂（后更名为常州第五毛纺厂）。从"古运河畔老工厂"变身为"常州文化新码头"，新生的老厂房里，每年都要举办近百场活动，涉及艺文展览、美学手作、创意市集、研学旅游等，街区特有的大运河记忆馆、恒源畅陈列馆、常州百年工商档案展示馆等公共展示空间，成为市民触摸历史、感受文化的绝佳场所。街区已形成"运河记忆、工业遗存、创意产业、常台合作"四大主题，是两岸文创产业合作实验示范基地，更成为江苏最美运河地标，运河工业遗存保护的"常州样本"。

（八）南京

集时尚与古韵于一身的南京，围绕"创新名城、美丽古都"城市定位，不断推进"有机更新"来恢复老城功能和活力，建构"南北田园、中部都市、拥江发展、城乡融合"的城市空间布局，打造文化强市、国家文化和旅游中心城市、世界知名文化和旅游城市。

南京长江路上的六朝博物馆是国内展示六朝文物最全面、最系统的博物馆，且是一座遗址博物馆，在博物馆负一层藏着一段长25米、宽10米的夯土墙遗址，而它就是1700多年前六朝建康城的城墙遗存。这里曾是高档酒店建设用地，后辟出一半建设六朝博物馆。这也促成南京率先在全国出台地方性法规，变"建设前考古"为"出让划拨前考古"，以制度化解地下文物保护与城市建设之间的矛盾。

南京江宁开山采石的宕口和水泥厂旧址，2021年被选为第十一届江苏省园艺博览会会址。通过园博园建设，对采石宕口和废旧水泥厂进行生态修复和利用，将业态空间、传统文化和绿色发展理念有机融合，打造自然景观，昔日矿坑完成蝶变，既修复了城市曾经的"生态伤疤"，又对江苏各地经典名园进行了当代创新表达，通过"水泥生花"实现了生态修复基础上的文化传承创新，呈现了别样的精彩。

胥河流经的高淳东坝"上上街"，昔日的店铺、民居保存完好，鳞次栉比地分布在老街两侧。胥河两岸的历史建筑，如东岳庙戏台、江宁旅淳公所等按照"不改变文物原状"的原则进行了修缮。高淳充分利用历史文化资源和生态资源，推动文化创意产业与相关产业融合发展，一座极富魅力的"国瓷小镇"出现在胥河岸边、固城湖滨。

南京22个历史风貌区之一的老城南小西湖片区，探索政府和百姓共商、共建、共享、共赢的"微更新"模式。例如，在房屋征收上，让居民自主选择去留。改造过程中，近一半居民选择了搬迁，释放出的建筑空间被改造为48个院落，打造成"共享院"、文艺范咖啡馆、民宿等多种形态，小西湖片区已从昔日的老旧棚户区"变身"兼具历史气息与文艺范的潮流打卡地。

（九）连云港

海州古城位于海拔400米高的锦屏山北麓，建城有2000多年历史，公元前212年设朐县，成为"秦东门"。秦汉以来是苏北与鲁南的经济文化中心，是连云港发展的摇篮。秦始皇五次东巡，三次途经海州，是当时唯一的海外开放门户。孔子两次率弟子来海州讲学，苏轼、辛弃疾和李清照等曾在此留下诗篇，李汝珍以海州风情创作了《镜花缘》，海州素有"东海名郡"之称。海州古城改造，根据"城市复兴"思想，更多关注未来，着眼于保护与振兴的结合，追求历史和现代形态和谐的"新旧共生"，建设具有历史文化传统意象、契合现代生活节奏的活力城市。历史文化传统意象涉及城市肌理、色彩、建筑形式和空间结构等环境形态；活力，即完善现代城市功能，满足人们的现代生活要求，包括城市运行功能、居住功能和旅游功能等。海州古城城市设计将"镇城之山——白虎山"作为传统城市形态的一部分，新功能空间与山石相协调，扩大范围建公园，弘扬延续300年历史、至今未衰的民俗活动——白虎山庙会，建设海州湖，营造白虎山步行街，焕新古城入口，打造白石商城，适应现代化生活需要，将海州塑造成为特色鲜明、充满活力的现代古城。

（十）徐州

在徐州市中心的快哉亭畔，是一片纵横交错、总长不足400米的居民胡同——回龙窝，回龙窝始建于清朝，以瓦房为主，历经百余年，传统街区形态基本保存完整。如今，回龙窝业态定位为在古建筑里面做时尚，这里已成为集文创购物、特色美食和娱乐观光于一体的历史文化街区。

户部山"李家大楼"有"徐州第一楼"之称，于清末民初由做服装生意的徐州商人李华甫请青岛建筑师设计建造，风格中西合璧，在户部山古建筑群中独树一帜。李家大楼改造前，院里居住了17户人家，建筑老化、墙体变形，古建筑岌岌可危。如今这里不但还原了历史风貌，还开启了古建筑活化利用的新探索，变身徐州工程学院户部山文创中心，成为又一处潮流打卡地。

沛县安国湖国家湿地公园，总面积517公顷。原来是采煤塌陷地，通过开展微地形改造、植被恢复、水系连通等工程，将满目疮痍的沉陷区建设成风光旖旎的国家级湿地公园，精准施策，"大地伤疤"嬗变湿地，绽放现代模样。

（十一）宿迁

宿迁运河湾公园北起宿迁闸南至马陵路，全长3.5千米，占地面积42公顷，该地块原为苏玻、热电厂、水泥厂等废旧工业厂房和老旧职工宿舍，2020年建成开放，成为挖掘和展现宿迁中运河文化的运河沿线风光带，2021年入选江苏"运河百景"标志性运河文旅产品。

2021年，宿迁编制了《宿迁市新型智慧城市总体规划》，以信息化创新引领城市发展转型，建设全国中小城市新型智慧城市的"宿迁样板"。2022年以"一屏观全城、一网管全城、一端惠全城"为目标，宿迁首创"1334+N"城市治理新模式，即建设1个市域治理现代化指挥中心，聚焦社会治理、民生服务和数字经济三个领域，通过综治、城管、应急三网融合，构建大综治、大城管、大应急、大交通四大治理格局，并创新N个智慧应用。

对于老旧小区改造，宿迁确立"先地下后地上、先里子后面子"的改造原则，升级换代小区基本功能和配套设施，进行"老旧小区+海绵化"改造，建设文化休闲设施和便民服务设施，满足小区居民个性化、多样化、适老化的功能需求，改造老旧小区地下管网、道路、屋面防水维修、外立面出新等基础设施，实施雨立管改造、楼顶防水修复、部分硬化作透水化改造，建设雨水花园等海绵设施，收集、调蓄、净化、储存路面及屋面的雨水，实现小区内雨水资源化利用、解决小区内雨污混流与内涝。

（十二）泰州

2020年底，泰州实施"精·彩家园"品质绿化"158工程"，以"点上出彩、线上添彩、面上聚彩"为主体，串点成线、连线成面，在主城区范围提升100个重点节点、50个道路河道沿线和8个核心片区的绿化景观，在小区周边、街头巷尾的老旧绿地、空闲地、撂荒地，以及高架桥下空间"绣花式"增绿、补绿、透绿，不增加、少增加用地，营造一处处体现地方特色文化、增强游人体验、创新技术应用的"微园林"，提升人居环境品质。

泰州在全省首次提出儿童友好城市护学空间建设计划。针对学校周边人车混行存在安全隐患、等候空间不足、缺乏机动车和非机动车停车场地等问题，2022年开展市区儿童友好城市护学空间项目，投资2200万元，对10所学校周边进行护学空间改造。学校围墙外新建风雨廊道，在学校周边增设童趣步道，提升绿化景观，增加标识指引及泛光照明设施，打造畅达、安全、友好的高品质成长空间。

（十三）镇江

镇江正东路老市政府大院建成于1958年。2011年，镇江市委、市政府搬离后，有着63年历史文化积淀的老市政府地块，于2015年年底改造竣工交付，成为免费街心公园、开放式园区、共享型空间，引入金融、商务、艺培等业态，传承历史文化、传播先进文明、培育城市产业、服务社会大众。

镇屏山文化街区，划分为历史建筑就地改造和迁建的保护区域、衔接周边城市传统肌理的过渡区域、维持借景与传统肌理的开发区域，修旧如故、呼应得当、品相相容，引进数字经济头部品牌，业态实现了从"演艺+商业"到"艺术孵化+数字产业+网红经济"的迭代，新与旧共存，既可感受老城区的年代感，又融入现代化生活。

"中国古渡博物馆"——西津渡有一条因渡而生的街区主轴线，自西往东再转向南，从玉山大码头遗址，沿超岸寺、小码头街、宋代的观音洞、清代的救生会、元代的昭关石塔、晚清的原租界英领事馆、民国时期的镇江商会，环绕云台山约有1800米长；街区向东连接伯先路文化街区、大龙王巷历史文化街区，向北到长江边。这块区域文物建筑就有35处46栋（群）。西津渡历史街区是因渡成街，街区文化由渡而兴，街区绝大部分都是砖木结构的传统建筑，需要不断修缮和维护，部分修缮好的建筑还要适度调整功能和格局，用于各种经营活动。2022年，全面记录西津渡历史文化街区保护修缮工作的《西津图谱》四卷本出版，为将来的修缮者提供了一套参考资料，堪称西津渡的建筑文化史、修缮技术志、建筑维护工具书。

三、江苏运河城市更新的路径

运河城市更新要从城市的文化品格入手，紧扣"保存历史""保存城市的文脉"

这一主题，深入剖析城市文化基因及其内涵，厘清城市文化历史脉络，梳理城市文化资源要素，评判城市文化环境土壤，构建历史文化与现代时尚交相辉映、既彰显城市差别又映射运河城市之间文化关联的文化标识体系，留住城市特有的地域环境，延续城市肌理，保持风貌整体性，丰富城市空间，促进业态多样化，擦亮传统又时尚的城市名片，以新型城市美学涵养城市人文精神，提升城市居民的价值认同，增强居民对城市的归属感及对未来生活的信心，提高居民综合素质，构建城市的精神支撑，更好激发城市活力。

（一）突出以人为本

居所代表着生活态度，许多老城厢产生了高密度低品质的城市问题，如房屋老化破旧、存在安全隐患、社区环境较差、道路空间狭窄、青壮年人口大量外迁、老龄人口比例增大，特别是老城区商贸凋落、文化式微等产业空心化突出，中心城区活力日益衰退。人民城市人民建，人民城市为人民。要以城市中的"人"作为尺度，坚持以人民为中心的发展思想，以群众需求为出发点，加强共建共享，围绕"人、城、境、业"四大维度，引入科技元素，塑造以绿色为底色、以人文为特质、以街区为基础、以社区为单元、人城境业深度融合的新型城市形态。老旧小区的改造充分融入适老化、适幼化理念，整合布局物流快递、垃圾分类、停车位等设施，提升居住小区服务水平和管理能力，优化老城厢的道路路网体系，打通断头路，补齐片区道路短板，加强共享单车运维管理，扩容升级停车资源，新增公共停车泊位。营造"公园+"高品质文化消费新场景，将公园建设融入社区和产业功能区建设，发展绿色产业，培育新业态，供给绿色产品，促进绿色经济发展，让自然与人文交融，实施社会治理、生态治理、经济治理和智慧管理相结合的城市精细化运营模式，把公共活动空间最大限度地还给市民和游客，探索城市永续发展新机制，创造高品质生活，使城市成为人人向往的宜创宜业宜居宜游之地，让人民生活更美好。

（二）彰显江苏最鲜明的符号——水

水是大运河的灵魂，岸是大运河的经络，城是大运河的明珠，这种独特的文化与生活方式是大运河文化带江苏段建设的宝贵资源。我们应重视大运河在古代交通网络体系的巨大作用和历史地位，致力于恢复古代城市水系作为水运航道及文化旅游的功能，充分发挥其排水、绿地、湿地、生态、文化、宜居、旅游等综合价值，使之成为现代城市重要的生活和生态网络体系、提升城市发展能级和促进整合聚变的内在文化纽带、城市居民共同应对挑战的情感纽带。探索历史空间的当代利用，留住居民、留住形态、留住乡愁、留住神韵，加强标志性建筑设计，建设体现地域特征、民族特色和时代风貌的城市建筑，延续城市历史文脉，留住城市文化记忆，展现物质形态背后博大的人文时空，创新提升城市功能。

（三）注重工业遗产、老字号的文化传承

民族工商业、乡镇企业遗存等工业遗产和老字号是城市的珍贵"家底"。2020年6月，国家发改委等五部门联合印发《推动老工业城市工业遗产保护利用实施方案》，提出把工业遗产保护利用作为推动老工业城市高质量发展的重要内容，打造一批集城市记忆、知识传播、创意文化、休闲体验于一体的"生活秀带"。

商务部自2006年启动振兴"老字号"工程以来，2008年联合14部委发布了《关于保护和促进"老字号"发展的若干意见》，2017年联合16部委发布了《关于促进"老字号"改革创新发展的指导意见》。2022年，商务部发布《商务部等8部门关于促进老字号创新发展的意见》，提出建立健全老字号保护传承和创新发展的长效机制，促进老字号持续健康高质量发展，将老字号所蕴含的中华优秀传统文化更多融入现代生产生活。我们要系统梳理城市文化家底，保护修缮文化地标，凝练文化特色，唤醒工业遗产和老字号的内在价值，让"旧面孔"变为"新地标"，护其貌、显其颜、铸其魂、扬其韵，形成标志性文化景观，展示城市独特风貌。

改造工业遗产，既要关注其实际建筑的有无、遗存建筑的质量安全，又要关注其蕴含的历史价值、技术价值、建筑文化、人文气息，以及改造后与周边整体环境的规划协调性与功能匹配性，实现从"工业锈带"到"生活秀带"的转变，促进城市空间逐渐从以工厂仓库为主的传统生产场景，转型为以创意产业为主的现代文化场景和以公园绿地为主的生活场景、生态场景，形成运动休闲区、艺术集聚区和创意文化产业园区，让工业遗产由内而外焕发促进城市高质量发展的新活力。保护老字号历史，将老字号建设纳入相关规划。将符合条件的老字号集中成片区域依法依规划定为历史文化街区。在旧城改造中注重对老字号原址原貌保护。

（四）复兴运河老城厢和历史文化街区

老城厢是城市的根脉，城市、文化都是从老城原点开始，不断生长、壮大。老城厢是城市发展的历史产物和文化积淀，是城市原有历史风貌留存，老街、老巷、老建筑呈现了"原汁原味"的"城市原点"最典型的生活形态和生活场景，是城市历史演变、文化传承、发展变迁的见证者，也是居民乡愁记忆的寄托者。老城厢保

护和利用，以保护城市文化遗产和传承历史文脉为核心，以区域复兴为目标，留住历史与岁月之美，注重居民和旅行者的观感和舒适体验，城市设计以作品思维取代工程思维，道路、景观、公共家具、标识导向、色彩等凸显精品设计理念，城市整体视觉设计契合城市气质的艺术品位。进行建筑光环境提升，各条背街小巷连片亮化，打造中心城区光影秀，使内外兼修的中心城区美出新高度。通过新的创意来激活、赋能历史空间，连接新产业带和新功能区，营造更富活力、更具魅力、更加宜居的城市生活空间和美丽运河家园，增强居民对城市的归属感。

历史文化街区的更新重在传统文化的延续与当代文化的重塑，凸显看得见的"城市年轮"，绽放耀眼的时代光芒，集文化复兴、空间复兴、产业复兴为一体，实现传统历史文化与现代文明的融合，激发区域活力。保护并延续历史文化街区可贵的烟火气，注重慢生活、原生态，传承历史遗存、邻里关系、社会结构等，呵护居民祖辈的文化和精神的"根"，弘扬情系家园、心怀桑梓的家国情怀。注入文创、市集等新潮元素，打造富有运河韵味、原汁原味的创意集市。支持社区经济的发展，以社区引导的方法进行更多业态的场所塑造，打造集多种业态为一体的社区广场，塑造生态、开放、共享的邻里中心，营造有吸引力、趣味性的社区客厅，提供更健康愉悦的环境，培育社区认同感。

（五）探索政府引导、市场运作、公众参与的城市更新可持续模式

城市更新要注重文化遗产保护工作的组织领导，构建完善的治理体系，提高治理能力，充分听取人民群众的诉求、愿望和期待，推进历史文化遗产保护的制度化、法治化建设，有针对性地实施城市更新。建立全市域、全体系、全要素的城市文化遗产保护体系，传统老街巷历史风貌、历史文化街区、历史建筑群的保护利用融入城市总体布局，城市建设与城市历史文化内涵及非物质文化遗产相融合，努力打造原汁原味的城市历史文化建筑群体，在科学规划的基础上实现城市现代与历史的融合发展。

建立城市更新整体评价、城市更新规划编制、城市更新实施方案三个层次的城市更新体系。开展既有建筑调查评估，利用现代信息技术手段，加强历史文化资源普查登记、价值要素记录和跟踪管理，建立城市更新综合管理信息系统，建立存量资源统筹协调机制。通过城市自体检、借助城市遥感数据和人工智能分析等技术手段的第三方体检、社会满意度调查相结合等方式开展城市体检与评估，城市体检和评估纳入城市目标考核内容，明确时间表，并加强督查督办力度，确保体检结果落地见效。

在城市更新专项规划中明确更新思路、目标、片区、时序、规模和策略。城市更新实施工作方案，包括修建性详细规划方案、搬迁方案、补偿安置方案、地价测算方案、招商引资方案、项目资金平衡方案、产出效率等具体方案和报告。政府和实施主体通过实施方案平台协调利益分配。

构建多元资金保障机制，加大各级财政资金投入，加强各类金融机构信贷支持，健全社会资本参与机制，完善公众参与机制。政府侧重街区公共配套，设立引导基金，发挥财政杠杆的撬动作用，调动社会参与的积极性，鼓励有条件的业主入驻，自主改造、自主经营、自负盈亏。尊重居民的选择权，以收储租赁、以修代租、以奖代补等方式，保护原住民的切身利益，整合私有房产资源，以"惠民契约"促进居民的主动参与。以重点项目建设带动周边地区老旧楼宇与传统商圈、老旧厂房与低效产业园区提质增效，提升公共空间与公共设施品质。

（六）实施微改造工程

运河城市更新要深刻把握大运河江苏段文化遗产的历史价值和空间肌理，维护好大运河遗产的真实性和完整性，通过多样化的传承利用手段，保住城市历史、留住文脉，彰显大运河历史文化的当代价值。

坚持"留改拆"并举，以保留利用提升为主，对那些与风貌违和的违章建筑予以拆除或改造，最大限度保护城市肌理。开展以传承保护为准则的保护性更新、功能性更新、社会性更新和保障性更新。摸清建筑现状，做到应保尽保，保留老城格局尺度，延续城市特色风貌。推行小规模、镶牙式、渐进化有机更新和微改造，坚持"修旧如旧、以存其真，保持总体格局、风格、风貌不变"的原则，升级改造采用当地建筑材料和形式，保留原有功能，采用"绣花"功夫对旧厂区、旧商业区、旧居住小区进行修补、织补式更新，最低程度改动建筑。整治修复对于受损严重的旧建筑，在拆除之后不再进行原样仿造式新建，注重新旧建筑和谐共生形成整体、有韵、有味、有格调，体现中国美学的审美标准，建设可拓展的意蕴空间。坚持以用促保，"保下来"明确转变为"活起来"，加强历史建筑活化利用，加固修缮保护体现历史建筑核心价值的外观风貌、典型构件，消除安全隐患，有条件的可依法通过加建、改建和添加设施等方式适应现代生产生活需要，从物质形态的更新转化为文化内容的升级，使得历史建筑在公共服务、社区营造、文化传承等方面发挥积极作用。

（七）创新运营模式

在传统的城市更新项目中，尤其是老旧街区产权状况复杂，往往分散碎片，陷入"各自为战"的状态，一些民宿、文创店铺规模不大、产品层次不高、盈利能力不强，许多商户各有自己的运营状况，不断调整自身的经营，难以形成顶层设计和系统实施。践行可持续更新，防止经营过程中过度商业化，通过对商业载体品质及业态承载能力等内在功能的提升，提升区域商业价值，推动由开发方式向经营模式转变，引入多元业态，在街区植入新业态，形成活态保留完善、历史文脉清晰、清晰记录时代风貌的街区。

高水准的好场景维系融合全自持与强运营，产权归属相对统一，能被运营方所有效管理；强控日常运营不仅仅是品牌的选择管理，还包括为整个场景品质服务的街区立面样式和门头、招牌、橱窗风格协调这些关键细节。强烈的"场景力"，能够彰显地域特征、文化特色、建筑风格等城市特有的基因，带来传播、打卡和话题，进而逐渐成为一座城市的新度假名片，在古今有机交融中展现城市的独特韵味。

（八）在大格局和大视野中塑造城市个性

运河城市更新是一项系统工程，要加强规划与策划，以大运河文化、江苏地域文化和江苏运河工商文化为主线，突破单个城市的地域范围，构建起相互联系的生态圈、生活圈、文化圈和经济圈，以城市群为基本空间格局。

梁思成先生认为，历史性城市要保护老城、建设新城，两者相映生辉。陆文夫以苏州为例在散文中敏锐地指出，城市的现代化必须保留城市个性，否则便会流于千城一面，乃至个性消亡，"个性展示得愈充分，那现代化的进程就愈加快速而平稳"。城市复兴的核心是产业重构和文化体系的构建，涉及新社区、国际化、强产业链等城市发展各方面的"突破式革新"，新城建设要与城市更新同步推进，通过产业、生活、消费等一系列需求变革，以及土地集约利用和空间复合开发，打造智慧、高效、可持续的城市。

城镇化战略要关注古城、古镇建设定位。审视历史价值观对当代生活的影响，推动历史遗迹与运河沿线城镇居民生活的融合，根据不同地区的实际，因地制宜制订多样化的保护策略，科学谋划运河沿岸城镇带格局，合理规划特色乡镇建设，挖掘不同运河城镇深厚的文化底蕴，保护好原有文化生态系统，利用现代造景技术让新、老景观相辅相成形成新的特色，延续古城、古镇历史文脉，提升城市功能品质，打造更多的城市亮点和建筑精品，增强城市的经济和人口承载能力。

参考文献

［1］卢济威，张力.基于城市复兴的古城更新：连云港海州古城城市设计［J］.城市规划学刊，2016（1）：80-87.

［2］王宏伟.刘士林：当滚滚长江遇见江南文化［N］.新华日报，2021-09-03（17）.

［3］南京颐和路历史文化街区保护规划：颐和路历史文化街区复兴计划（草案）［EB/OL］.

［4］潘玉腾，林响，高建进，等.小里坊，大学问：从福州三坊七巷保护看如何贯彻落实习近平总书记关于城市历史文化保护指示精神［N］.光明日报，2022-01-11（5）.

［5］李广春.种瓜得豆，城市更新"更"出网红地［N］.新华日报，2021-12-04.

［6］商务部等16部门关于促进老字号改革创新发展的指导意见［J］.消费导刊，2017（2）：前插6-前插7.

［7］张莎沙，葛高华，袁坤.淮安匠心擘画大运河百里画廊长卷［N］.新华日报，2022-01-08（1）.

［8］白雪，刘霞.南京、苏州入选全国首批城市更新试点：从"拆改留"到"留改拆"［N］.新华日报，2021-11-15.

［9］李文硕，孙海鹏，王琼颖.历史学视野下的"韧性城市"［N］.光明日报，2021-07-19.

第二章 主客共享：文旅融合

一、江苏大运河文旅融合概述

（一）文旅融合——运河工商文化保护传承利用的重要抓手

千百年来，大运河滋养沿线城乡，是两岸百姓的生活家园，也是其精神家园，为文旅融合提供了精彩空间。文化是古运河发展内核，对文化的发掘塑造，已成为古运河未来建设的内在要求。文化遗产保护利用的国际经验表明，贴近民众生活，有利于文化传承。江苏运河城市群是超大规模的文旅综合体，文旅融合的表现形态是全域旅游，也就是旅游目的地区域资源有机整合、产业深度融合和全社会共同参与，旅游的表现形态渗透到人们生活的方方面面。江苏正以全域旅游的理念，立足新阶段文化建设和旅游发展要求，推动传统文化活态化呈现、创造性转化，以文化为引领，高水平打造璀璨文化带和缤纷旅游带，坚持生态为基、文化为魂、旅游为本、商贸带动的发展理念，加快实现运河文旅深度融合，促进文旅业态多维发展，提炼江苏运河工商文化的独特基因与精神内核，彰显地域特色、文化特征和城市特点，让运河工商文化更有分量，引领都市休闲的新风尚，更好地赋能运河城市高质量发展，让居民和旅行者感受文化之美、增强文化自信。

（二）大运河文旅融合的内容与要求

以文化提升旅游内涵，以旅游促进文化传播，推动文化旅游性与旅游文化性的统一，促进文旅产业互补提升和价值创新，实现大运河文化与旅游产业的融合发展。具体包含文化产业和旅游产业、文化产业和旅游公共服务产业、公共文化服务产业和旅游公共服务产业、大运河文化旅游业、文化博览业、文化创意业和文化出版业等的融合发展，以及文旅+工业、文旅+农业、文旅+体育、文旅+研学、文旅+生态、文旅+康养、文旅+养老、文旅+金融、文旅+科技的跨界融合。

大运河文化与旅游产业的融合发展，要注重功能性与原真性的结合，既强化游客及居民主动自觉保护大运河文化的意识，又契合文旅项目的定位或主题；整体性与丰富性的结合，既推动业态多元丰富，又要从整体区域打造完整的旅游产品体系；知识性与参与性结合，在静态的陈列和展览的基础上，设计更多亲身参与、场景体验的项目，营造文化氛围和共情氛围；开发的深度与推广的力度相结合，紧扣大运河文化的内核，挖掘深度化原创内容，注重内容的创新创造，克服同质化的浅显表达，加强江苏运河文旅目的地建设。

（三）文旅融合"主客共享"服务模式

江苏加快构建全民参与的文旅融合"主客共享"服务模式，树立以人民为中心的运河文旅融合发展导向，紧扣满足人民日益增长的美好生活需要，充分发挥旅游业为民、富民、利民、乐民的积极作用，打造新时代的幸福产业，让大运河成为沿线城乡居民的高品质生活空间，让人民群众在全域旅游发展中有更多获得感和幸福感。

文化挖掘"硬""软"并重，积极保护大运河物质遗产和文物，深入整理运河历史源流、重大事件、重要人物、民风民俗、民间传说，讲好运河故事，唤起运河沿线百姓和旅行者的运河文化记忆，提升对于运河价值的重新认识，增强与运河的情感联系；实现文旅服务标准化、便利化，广泛开展文旅惠民活动，深化"互联网+文化旅游"，建设智慧旅游服务平台，着力完善其智慧服务、智慧监管、智慧营销等功能，建立便捷、智能、网络、高效的文化旅游公共服务体系；激发抖音、B站等新兴网络平台的文化旅游带动力，运用大数据分析市场和客流，根据人群热力图等科技手段，探索和实践个性化定制化文化旅游产品的开发；充分发挥文旅产业就业增收带动作用，聚焦共同富裕，助力乡村振兴，让旅行者获得更有品质的大运河体验，实现文旅产业社会效益与经济效益的统一；创新社会治理模式，形成省、市、县、乡、村保护管理体系，积极动员当地民众的参与和互动，给予广大民众更多的文化遗产保护的知情权、监督权和受益权，让大运河文化、运河工商文化更大范围和更长时间为更多人所理解、认同，更好地保护传承大运河世界文化遗产和原生态文化；开展形式多样的志愿者服务、大运河历史文化宣传、大运河生态环境保护、科普文保服务、社区服务、大型展会等活动，放大古运河的世界遗产价值，将大运河的保护理念传递给更多的人，让运河工商文化保护、传承和弘扬变成包括居民、旅行者、遗产地相关者、运河文化爱好者在内的每个人自觉的行为方式。

二、"千年运河·水韵江苏"文化旅游品牌形像塑造

历史上，大运河沿线城镇都是因水而生、因水而兴。水，在江苏大地上连线织网、融汇交流，滋养着生生不息的江苏儿女，也孕育着缤纷多彩、千姿百态的地域文明。水，造就了浓郁的江苏乡愁和江苏文化模样，绘就了江苏美丽家园、幸福生活、美好未来的人文底色。大运河流淌着的不仅是奔流不息的河水，更重要的是绵延不绝的文脉。江苏大运河文化带建设，水是命脉和基础。大运河文化融入吴文化、淮扬文化、楚汉文化、金陵文化、海洋文化等江苏地域文化高地建设和城镇建设之中，大运河文化为地域文明注入了多元、丰富的精神内核，使工商风采与运河风光交相辉映。

2020年江苏省委、省政府发布《关于深入推进美丽江苏建设的意见》，明确提出着力塑造"水韵江苏"人文品牌。大运河江苏段全线通航、湿地资源丰富、生态文化景观多样。深厚的历史文脉和繁荣的现代文明，为江苏打造"千年运河·水韵江苏"人文品牌奠定了坚实基础。向美而行，凸显水韵风情，促进运河与江海河湖水系联动，营造人水和谐共生环境，打响具有国际影响力的"千年运河·水韵江苏"文化旅游品牌，推动运河沿线地区培育文旅节庆、文旅企业、文旅产品、夜间文旅消费等系列子品牌建设，建构全域旅游文旅品牌体系，从活态、线性的文化遗产入手，将千年运河留存的丰富物质、文化遗产与承载民族记忆的江苏运河流域特色文化相结合，拓展文旅融合新载体，创设文旅消费新热点，营造文旅融合新空间，运河沿线发展新型文旅企业、文旅业态、文旅模式，大力发展乡村旅游、休闲度假旅游、研学旅游、工业旅游、体育旅游、中医药康养旅游等新业态，打造精细化、差异化、个性化、特色化的旅游产品，延伸产业链、创造新价值，为我们的现代生活营造触手可及的运河文化体验，把江苏大运河建设成为令人向往的运河旅游首选地。

三、大运河国家文化公园（江苏段）建设

2019年7月，党中央、国务院作出重大决策部署，在大运河文化保护传承利用工作基础上，规划建设大运河国家文化公园。在建设范围上，大运河国家文化公园，包括京杭大运河、隋唐大运河、浙东运河3个部分，通惠河、北运河、南运河、会通河、中（运）河、淮扬运河、江南运河、浙东运河、永济渠（卫河）、通

济渠（汴河）10个河段。涉及北京、天津、河北、江苏、浙江、安徽、山东、河南8个省市，江苏是唯一重点建设区。大运河国家文化公园的空间属性特征表现为遗产丰富、类型多样、点线结合、带状分布。建设大运河国家文化公园，被定位为"传承中华文明的历史文化标识、凝聚中国力量的共同精神家园、提升人民生活品质的文化体验空间"。

国家文化公园是我国首次提出的具有中国特色的实践和探索。要处理好大运河国家文化公园建设与大运河文化带建设的密切关系，探索出保护、传承、利用大型线性遗产的江苏模式，例如，无锡提出大运河文化带与大运河国家文化公园建设的"两规合一"。江苏编制了《大运河国家文化公园江苏段建设规划》，通过历史价值与现实价值的有机对接，推动大运河文化展现新的魅力、焕发新的活力。

大运河国家文化公园（江苏段）探索形成将历史文化景观转化为国家文化公园的新理念和实践方法，以大运河国家文化公园建设带动大运河文化带的全面建设，构建大运河江苏段全域旅游体系，文化和旅游融合发展的理念和要求贯穿于规划、建设和运营的全过程，让大运河在合理利用中得到有效保护，在功能重构的基础上赋予文化遗产以当下的意义，延续这条致富河的千年使命。大运河国家文化公园（江苏段）覆盖徐州、宿迁、淮安、扬州、镇江、常州、无锡、苏州、南京、南通和泰州11个设区市，辐射至盐城、连云港，彰显厚重的历史记忆和深切的家园情怀。

江苏把大运河国家文化公园的文化价值提炼为国家治理的中国智慧、经济运行的国家命脉、多元文化的交融纽带、水工科技的中华名片、革命精神的鲜亮旗帜五大内涵，用园、点、带结合的方式，选择具有文化价值、文化特色、文化影响的"最江苏"元素，打造22个核心展示园、26条集中展示带、154处特色展示点，用园、点、带结合的方式，彰显大运河的真实性、完整性、延续性，整体性挖掘大运河江苏段的历史文化价值，关注线性文化遗产和历史文化景观的保护、传承与利用，全面呈现大运河江苏段的魅力，打造具有中国气派、江苏特质的活态文化地标，形成文化和旅游融合发展的典范。通过国家文化公园的建设，培文化自信之根，铸社会主义核心价值观之魂，融入多元城市功能，带动区域整体复兴和城市活力提升。

建设大运河国家文化公园官方网站、微信、手机APP等，充分依托现有全媒体矩阵，综合运用图文、视频、5G直播、H5等多样报道手法，形成立体多样、融合发展的运河文化传播体系。丰富运河网络视听节目，制作大运河江苏段专题片、短视频等主题宣传产品。开发数字传播产品，发展运河题材网络剧、网络音乐、电竞动漫、数字影视、数字出版、数字娱乐等，推动节目生产制作与内容传播深度融合。打造线上展示平台，加快推进大运河国家文化公园数字云平台建设，建好数字博物馆、数字艺术馆、数字水工科技馆等，打造永不落幕的虚拟化、可视化、智能化线上大运河国家文化公园。

四、江苏大运河文旅融合的叙事手笔

（一）设立大运河文化旅游发展基金

旅游投资是拉动旅游经济发展的重要因素。引导社会资金通过公益性基金会参与大运河保护公益活动，鼓励和引导社会资本参与大运河文化带建设。2019年江苏省人民政府设立全国首只大运河文化旅游发展基金。基金践行政府主导、市场运作、多元投入和安全稳健投资，积极发挥政府引导作用和市场在资源配置中的决定性作用，推动形成省级和地方政府资金引导联动、各类社会资本广泛参与的投资模式，带动更多优质文旅企业、投资公司和建设运营、金融保险、策划推广等多方资源主体参与。基金首期规模200亿元，采用母、子基金协同联动方式，建立江苏大运河沿线城市区域子基金，建立中国旅游产业基金、中国文化传媒集团、陕旅集团、基石资本、五星集团等行业子基金，合作金融机构包括国家开发银行、中信银行、中国银行、江苏银行。基金聚焦重点领域、支持优质项目，投资涉及文旅项目建设、IP内容开发、文化消费服务、泛文化体验经济、文旅园区运营、时尚品牌会展、文创产品经营、影视舞台艺术、新科技应用等领域，为大运河文化带建设提供专业化、多样性金融保障，做大做强大运河文化旅游产业。

（二）坚持法治保障和绿色发展

坚持法治思维和法治方式，推动运河文旅产业发展立法，严格执行《保护世界文化和自然遗产公约》等国际性文件要求，加大促进运河系列文创IP开发的运河文创产品知识产权保护，建立健全文旅产业发展的政策法规体系，以法律规范对江苏运河工商文化遗产进行精准概括和合理划分，实现依法建设和依法管理。2020年6月，江苏省第一部专门针对大运河文化遗产保护制定的地方性法规——《淮安市大运河文化遗产保护条例》正式施行。2021年《江苏省文化旅游融合发展规划》发布，规划范围统筹考虑大运河江苏段文旅资源禀赋与空间分布特征，以大运河主河道及重要支流沿线的11个设区市范围内45个县（市、区）为核心区，11个设区市的其余区域为拓展区，盐城市、连云港市为辐射区，推进运河遗产赋能旅游发展，全力建设文化精致、景观精美、故事精彩的旅游走廊。

航运是千年运河文化的逻辑起点，江苏运河工商文化遗产的文化价值、社会价值和经济价值受到生态环境的深刻影响，江苏以生态文明建设为牵引，深入践行绿水青山就是金山银山理念，以敬畏历史、尊重自然的态度，筑牢生态之基，擦亮绿色底色，促进运河文旅产业发展与生态环境保护相协调，实现生态与文化同频共振。只有强化运河水体与长江、太湖、城市河道的关联，整体改善水质，才能够实现江苏河湖水网的绿色发展。江苏提出在现有航运发展基础上，以京杭运河先行试点示范，完善大运河生态保护协调机制，推进全线、江河湖库、左右岸、干支流协同治理，打造绿色现代航运发展示范带，促进内河航运高质量发展，推动大运河流域可持续发展。2018年12月，《江苏省推进京杭运河绿色现代航运发展实施方案》正式在全省印发。江苏统筹考虑水环境、水生态、水资源、水安全、水文化和岸线等多方面的有机联系，构建跨地域和跨水域协同机制，统筹协调沿线地区和水利、交通、农业、环保、城管、建设等行业部门，形成系统化区域协同、部门协同，以及政府与企业、社会组织、公众共建的大格局。江苏优化生态空间管控，强化环境污染治理，深化生态保护修复，加强河道水系综合利用，完善防洪排涝功能，着力水污染防治、水环境治理、水生态修复、水资源保护、水域岸线管理保护、执法监管，实现京杭大运河全线通水通航，推进运河城市高颜值生态、高品位文化、高质量产业"三位一体"协调发展。

长江与大运河交汇于扬州和镇江。锚定"共抓大保护、不搞大开发"的共同目标，江苏致力于长江经济带和大运河文化带的融合发展，统筹谋划、协同推进南水北调东线工程、江淮生态大走廊、淮河生态经济带建设。2018年镇江市出台了《镇江市长江岸线资源保护条例》，这是国内首部岸线资源保护方面的地方性法规。

（三）加强江苏运河研究和运河文化传习

唐代李汉指出："文者，贯道之器也。"北宋理学家周敦颐首次明确"文所以载道也"的主张。研究成果是承载"道"的工具和手段，以自己的方式阐发与呈现"道"的真义，"弘"江苏工商业发展的正能量，"培"江苏运河工商文化的建设基础，"铸"新时代江苏运河工商文化之魂。江苏运河手工业史、商业史、工业史、技术史等领域的研究是江苏运河工商文化遗产研究与实践的基础。系统收集与整理江苏运河手工业活动、商业活动、工业生产活动的过程记录、企业档案、访谈录音、照片与影像等第一手基础性资料，收集散落的手稿和印本书，特别是珍本善本、重要文件，开展历史学、经济学、建筑学、城市规划学、工业设计等多学科综合研究。应用激光扫描、遥感测绘、多图像拍摄技术、高清图像采集、近景摄影测量、计算机三维建模技术等数字化测量记录技术，全面系统科学地记录运河河道遗产、水工遗存、运河附属遗存、建筑营造等遗迹和遗迹关系，以及不易长久保存的历史久远的古籍，创建数字生态系统，积极开展数字化复原，赋予文物永久、完整、准确、真实的数字档案，形成可供创造性利用的数据库，实现文物信息的全方位储存和管理。这对于深化认识江苏企业自身发展历程，揭示江苏运河工商业演化的规律，探究江苏经济社会发展史，传承江苏运河工商文化基因，支撑运河工商文物的保护、研究、展示、弘扬，为文化产业发展提供丰富的素材，扩大江苏运河工商文化的国际传播，促进新时代江苏工商业和文化旅游产业发展，推进江苏运河工商文化继续发展有重要意义。

许多运河城市举办民族工商企业家的学术研讨会。无锡组织编写《荣氏家族和荣家企业档案资料联合目录》《近代无锡商会史料选编》《无锡唐氏家族创业史料》《近代无锡同业公会史料选编》《无锡祠堂家训姓氏目录》等；2020年，出版《荣德生家族百年兴旺》、荣氏企业文化研究丛书《绅商之道——荣德生的二十八个侧面》《汽笛声中——荣家企业工人生活研究》《依理而行——申新三厂经营文化研究》《和平耐劳——无锡荣氏私立公益工商中学编年事记》等。

作为首部地方运河专史，2021年《苏州大运河史》在江苏书展首发。常州持续推进"青果巷口述史"文化记忆工程，不断深耕"青果思享会"文化沙龙品牌和"青果知旅"研学品牌。2016年12月，《运河长子的担当——扬州牵头大运河"申遗"记忆》问世。2019年由100余位专家历时8年编纂的首部中国运河通志——《中国运河志》由江苏凤凰出版传媒集团正式出版发行，这是中国有史以来规模最大的运河出版工程。以江苏书画家为主创成员的运河沿线8省（市）艺术家，于2018年10月9日正式启动，历时2年创作完成长135米、高3米的《中国大运河史诗图卷》，从时间、空间、人文、自然等多个维度，描绘大运河的"前世今生"。数字赋能，运河遗产资源借助数字技术"活起来"。打造对外交流合作平台，开展国际运河研究，编辑出版《中国运河志（英文版）》《世界运河文丛》等。

乡镇村落是中华传统文化的根基，积淀了中华民族深沉的精神追求，见证了千百年来社会的发展变迁，寄托了无数华夏儿女的乡愁记忆。对镇村的历史沿革、民风民俗、物产古迹、经济文化进行系统整理，全方位记录镇村的发展轨迹和时代变迁，可以在经济社会发展中留住文化根脉。江苏素有"方志之乡"的美誉，镇村志编修传统源远流长，仅明清两代，江苏就有镇村志239种。2022年3月，江苏省政府部署实施镇村志编纂文化工程，要求到2025年，全省乡镇（街道）志编纂覆盖面达到70%以上，到2030年，基本实现全覆盖。到2025年，列入中国传统村落名录的村和省政府批准公布的历史文化名镇、名村的镇村志实现应编尽编，这为乡村振兴和文化强省建设奠定更加坚实的基础。

扬州是一座有"文气"的书香城市，坚持以文化人、以文化城，持续完善公共图书服务体系，城市书房24小时对市民免费开放，成为传播大运河文化的重要场所。2008年，扬州大明寺院内的鉴真图书馆设立了"扬州讲坛"，十几年来，百位文化大家登坛演讲，弘扬中国传统文化，成为国内顶尖的文化宣讲地。

（四）彰显运河城市品牌和IP符号

"千年运河"是统一的文化品牌，和合共生，美美与共。基于大运河江苏段的个性和稀缺性，从品牌定位、品牌设计、品牌传播、品牌管理等四个方面构建主题鲜明、辨识清晰、传播广泛的运河文旅品牌体系，塑造旅游目的地形象，构筑运河全域旅游新格局。在城市文化资源的挖掘与整理的过程中，沿线城市错位发展，既要注重物理性文化地标，又要开发虚拟价值与形态，系统提炼文化品牌，提升品牌故事的创意性，围绕文化IP形成系列产品与服务，构建体系性文化景观，为城市提供更多有创意、有故事、有体验的文化产品与服务。2021年江苏公布"运河百景"标志性运河文化和旅游产品名单。

一句"烟花三月下扬州"传诵千年，摘得"联合国人居奖"的扬州，找准自身定位，坚守休闲优势，拓展"国家历史文化名城""世界运河文化之都""世界美食之都""东亚文化之都"的"一城三都"影响力，提出了"运河原点，精致扬州"的建设目标，高水平打造大运河国家文化公园三湾非遗核心展示园和八大运河文化展示片区，向世界描绘新扬州的形象。扬州聚焦发达优质的休闲文化，擦亮"扬州早茶""扬州炒饭""扬州三把刀"等扬州休闲文化名片。风雅扬州兼具刚强气质和清正之风，如民族英雄文天祥、史可法，坚持"避寿"不收礼的清代大儒阮元。扬州还依托一年一度的世界运河城市论坛，构建全球运河城市"朋友圈"。

淮安坐落于古淮河与京杭大运河交点，处在中国南北分界线"秦岭—淮河"线上，拥有中国第四大淡水湖洪泽湖，为淮扬菜的主要发源地之一，是江淮流域古文化发源地之一。坐拥生态水城绿色基底，淮安建设国际湿地城市和国家森林城市、生态园林城市，聚力构筑"千秋淮扬"文化高地，打造"水城淮安·运河之都"，塑造"水懂我心、自然淮安"全域旅游品牌，到淮安"看河看湖看湿地，品虾品蟹品美食"成为时尚。淮安府署是目前国内仅存两座古代府衙之一，始建于明洪武三年（1370年）。"府"是明清时期的二级行政区划，地位相当于今天的设区市。明朝淮安府管辖区域为赣榆、海州（今连云港）、邳州、沭阳、宿迁、睢宁、桃源（今泗阳）、清河、安东（今涟水）、盐城、山阳（今淮安区）等九县两州，是江苏辖区面积最大的府。淮安府署雄居淮安老城中心，与镇淮楼、漕运总督部院首尾相接。2009年，淮安府署被命名为"江苏省廉政文化示范点"。

"一水横陈，连岗三面，做出争雄势。"镇江以"美丽宜人、绿色低碳"与"共同富裕、充满温度"两大愿景，展现"文化兴盛、风骨独特"，聚力城市温度，擦亮"低碳镇江"城市品牌，着力打造"江河交汇·山水名城"，让人们心目中的"山水花园名城"跃然眼前。

"幸福水天堂，泰州等你来。"弘扬"百姓日用即道"思想的泰州学派是中国近代思想史的起点，引领了明朝后期的思想解放潮流；郑板桥旷世独立的诗、书、画，世称"三绝"；京剧艺术大师梅兰芳开创的"梅兰芳表演体系"成为世界戏剧三大表演体系之一，将国粹京剧推向艺术的巅峰；新时期，一批泰州籍作家带着来自里下河的民情风俗，为中国现代文学创作提供了一个创新样本。近年来，泰州高起点打造梅兰芳、泰州学派、里下河文学流派、郑板桥等四大城市文化标识。"溱潼会船甲天下，天下会船数溱潼。"泰州被纳入运河文化旅游节点城市之后，"溱潼会船""溱湖八鲜"吸引了更多游人。

常州是全国首批全域文明城市、第一批国家文化和旅游消费示范城市和试点城市名单中江苏省唯一入选市，荣获中国人居环境综合奖；常州擦亮运河工业遗产活化利用名片，打造"三杰故里、红色名城"品牌，建设充满活力的古运河文化旅游区，首次跻身长三角十大热门旅游目的地；天目湖烟波浩渺，西太湖渔歌唱晚，美丽乡村天生丽质，"两湖"创新区全力打造"最美湖湾城"。

一部运河史，繁华姑苏图。烟雨入江南，山水如墨染。秀雅苏州集中推出吴门望亭、浒墅关、枫桥夜泊、平江古巷、虎丘塔、水陆盘门、横塘驿站、石湖五堤、宝带桥、平望·四河汇集等十大运河文化地标——"运河十景"。唐代诗人张继的一首《枫桥夜泊》传诵千古，堪称历代吟诵苏州诗词中的经典之作。当寒山寺钟声敲响，人们仿佛与千年前的张继心灵相通，实现"千年一夜"文化穿越。澹台湖是太湖水流向运河与吴淞江出海口的主要通道，据《旧唐书》所载，唐元和年间（806～820年），苏州刺史王仲舒在澹台湖上修筑长桥作为纤道，即中国十大名桥之一的宝带桥，是我国现存古代桥梁中桥身最长、孔数最多的古代连拱石桥，全长316.8米，53孔连缀。乾隆《宝带桥》诗云"印公豪敚苏公物，飞作吴中第一桥"。这座初为纤夫而建的宝带桥，千年来成为苏州的文学意象和文化符号，苏州吴江古纤道，是江南运河目前仅存的一条古纤道。2013年，吴江区政府组织对这条纤道进行了重新修缮，提醒后人勿忘昔日纤夫的号子声和他们在运河边上的辛酸和苦难。

襟江、带湖、枕河，无锡地理优势得天独厚。依托清名桥、跨塘桥等水文化遗产展示无锡"城河相连"的运河特征；依托永泰丝厂、振兴纱厂等工业遗产展示无锡近代民族工商业的发展变迁；依托南长街、南下塘、大窑路与运河河道展示独特的水弄堂格局；位于无锡市西的国家5A级旅游景区惠山古镇，是无锡老街坊风貌保存完好的街区之一，京杭大运河紧靠其北流经，总面积103公顷，核心保护区面积25公顷，清代乾隆皇帝曾六下江南七巡惠山，其中，惠山祠堂群起始于汉代，兴盛于明清，延续到民国，跨度2000余年，建有108处祠堂（惠山古镇景区提供的数据），供祭80余姓氏，是无锡乃至国内唯一的一处祠堂群，华孝子祠、顾洞阳祠等10座祠堂已被列入国家级文物保护单位，祠堂群建筑的多样性、真实性和完整度令人惊叹；惠山古镇景区获评江苏省首批非遗旅游体验基地，拈花湾、清名桥古运河、善卷洞入选江苏省首批"无限定空间"非遗进景区试点项目。

"一条长江路，半部金陵史。"位于南京玄武区的长江路，西起中山路，东至汉府街，以1800米的长度承载1800年的厚重人文历史，从六朝博物馆出发，江宁织造博物馆、总统府、民国的中央美术馆……长江路串联着上起六朝、下及当代的历史，作为现代南京的一条主干道，既有历史纵深，也有现代新潮。长江路策划推出"千年文脉、一路经典"和"1800米、1800年"品牌概念，着眼于让游客变顾客、变常客、变夜客，扩展文化和旅游消费空间，打造旅游目的地，形成稳定的文化和旅游消费场所。

豪迈徐州是中国优秀旅游城市、中国书法名城、全国生态园林名城、联合国世界生态宜居城市、全国文明城市等，当地人喝的是"霸王汤"、吃的菜谓之"十面埋伏"，汉墓、汉兵马俑、汉画像石"汉代三绝"巍峨壮观，梆子戏高亢激越，"拉魂腔"柳琴戏、淮海戏呈现楚汉文化巍巍雄风,风筝"硬翅鹞"造型矫健。900多年前,苏东坡在徐州阳春亭作《快哉此风赋》,留下了"贤者之乐,快哉此风"的千古名句。徐州致力于打响"快哉徐州"文旅品牌,打造世界级汉文化传承和旅游目的地。

宿迁,建设水生态文明城市,是"杨树之乡""名酒之乡""水产之乡""花卉之乡""蚕茧之乡",作为大运河全线首屈一指的皇帝巡视河工必经驻跸之地,乾隆六下江南五次驻跸于此,赞叹宿迁为"第一江山春好处"。

丹顶鹤的家园、麋鹿的故乡——盐城,提升"东方湿地之都,仙鹤神鹿世界"城市旅游品牌形象,建设绿色能源城市、国家森林城市,"海上风电第一城"释放"盐城好空气",吸引人们追寻"让人打开心扉的地方"。

南通彰显江风海韵,依托启东圆陀角三水交汇、咸淡分潮的独特自然风貌,打造地标性江海文旅项目。在长江南通段滨江地带建构承载江城乡愁、留存长江记忆的公共文化空间,使之与城市建设和生态空间营造完美结合。绵延2000余年,依托运盐河与串场河相连接的南通各盐场草煎盐业,留下了很多优美有趣的掌故传说。这些历史文化遗产,为南通开发"运盐河暨串场河历史文化"旅游业奠定了基础。

"大圣故里"连云港,坐拥"孙悟空老家"花果山资源,是西游记文化的发源地。"东胜神洲,国近大海",花果山自古就有"东海第一胜境""海内四大灵山之一"的声誉。连云港依托山海元素,传承海州文脉,凸显天赋异禀。

盐城、南通、连云港沿海三市深入挖掘海洋文化内涵,构筑海洋渔业旅游、海洋盐业旅游、海食文化旅游、海洋民俗风情旅游、海洋夜生活旅游、海洋体育竞技旅游、海洋文化观光等文化旅游产品体系,使江苏沿海文化成为包容性较强的文化融合体。

(五)发布精品文旅线路

充分挖掘大运河文化、江苏地域文化和江苏运河工商文化的内涵,使之成为江苏显著的文化标识。以大运河世界文化遗产为基础,着眼于让人们纵览大运河迷人风光,领略大运河历史人文的无穷魅力,集成大运河沿线街市繁华景象、居民生活习俗等资源,打造带有大运河印记的系列文旅精品,全方位展现江苏运河工商文化的独特风韵。大力培育文旅产业发展的新业态新模式,推动文化、旅游、教育、体育、商业、农业等多业态融合,积极开发互动式、参与式、沉浸式文化旅游产品，实现全产业链发展。开展文旅资源普查和系统梳理，基于大运河世界文化遗产以及古镇古村落、文化遗址遗迹，串联沿线优质文旅资源，推出大运河生态游、世界文化遗产研学游、漕运盐运文化游、水利水运科普游、古城古镇游、红色文化游等富有江苏特色的大运河文化旅游精品线路以及长三角"高铁+运河"旅游线路、大运河主题入境旅游线路。集中推出"运河百景"标志性文旅精品。打造大运河水上游览线，创新开发大运河夜游、策划开发水上观光和滨水休闲游。运河城市之间开展跨城市旅游资源保护，开发能串联全域的文化旅游主题性线路。

"常州经开区大运河红色工业旅游线"依傍京杭大运河，线路为：运河文旅长廊→大明厂→戚电公司→戚机公司→运河公园。运河文旅长廊覆盖延陵东路网红梧桐路，运河党建文化公园是融合党史学习教育、工业文明展示、先锋模范宣传、市民休闲娱乐等为一体的红色主题公园，两处都是现代集聚打卡网红景点。三家百年企业是常州民族工商业的摇篮，大明厂（天虹大明1921创意园）是著名爱国实业家刘国钧在常州的纺织工业遗存，戚电公司成立了江苏省电力系统的第一个党支部，戚机公司曾见证过抗日战争时期的工人斗争史。整条线路串联起丁堰的工业、文化、旅游资源，游客在实境课堂中学党史、强信念。

（六）建设富有大运河文化底蕴的世界级旅游景区和度假区

旅游景区和度假区发挥平台优势，整合古运河资源，促进文化、商业、旅游、环保融合发展，增强核心吸引力，培育文化引领、科技赋能的旅游休闲新空间，不断提升大运河的品牌形象，构建文化景观长廊、生态旅游长廊和高端服务业长廊，打造古运河"文商旅绿"融合靓丽风光带，建设具有运河特色、水乡风情的高品质都市休闲度假目的地，打造集世界文化遗产、旅游休闲度假、文博艺术体验于一体的国内一流大运河活态博物馆，塑造新时代的城市气质和形象，展现古韵今味的运河城市风华，成为彰显江苏运河城市文化的重要名片。

无锡经批准于2017年12月设立江南古运河旅游度假区，度假区占地12.8平方千米，尽揽"老无锡"工商文化核心资源，是江苏省唯一一个在中心城区设立的省级旅游度假区。2018年以来，度假区积极推进立法工作，制订《无锡江南古运河旅游度假区管理办法（草案）》；整合、深化与完善度假区城市设计，编制《无锡江南古运河旅游度假区概念性城市设计》；开展资源调查全面摸底工作，分列出环境、资源、旅游设施、公共设施、建设投资、社会效益等数据指标，每个季度对度假设施接待情况进行动态跟踪和及时更新；加强体制机制创新，根据自身特点和发展需要，找到适合自己的发展之路。2018年以来，依托"千里运河独一环"的环城古运河和"江南水弄堂、运河绝版地"的历史街区，度假区接待人数、旅游经营收入总额、住宿接待能力、社会带动和游客满意度等持续保持稳中有升，市场关注度在全省度假区中名列前茅。无锡荡口古镇是国家AAAA级景区，依托古镇原生态的渡口、驿站、义庄等与众不同的建筑风貌，结合环形水系的特色优势，设计游览动线、活化提升展馆，打造以互动体验为主的无边界展馆，让文化走出展馆、走进街区、走入生活，写生基地、咖啡文化节、艺术展、实景演出……荡口古镇变得越来越文艺。

扬州布局打造了宝应湖、邵伯湖、清水潭、瘦西湖、凤凰岛、天乐湖、瓜洲7个旅游度假区；以特色小镇为载体，结合美丽田园乡村建设，培育运河沿线瓜洲、湾头、泰安、邵伯、界首、菱塘等10个旅游风情小镇，串联起多条大运河旅游精品线路，"尽显扬州运河之美"。

清江浦区是淮安的唯一主城核心区，着力打造全域旅游清江浦模式。清江浦区资源禀赋优越，拥有"四水环绕""五水穿城"的优质生态，以及淮海中心商业区、水渡口中央商务区"两大核心商圈"，打破传统"以景点为中心"的宣传推广模式，打造"文化体验+生态观光+美食购物+休闲度假"的综合功能体系。围绕里运河、分淮入沂二河段、淮河入海水道、大运河淮安段"四水一环"，连接清晏园、清江浦记忆馆、清江浦楼、中国漕运城等重点景区，串联散布其间的名人故居、名胜古迹、宗教遗迹、古巷民居，把分散的旅游资源和景区景点连成线、抱成团、集成片，着力打造大运河区域领先、国内一流的大运河旅游度假目的地。坚持"全域化市场，一体化营销"，将旅游产品营销与目的地推广相结合，策划举办春季清江浦庙会暨百花节、夏季清江浦大运河文化节、秋季王瑶卿戏曲艺术节、冬季运河马拉松赛等"运河文化季"系列活动。

大运河旅游度假区还有淮安里运河文化长廊、宿迁骆马湖旅游度假区等。

（七）打造特色文化街区和综合性文化旅游载体

街区和文旅综合体可以吸纳就业，增加文化产业产值，带动旅游，引流消费者，增加城市平均逗留时间，形成与规模景点相当的人流量，扩大城市对外文化影响力。特色街区和综合性文化旅游载体建设，要把老字号和商业街区融为一体，打造商业繁华地、品牌首选地、旅游目的地、文化展示地、市民休闲地。商业街区要坚持错位发展，避免千街一面，深挖用活街区的文化资源，展现市井文化，文化展示与文创消费相融合，不断进行新业态新模式新消费的创新，积极引入特色商业、民俗体验、文化休闲等优质业态，特色品牌店铺"老味道"与"新韵味"并存、"高大上"和"接地气"共生，城市文脉融入现代生活，凸显城市个性，增强城市活力和吸引力。

扬州推动东关街、康山文化园、扬州三把刀特色步行街等提档升级。在北护城河文化旅游集聚区开展推动"古运河重生""古城新生"的首发项目、精品工程，瘦西湖、红园、虹桥坊、486街区、冶春、个园形成无缝衔接的大循环旅游体系，成为扬州"好地方"的文化旅游亮点、城市更新名片。扬州双东历史文化街区吃住行游购娱应有尽有。位于南河下170号的汪鲁门故居紧邻古运河，是扬州现存规模最大的盐商旧居，南河下历史文化街区依托盐商文化和会馆遗址，成为扬州美食文化又一地标。在扬州建城2500年之际，位于主城区繁华地段的"扬州486非物质文化遗产集聚区"正式设立。雕版印刷、古琴艺术、扬州剪纸、漆器髹饰、扬州刺绣、扬州玉雕、金银细工与毛笔制作等非遗得到了活态展示。

淮安南郊的水上立交，淮河在下方的河床上自西向东流向黄海，其上方悬空6米，南北向的京杭大运河上船只穿梭，呈现淮河与京杭大运河各行其道的奇观。明朝水利专家潘季驯主导在洪泽湖东岸筑堤提高水位，以此形成急流冲刷黄河在清口淤积的泥沙。400多年来，这里形成了堤、闸、坝、堰和转水墩等40多处水利工程，凝聚了江苏人民400多年的治水智慧。

镇江西津渡历史文化街区是镇江文物古迹保存最多、最集中、最完好的地区，具有"活化石"般的古代风貌，许多建筑在江苏乃至全国都堪称"孤本"。现今这里吃、住、行、游、购、娱一应俱全，将观音洞、云台阁、救生会、方志馆、民间艺术馆、镇江博物馆多点成线，打造"文博西津"文旅新动线，并且融入非遗项目，植入文化创意、互动体验、音乐影视、水上集市等新兴业态，营造浓厚的地域文化氛围，再现"天外贾客归，云间片帆起"的繁华景象。

宿迁以大运河文化为底蕴，以典型清朝宫殿式样的龙王庙行宫为主阵地，打造大运河南翼重要城镇——皂河古镇。"皂河龙运城"构建"一源三脉十渡"总体布局，"一源"即皂河之源（乾隆行宫、安澜湖、复水殿组成），"三脉"即"大运传奇""十里通圣"和"百里河社"三个集群区，"十渡"即以"安澜渡""泗水渡""邗江渡"等极具航运文化命名的十大特色功能片区，全方位讲述大运河故事，全时段展现大运河文化。

南通建设寺街、西南营、唐闸、濠南4个历史文化街区。寺街是南通最悠久的历史街区，因天宁寺而得名，被誉为南通城历史文化的根。西南营历史文化街区形成富有南通特色的居住文化；唐闸历史文化街区以通扬运河为依托，街巷肌理清晰，具有独特而又完整的工业、仓储、交通、水利、文化教育、居住等功能体系，被誉为中国近代工业遗存第一镇；濠南历史文化街区，形成以近代风貌及文化博览、旅游、休闲为特色的历史文化街区。古掘沟遗址如皋段，是中国大运河历史文化遗产不可分割的一部分。保护利用好古掘沟，打造国家级乃至世界级历史文化考古遗址公园。

无锡将清名桥、南长街、南禅寺、小娄巷、崇安寺、接官亭弄、黄埠墩、北尖公园等割裂分散的景区街区"串珠成链、闭合成环"，打响"江南水弄堂·运河绝版地"品牌，呈现"千里运河·独此一环"的优美风光。原机床厂所在区域改造为运河外滩。清名桥历史文化街区形成清名桥、伯渎桥、古窑桥三桥环绕格局，集城市肌理还原、文化传承创新、商业复原为一体，彰显中国民族工商业的文明风采，融入新一代成长记忆，成为独具特色的大运河高品质文化生活服务圈。小娄巷着眼于挖掘和放大"千年才巷"的内涵，商业定位不断提升，引进的业态匹配整个街区的文化属性，优选代表品质生活的店铺，而街区的提升也带动了片区城市功能的提升以及公共服务与基础设施的改善，为公众带来更多新的文化体验。梅里古镇在保护文物的基础上，把人们的生产生活创造也纳入保护利用范围，彰显和传承街区的文化价值，薛燕戏曲工作室、赵氏工坊、国韵文化工作室、桑蚕文化馆落户古镇，探索传统与时尚融合共生、文化和旅游彼此促就的古镇发展之路。

苏州虎丘山有"江左丘壑之表"的风范，虎丘景区内上演的昆曲特色活动等，成为苏式生活名片。枫桥风景名胜区以活态传承见长，枫桥诗会、沉浸式演出、船舫民宿等令人流连忘返。平江历史街区又称平江古巷，是苏州现存最典型、最完整的古城历史文化保护区，距今已有2500多年的历史，状元府洪钧故居、清朝乾隆大宅礼耕堂潘宅、顾颉刚故居等堪称中国民居建筑代表，古巷中流传着"潘家献鼎""洪钧与赛金花"等传奇佳话，沈宅、全晋会馆是评弹、昆曲非遗活态传承的重要载体。

常州青果巷历史文化街区面临城区运河段，青果巷并不算长，但粉墙黛瓦、高墙深院之间，走出了无数杰出人物：仅明清两时期，出自青果巷的进士就将近百名；近代和现代，实业家盛宣怀、小说家李伯元、爱国实业家刘国钧、国学大师赵元任、语言学家周有光等知名人士都是从青果巷走出。街区以文脉传承为核心，以江南文化、运河文化为底色，以名人文化为特色，集名人展馆、非遗体验、餐饮住宿、文创商业、红色旅游等多业态融合发展，成为游客的首选打卡地。

徐州蔺家坝，2018年被列为江苏省大运河文化带建设标识单位，以蔺家坝船闸核心，多维视角展示航运文化内核，建构文化标识。新沂窑湾古镇现存清朝和民国初期民居813间。明末清初建有商号、工厂、作坊360余家，形成的两条古街道基本保持原有风貌，还有古庙、名人碑亭、古桥、古槐、古松等自然人文景观20多处。除了"窑湾三宝"甜油、绿豆烧、云片糕之外，还有独具特色的非遗剪纸，展示古镇独特的商业、民俗、饮食文化以及古镇建筑文化。

盐城东进路美食街以餐饮为特色，汇聚了盐城八大碗、上海人家、北京餐厅等特色餐饮，东联水街，有效实现商旅文有机融合；新弄里以"潮玩·艺术·音乐·时尚"为品牌内涵，有效集潮玩休闲、创意文化、精致餐饮及生活娱乐为一体的全新商业模式，成为年轻人热衷的"打卡地"；城东片区以中韩（盐城）产业园建设为契机，建设韩风国际文化名城，打造韩国特色街区。

连云港老街历史文化街区位于江苏云台山北麓，北临黄海，兼具民国风情和山海港城特征。夜间的篝火晚会、"夜回民国"活动，节假日的生蚝节、啤酒节，使街区既浪漫又充满烟火气。

（八）运河节庆

重塑运河空间文化形态，丰富运河故事当代表达。通过节庆活动，整合江苏大运河沿线文旅资源，搭建大运河沿线城市文旅融合发展平台、文旅精品推广平台和美好生活共享平台，展示大运河厚重的文化底蕴、当下的美好生活以及文旅融合发展的创意能量，并将大运河文化旅游产品介绍给世界各地。"中国会展品牌榜"发布，中国（徐州）汉文化旅游节、中国南通江海文化旅游节获得"2021年度中国最具影响力节庆"殊荣。

扬州打造中国扬州淮扬菜美食节等品牌节庆会展和地方特色美食节。宿迁围绕推进"酒旅城"融合发展，主办中国酒都（宿迁）文化旅游节。泰州举办梅兰芳艺术节，凤城河畔成为历届开幕式的固定举办地。

无锡江南古运河旅游度假区强化宣传推介，主办2018江南古运河风情夜游节，承办第四届2018中国（无锡）商旅文产业年会暨"大运河文化体验行"活动，推广"江南古运河"品牌。以"畅游甜美运河·乐享非遗之魅"为主题，2021中国大运河非遗旅游大会暨中国大运河非遗论坛、2023中国大运河非遗旅游大会暨惠山泥人文化艺术节在无锡举行，大会以非遗和旅游融合发展为着力点，探索非遗跨界融合传播和非遗活化实践，弘扬大运河时代精神，提升大运河文化服务内涵。江苏立足大运河全域，以"融合·创新·共享"为主题，每年举办大运河文化旅游博览会，主打"大运河牌"，推动文化和旅游融合发展，2019年首届运博会在扬州举行，2023年第五届运博会在苏州举行。

年度音乐盛事"咪豆"音乐节永久落户南京天生桥景区。2020年10月，第八届咪豆音乐节上，10万多名乐迷在体验秦淮文化、运河文化同时享受到"旅游＋音乐"的饕餮盛宴。作为江苏省内拥有最长长江岸线的县级市，张家港连续多年举办长江文化艺术节，开辟传承、繁荣长江文化的新空间。

（九）夜经济夜生活

当今社会，夜间经济的繁荣程度已成为一个城市的开放度、消费新动力的重要标志，夜间经济已成为文旅业新的"流量担当"，而夜游经济是夜经济最具活力的组成部分，正如宋代辛弃疾词云："东风夜放花千树，更吹落、星如雨"。江苏探索"夜经济＋"模式，丰富夜经济层级，深耕大运河文化，以地域特色文化为核心，讲好城市故事，打造独特的城市夜市印象，在季节变换的不同节点因地制宜推出系列活动，打造沉浸式运河夜生活新场景，一体化组合夜购、夜食、夜游、夜娱、夜秀、夜读、夜宿等主题，打通了满足市民、游客各方面需求的闭环系统，刺激消费、拉动内需，把市民、游客和商家链接起来，持续"吸粉"，把流量变成"留量"，培育夜间文旅消费集聚区，大力营造文旅商深度融合、业态产品丰富多样、基础设施配套完善、消费环境和管理运营机制优、品牌和市场影响力大、文旅消费辐射带动力强的产业集群空间，人们在这里体验水上慢生活、文化慢生活，感受运河城市的文化底蕴、都市繁华和独特魅力。2020年，江苏率先出台全国首个夜间文化和旅游消费集聚区建设指南和评价指标。

2020年8月8日无锡梁溪区南长街启动"今夜'梁'宵——无锡夜市一条街"活动，古运河、良宵夜、无锡味三位一体打造夜经济品牌，在古运河和伯渎港交汇处，水陆联动、人景互动的沉浸式体验使游客尽享美好慢生活。2020年，清名桥历史文化街区荣获"长三角夜间文化和消费样板街区"称号，夜经济下的街区已成为市民理想的休闲地、游客的必选地、年轻人的打卡地、城市夜市经济的新高地。

常州着力"龙城夜未央"夜生活品牌，培育"夜公园""水世界""灯光秀""音乐节"，让城市消费更加年轻化、时尚化。

苏州的"姑苏八点半"，发展以"观前街—平江路""山塘街—石路""南门—盘门"三大片区和"环护城河"水上观光带为核心区域的夜间经济，以橹声灯影、评弹昆曲、小巷石桥、临水客栈、赤豆圆子、虎丘泥人的苏式生活体现"国风苏州"的"慢"，吸引市民和游客，推动起经济发展的"快"。

2021年，扬州推出国内唯一的唐诗主题"二分明月忆扬州"大型沉浸式夜游，实景演出再现唐代诗人徐凝笔下的"天下三分明月夜，二分无赖是扬州"盛景。主游线长达3.5千米，以唐诗为魂，以光影为媒，"月"元素贯穿活动始终，推出光影诗画夜游、交互场景体验、花车花船巡游、千灯夜市，市民、游客通过领略唯美的灯光效果，穿越千年云烟，徜徉在唯美诗画中。

徐州打造"国潮汉风·夜彭城"品牌，紧扣"夜学、夜赏、夜游、夜娱、夜食、夜购、夜体、夜宿"8个业态主题，彰显"汉文化、徐州味、烟火气、时尚潮"元素，广泛开展"缤纷文旅·共享生活"文旅活动，徐州汉乐乐团推出大型原创音乐《汉乐华章》。作为锦鲤文化的发源地之一，徐州推出汉风锦鲤线上惠民活动。

南京聚焦"一山（紫金山）一江（长江）一城（明城墙）一湖（玄武湖）一河（秦淮河）"，形塑"夜之金陵"品牌，细化为夜购金陵、夜食金陵、夜宿金陵、夜游金陵、夜娱金陵、夜读金陵、夜健金陵等7个项目，分别对应蕴含南京特色的购物、餐饮、住宿、旅游、娱乐、文化和健身等7个主题内容，着力满足不同文化层次、不同活动需求群体的夜间生活需要。

（十）文化、旅游与科技融合

科技赋能文化旅游，创新驱动文化旅游。科技应用日益成为文化和旅游高质量发展的重要举措。强化科技为民理念，将科技创新贯穿文化和旅游发展全过程，推进5G、物联网、大数据、云计算、区块链、虚拟现实、人工智能等现代科技在各类文化和旅游消费场景的应用。以科技来承载和表达文化旅游，推动大运河文化数字再现，提升文化旅游产业发展新优势，构建全媒传播格局，打造永不落幕的网上空间，用新视听传播讲好更多江苏运河工商文化故事。培育一批云展览、云演艺、云剧场，生动呈现千年运河的历史底蕴、文化内涵和时代价值。完善提升江苏智慧文旅平台功能，扩大"苏心游"智慧服务应用。借助年轻群体喜闻乐见的流行方式，针对年轻人"触网"爱好，发展"游戏+旅游"新模式，线上通关与线下体验相结合，让悠远精深的运河文化为年轻人所关注与喜爱。

泰州凤城河，与西汉初年开凿的古盐运河一脉相承、彼此连通，是全国保持最为完好、规模最大的古代护城河。"凤城河夜泰美"，凤城河景区推出跨媒体演艺水秀《水韵凤城》，凤凰姑娘、梅兰芳、柳敬亭、泰州舰、早茶文化等泰州元素被巧妙糅入故事，把全息影像、裸眼3D、全息声场布置在近景区域，以水雾作为"语言"来讲述这则故事，打造一片既融合当地历史文化，又符合市民视听审美的夜景水雾，带给观众融合视觉、听觉、触觉的感官盛宴。

唐闸古镇这座"中国近代工业遗存第一镇"引入小程序，这个程序里不仅有光影交互还有虚拟街区，把古镇商家都聚集在内。古镇设置的高清摄像头，除了起到安全监控的作用，还通过智能化感知和识别，为市民和游客进行个性化消费推荐，打通了"线上+线下"的双向链接。

在2018年5月18日国际博物馆日，名为"第一届文物戏精大会"的H5刷屏朋友圈。点进去后会看到千年的文物复活了，说着当下的流行用语，面部表情滑稽可爱，累计播放量破1亿，点赞量近千万。2019年省内各地博物馆通过虚拟现实技术，纷纷上线"实景展览""虚拟漫游""数字文物"等项目，打造能看、能听、能学、能玩，全方位、立体式、多层次的线上博物馆，让游客穿越时空获得全新沉浸式体验，收获丰富知识和启迪。2019年"5·18国际博物馆日"中国主会场活动在南京博物院举办，3天的直播收看量达到21亿人次。短视频助力，越来越多运河沿线城市"出圈"。《中国潮经济·2021网红城市百强榜》上，大运河沿线城市占据17席，其中江苏4个运河沿线城市跻身前10，分别是苏州、无锡、常州、扬州。

盐城开展淮剧数字化推广，集VR导览、淮剧视听、短视频创作、社区互动、版权存证、版权交易、荣誉展示七大功能于一体的淮剧综合服务平台——中华淮剧官网及APP，让淮剧成为盐城文化的"流量担当"。打造全网首个以剧种命名的戏曲官方账号，以"中华淮剧"为名，在抖音、微博、百度、腾讯、视频号等新媒体平台和喜马拉雅、网易云音乐两大FM音乐平台入驻运维；此外，盐城还打造了国内首个淮剧"城市会客厅"，通过与喜马拉雅平台合作开发淮剧数字音频产品，建设线下"有声书屋"，实现线上线下同步推广。目前，有声书屋已创设朗读亭、有声图书馆、立式听读机、有声明信片、阅读声量大屏、大咖唱片墙等场景，可实现听、说、唱、学等多重淮剧体验。为吸引更多网友走近淮剧、认知淮剧，盐城还开发数字淮剧衍生产品，将麋鹿形象与淮剧行当结合，设计了生、旦、净、丑四大

"淮剧戏迷鹿小迷"卡通形象，并推出一系列数字化商品、文创产品，不断丰富盐城淮剧IP生态圈，吸引更多年轻人"入圈"，也让淮剧文化更有活力。

（十一）实景演出与戏剧表演

2014年江苏创排歌剧《运之河》，以大运河的开掘、通航为经，以隋唐的朝代更迭为纬，编织出一部巡演国内外的释放出正能量的历史正剧，受到中外观众欢迎。镇江积极推进以大运河为主题的扬剧《若水情》等文艺精品创作，扬剧《"河"约》获江苏省第四届文华奖小戏类优秀节目奖。

盐城作为淮剧的重要发源地与传承地，积极打造淮剧小镇。淮剧小镇地处"中国淮剧之乡"建湖的九龙口，由沙庄古村改建而成。小镇以文化内核体现历史感，以现代淮剧《小镇》为蓝本，立足当地历史地理风貌，通过小品、构筑物等多种形式体现淮剧剧种元素，凸显"戏在村中"的效果。植入现代淮剧《小镇》剧情里的18个场景，使小镇成为淮剧《小镇》的原型地，引导游客感知戏中场景、熟悉戏中人物，凸显"村在戏中"的效果。淮剧小镇创新淮剧游乐、淮剧文化、淮剧演艺、淮剧商业等淮剧主题业态发展模式，将淮剧文化具象化，将具象化的产品产业化，使淮剧实现当代焕新。

"人生代代无穷已，江月年年望相似。"扬州诗人张若虚的传世之作——《春江花月夜》，融诗情、画意、哲理和对宇宙奥秘的探索为一体，在大运河文化中占据重要地位。2013年，扬州在瘦西湖万花园首演了精心创作的大型园林实景演出《春江花月夜·唯美扬州》，运用现代3D全息技术与高科技声光电手段演绎厚重的历史文化，满足现代人的文化需求。

位于南京熙南里历史文化街区的大型实景360°全沉浸互动演出《南京喜事》，是2020年全国文化和旅游融合发展十大创新项目之一，通过观众和演员"零距离接触"的方式，复活金陵文化，在现实空间中创造一种身临其境、触动心灵、唤起共情的"古代"生活。

（十二）繁荣影视艺术和文学作品

大运河文化的传播与发扬离不开反映大运河人文精神、具有艺术感染力的影视和文学的精品力作。2010年，以近代著名扬州散文家朱自清之名命名的"朱自清散文奖"正式创立，这一中国散文界的标志性奖项，由《人民文学》杂志社和扬州报业传媒集团等共同发起。镇江制作微电影《运河·润州》。扬州曾举办大运河主题国际微电影展作品征集活动，创作了《鉴真》《运河之子》等一批在海内外取得良好反响作品。2014年底央视播出电视剧《大清盐商》，全景展示了扬州盐商对于乾隆时期经济的重要影响，剧中还展现了扬州园林、扬州八怪、淮扬菜系等扬州特色文化，获评第十一届全国电视制片业"电视剧优秀作品"奖。无锡荣氏企业文化研究会拍摄纪录片《荣耀商魂》，无锡市文保基金会出品专题片《向西、向西——荣氏企业西迁记》和《荣德生1949光明抉择》，生动讲述了荣氏家族的传奇故事，展现了名人故居的人文内涵。

2019年江苏人民出版社出版《运河两岸有人家》，从1953年延续到2019年的300多张珍贵照片，记录了气韵生动的大运河江苏段跨度66年的变迁。

2022年，《坡子街文萃》三卷本由中国言实出版社出版。全书53万字，收入2019年9月至2020年底在《泰州晚报》文学副刊"坡子街"上发表的178位泰州籍作者的238篇散文。这些文章以"非虚构、接地气、抒真情"的平民化叙事和文风迥异的写作方式，既有对当前现实生活的真实描写，也有对过去岁月的回顾，勾勒了泰州城市城乡图景，真实呈现历史进程，具有原生态特征，是一部鲜活的泰州地方志。

（十三）展馆展示

博物馆是典藏、研究、展览人文和自然遗产的公益机构，具有教化导向作用，承担了向社会提供公共文化服务的职能。作为世界遗产的大运河天然具有教育、研究和传播的功能。在系统研究江苏运河工商历史文化资源的基础上，打造面向未来的综合性或专业性展馆，不仅集中展示工商建筑、生产工艺、机器设备的特点，而且清晰呈现江苏工商业的发展历程，承载让人难忘的精神和回忆，还能整合资源，发挥景观功能和社会教育功能，是挖掘工商业遗产价值，保护、传承与利用江苏运河工商文化的基本手段。

江苏因地制宜建设展陈空间，由政府、行业、企业或高校主办建设各具特色的博物馆、展览馆，融入地方经济社会协调发展，提供优质公共文化服务，打造文化旅游品牌，服务江苏大运河文化带建设。一大批提档升级的博物馆让沉睡的文物活起来，成为当地的旅游"流量明星"。

南通博物苑位于濠河之畔，以"设为庠序学校以教，多识鸟兽草木之名"为宗旨，于1905年由张謇所创办，是中国最早的公共博物馆，是苑囿与博物馆理念融合的"园馆一体"的博物馆，是中国博物馆事业的发祥地，2008年跻身首批国家一级博物馆行列，现有历史文物、民俗品物、自然标本等各类藏品5万余件。

2016年，扬州槐泗镇关闭并搬迁大运河沿线的12家船厂。该镇保留松川造船厂3500平方米的厂房和一台60万吨的龙门吊，在造船厂原址上建造国内首座大运河船舶文化博物馆，展示大运河边曾经辉煌的造船史和大运河船舶文化。2018年，扬州建成扬州家风文化展示馆、张若虚纪念馆。2021年6月16日，作为展示中国大运河全流域、全时段的标志性工程，位于扬州三湾的中国大运河博物馆正式开馆，成为中国大运河文化带新地标、著名旅游目的地，给人们多一个来扬州的理由，已成为来扬州旅游必到、扬州本地人常来的"文化客厅"。扬州建设和改造提升"世界美食之都"城市展示馆、中国淮扬菜博物馆。

大运河淮扬段不断完善盐业盐商主题文化展馆群，建成隋炀帝墓考古遗址公园。

淮安2022年1月开工建设淮安城市文化新地标——中国水工科技馆，总用地面积11.3万平方米，总建筑面积9万平方米，旨在建设集科普、展示、体验等功能于一体的"水工"主题科技文旅综合体，深入挖掘淮安中枢集成的水工文化，展现水利遗存，展示中国水工科技、水工历史。

镇江，依托英国领事馆旧址建设独具魅力的花园式镇江博物馆，镇江商会旧址等一批场地也被利用起来，用于展示镇江的大运河文化。

宿迁的中国粮食博物馆是目前国内唯一的以粮食为主题的博物馆，全方位展现粮食在生产、储藏、加工等环节所形成的历史文化积淀及其演变过程和人文内涵。宿迁酒都公园酒史馆设置有"酒都醉天下"（宿迁酒史展区）、"壶中日月长"（中国酒史展区）、"琼浆嘉年华"（世界酒史展区）三大展区，活动将通过影片、场景复原、实物展示、图文再现、趣味互动等形式，向游客和市民展现丰富多彩的酒类历史文化。

2017年6月，常州市大运河记忆馆亮相，展现"运河历史""运河遗存""运河风物""运河儿女""运河新姿"。依托青果巷独特的人文资源，常州陆续开放了青果巷文化记忆馆、周有光故居、常州盟史馆、唐荆川纪念馆，形成了常州文化博物馆群落。

无锡博物馆收藏了1915年无锡丽华布厂开厂之初的厂牌及其1930年引进的一台英国捻线机、一台复洗机；国家一级文物——原无锡申新三厂1921年、1922年两台英制纺织机。2014年6月，以"大运河"为主题的无锡数字博物馆开放。江苏省首座露天地质博物馆，是黄龙山地质公园。黄龙山地块是宜兴"陶源"，各类陶文化遗址集聚。

2013年6月，苏州大运河遗产展示馆开馆。2020年6月，全国第一座全面展示吴地文化的地方性特色博物馆——苏州吴中博物馆（苏州吴文化博物馆）建成开馆，馆藏吴中地域考古出土文物7000多件（套），打造高水平、有特色的区域文化综合体，促进吴文化和江南文脉的传承发展和转化创新。

南京博物院集考古发现、科学研究、文物征集、典藏保护于一身，已成为影响力广泛的大型历史艺术综合性博物馆。2017年正式对外开放的南京运河文化展示馆——天生桥博物馆，围绕漕运文化底蕴和运河沿岸的历史文化资源，设置了多个互动展示区，以游船作为参观载体，依托5D互动体验技术，让游客身临其境地感受明朝胭脂河的开凿历史。

"秦唐看西安，明清看北京，两汉看徐州"。徐州藏有"目前国内出土年代最早、玉片数量最多、玉质最好、制作工艺最精的玉衣"，中国有确切纪年的使用百炼钢技术的最早的钢剑……徐州博物馆、狮子山汉兵马俑博物馆、龟山汉墓陈列馆和汉画像石博物馆等博物馆群，成为徐州旅游亮点。

（十四）打造"生活秀带"

活化利用好工业遗产资源，才能更好弘扬工业文化。2019年，国家发改委等15部门联合印发的《关于推动先进制造业和现代服务业深度融合发展的实施意见》提出，发展工业文化旅游，挖掘工业遗产历史文化底蕴，开发集生产展示、观光体验、教育科普等于一体的旅游产品。工业旅游作为工业遗产活化利用的模式之一，以工业遗产为载体，通过研学旅行和体验式旅游，体现工业技术成果和科技文明，形成集旅游、生产、教育、休闲于一体的工业文化旅游新模式，正成为江苏文旅业发展中一道亮丽的风景线。

盐城市区的肉联厂工业遗址，水塔、冷库、走廊等是见证二十世纪六七十年代盐城肉联厂辉煌的时代印记。2019年底，肉联厂退出"历史舞台"。为保留这片工业遗址，盐城针对保留的历史建筑，采用"修旧如旧"的手法，恢复老建筑风貌。利用肉联厂原有冷库，打造"冰雪世界"主题文体综合商业项目，填补盐城冰雪旅游综合体的空白，工业遗产重现往昔荣光。

作为宿迁酒业的龙头，白酒行业的标杆，洋河股份根植于宿迁这片沃土，大力发展和弘扬酒文化。近年来，洋河股份建设了白酒银行、陶坛库、梦之蓝中央酒区、天下第一坛、企业文化馆、产品体验馆、游客接待中心、大师园、酒道馆、双沟珍宝洞、朱氏槽坊等一大批高质量的酒文化项目。目前拥有全国重点文物保护单位"洋河地下酒窖"和省级重点文物保护单位"洋河、双沟老窖池群",建成中国白酒活态博物馆群,老窖池群及酿酒作坊列入国家工业遗产保护。洋河、双沟先后获批国家4A级旅游景区,每年接待游客数十万人,带动了地方旅游产业的蓬勃发展。

(十五)工商业名人祠堂和故居

名人是一座城市的骄傲,工商业名人故居和祠堂闪烁着精神的光芒,是物质文化遗产中"人"和"物"联系得最为密切的一种类型,蕴含着作为建筑和名人两方面的价值,不仅是历史建筑,也是了解工商业名人生平往事、感受城市历史文化的重要窗口,是城市历史文化的重要载体,是城市特别的个性标识和独特的旅游资源,也是城市软实力的重要代表。要将城市的工商业名人故居和祠堂等人文景点串珠成链,增加展览、研学、文创、演艺等功能,推动文化空间提质扩容,让人民群众走进名人故居和祠堂,了解名人故事,感受故居和祠堂的鲜明的地域文化特色和具有时代性的审美艺术风尚。

无锡惠山祠堂群中,唐襄文公祠的明朝抗倭民族英雄唐荆川是中国毛纺工业的开拓者——唐君远家族的祖先。建于1911年的杨藕芳祠,记载了与其兄杨宗濂创办无锡业勤纱厂的杨藕芳(即杨宗瀚)的事迹。留耕草堂,又名潜庐,则为清末邑人杨艺芳(即杨宗濂)之园林,园名取《易经》"潜龙勿用"之典。此外,还有仗义疏财、独资建造无锡吴桥的徽商吴子敬等祠。民国时期,随着无锡民族工商业崛起,一批行业祠和会馆祠在古镇建立。

省级文保单位——荣德生旧居位于无锡老城厢健康里16号,在无锡市文化遗产保护基金会的修缮维护下,荣德生旧居进行了精心布展和资源整合,于2021年11月24日正式对外开放,接受市民游客预约参观,并安排志愿者提供全程导览和讲解服务。

无锡运河两岸有薛南溟等名人故居20多处。南长街的近代民族工商业巨子祝大椿故居,占地面积3.6万平方米,历史建筑1500平方米,故居内设立传统戏曲音乐博物馆,引入了锡剧、古琴等非遗项目的展示和培训,使静态的物质文化和动态的非物质文化遗产有机结合,吸引了不少年轻人。

江阴曹氏为望族,晚清举人曹颖甫(1868~1937年),是近代"经方派"大师、中医教育家、理论家,有"曹一帖"之誉,著有《伤寒发微》《金匮发微》、以及由其门生姜佑景整理出版的《经方实验录》等。曹颖甫故居坐落在江阴市司马街20号，1992年公布为江阴市文物保护单位。与中医院合作，既让故居的人文内涵"中医"彰显活起来，又能使中医院多了一个为民服务的窗口，由此故居得以"复活"，仍然姓"医"，传承着曹颖甫等江阴名医的仁术济世精神，彰显了江阴"中医之乡"的地域特色。在曹颖甫故居门前，有两块告示牌：曹颖甫故居中医便民服务点、专家出诊安排表。故居以"传承文物，人民共享"为主题，有江阴市中医院医生给市民把脉叩诊，开展名医坐堂义诊惠民服务，赢得广大市民称赞。江阴市中医院入驻故居，设立"曹颖甫医馆"，提升布展江阴市中医史陈列馆，南京中医药大学学生前来进行现场教学，讲授江阴中医药源远流长的历史及其名家学派的传承影响。江阴市中医院实习生在故居开展"中医药就在你身边"健康巡讲活动，让名人故居融入现代市民生活，成为中医学术交流和坐堂义诊的公益场所，传承与老百姓息息相关的非遗文化。

常州青果巷历史文化街区有清朝的实业家庄楷、清萍乡煤矿和汉阳铁厂总办张赞辰、洋务运动先驱盛宣怀、模范缙绅汪作黼、民族工业开创者刘国钧的故居，是常州唯一的一块名门望族聚集地。

（十六）工商业人士兴办的慈善事业

《钱氏家训》有："信交朋友，惠普乡邻。恤寡矜孤，敬老怀幼。救灾周急，排难解纷。修桥路以利从行，造河船以济众渡。"在无锡运河两岸，曾经存在着中国历史上比较独特的慈善机构——义庄。在近代无锡历史上，一批工商业大家族为回馈社会、家族，出资捐助义庄。义庄的出现，带动了无锡地方的教育，推行了慈善，普及了教化，对于无锡的文化内涵有着极大的作用。

无锡古运河上诸多桥梁由无锡工商人士建造。"面粉大王"和"棉纱大王"荣德生捐赠建造大公桥，李金镛独资建造洛社大桥，吴子敬独资建造吴桥，祝大椿独资建造通汇桥。1928年，由行业工会组织职工捐资建造工运桥。古运河沿岸道路也有无锡工商人士辟建的，如"丝茧大王"薛南溟沿河辟建工艺路。1905年，由俞复、吴稚晖、陈仲衡等人在无锡城中直河的东岸创建了无锡乃至全国第一所公共花园——锡金公园（城中公园），现在是省级文物保护单位。

荣德生，从1906~1918年先后创办四年制的公益小学4所，两年制的公益小学2所；1908年创办了競化女校，并先后创办了4所；1919年开办中等职业技术学校——公益工商中学，招收高小毕业生，先经过1年预科，然后进行工、商两科分班教育，学制3年，公益工商中学创办8年，为荣氏家族企业培养了一批一线骨干，还培养了我国著名科学家钱伟长、经济学家孙冶方等一批精英人才；1947年创办无锡历史上第一所正规本科大学——私立江南大学。1916年，荣德生还创办了当时无锡地区最具规模和影响的私人图书馆——大公图书馆。无锡县图书馆由侯鸿鉴、丁宝书等人倡议建造，是当时无锡城中标志性建筑，现在也是省级文物保护单位。

（十七）国际传播

运河文化已经成为国际对话交流的通用语言，我们要坚持对外开放、国际传播，打造具有强大引领力的一流新型主流媒体和具有国际影响力的媒体集群，向世界讲好中国运河故事，积极推动江苏运河工商文化走出去。

2020年8月，新华报业传媒集团精心策划组织的"千问千寻大运河"文化保护传承全媒体传播行动正式启动。新华报业集团与全省13个设区市文旅部门签约，共建"千问千寻大运河"文化保护传承传播平台，打造大运河文化带建设最强"朋友圈"。充分依托"我苏"英文频道、"江苏国际在线""美好江苏"海外社交媒体账号和海外中国文化中心、境（涉）外旅游推广中心等渠道，加强与国内主流媒体海外平台、国际知名媒体网站等合作，打造运河文化对外传播产品和符号。组织以大运河为主题的中外媒体访苏环省行、中外媒体摄影采风行等活动。2018年，英国高校学生来扬州"拜师"，学习各类非遗技艺，博大精深的江苏运河工商文化受到了他们的连连称赞。2019年春节期间，江苏非遗艺术代表团走进荷兰，扬州"通草花少女"王蕴玉给荷兰观众现场展示通草花制作工艺的精妙细致的手法，令外国观众大为惊叹。

饮食文化具有天然的国际性，是国际传播的绝佳题材。丰富多彩的江苏美食传达出深厚的民生和以民为本的重要思想，成为世界读懂中国的一个重要窗口。中国美食在世界的普及和推广，使其所存在的中华文化也随之得到了传播弘扬，无形之中也巩固和增强中华文化软实力。从平民化的视角构建国家形象，通过展现普通人的生活状态，以活色生香的生动方式记录全面立体真实的中国。美食是最好的亲善大使。以饮食为手段，探讨属于中国文化的世界观价值观和对于生活方式人际关系的选择。2015年，扬州的百年老字号"冶春茶社"在新加坡开设首家分店，成为大运河美食文化在海外的宣传窗口。

（十八）努力打造世界运河城市文旅产业共同体

坚持合作共享，发挥好世界运河历史文化城市合作组织作用，做强做优世界运河城市论坛，加强与联合国教科文组织等国际组织联系，强化与国际运河城市、运河古镇、江苏友好城市等交流合作，构建多种形式的国际运河对话交流平台，不断深化世界运河城市文旅产业交流合作。

自2006年起，江苏举办一年一度的世界运河城市论坛，论坛组织国内外运河城市市长和运河管理者、研究者、爱好者，国外知名运河所在国驻华使节，国际组织驻华代表等参与，共同探讨运河城市文旅产业持续繁荣发展的路径与对策。2020年世界运河城市论坛，来自29个国家、60多个运河城市、7个国际组织形成《运河城市文旅产业持续繁荣发展"扬州倡议"》。鼓励驻苏高校与国外运河城市高校开展国际运河领域的合作研究、学术交流和人才培养。培育对外交流活动品牌。在国家文化年、中国旅游年等重大活动中融入运河文化元素，广泛组织中外大学生开展大运河之旅等活动，大力开展大运河主题"洋眼看江苏"等系列活动，推出一批运河入境游线路，让世界人民透过大运河江苏段了解博大精深和开放包容的江苏文化、中国文化。

参考文献

[1] 高建国.论江苏"国际城市"构建的特色开掘：以南京、苏州、扬州为例［J］.常熟理工学院学报，2019，33（1）：51-57，63.

[2] 王向东.大运河文化带建设语境中的扬州名城复兴策略［J］.中外企业家，2017（34）：19-22.

[3] 邱天语."一带一路"背景下扬州城市国际化发展路径探索［J］.淮海工学院学报（人文社会科学版），2018，16（12）：100-102.

[4] 朱云瑛.浅谈文化遗产保护对提升城市品质的作用：以"中国大运河第一城"扬州为例［J］.赤子（上中旬），2015（15）：101-102.

[5] 李广春.展示运河文化形象的"扬州探索"［N］.扬州日报，2019-01-25（3）.

[6] 赵险峰，张亚明.加强国际传播能力建设向世界展示真实立体全面的中国［N］.人民日报，2022-03-01（9）.

[7] 王宏伟，靳扬扬.从文化教育起步不断拓展功能：博物馆"破圈"，为城市引流［N］.新华日报，2022-02-17（6）.

［8］娄勤俭，何聪.在美丽中国建设中走在前列［N］.人民日报，2020-08-11（5）.

［9］冯圆芳.数字技术给夜经济披上华彩"新衣"［N］.新华日报，2021-11-05（17）.

［10］黄震方.新时期的全域旅游升级与高质量发展［EB/OL］.2022-03-27.

［11］创新传承，盐城让非遗淮剧"火"起来［N］.新华日报，2021-09-03（12）.

［12］掘金"夜经济"，"水韵江苏"展现文化和旅游消费新活力［N］.新华日报，2021-09-03（6）.

［13］姜师立.大运河国家文化公园建设要处理好三个关系［N］.新华日报，2020-06-30（13）.

［14］江苏全面部署镇村志编纂工程［N］.江南时报，2022-03-28（1）.

第三章 协同创新：工商业发展

一、新时代江苏工商业发展概述

（一）新时代江苏工商业发展——江苏运河工商文化保护传承利用的题中应有之义

中共中央办公厅、国务院办公厅2019年2月印发的《大运河文化保护传承利用规划》，是我们国家第一部以文化引领为主导的区域发展规划。这一规划对于打造宣传中国形象、展示中华文明、彰显文化自信的亮丽名片，以大运河文化保护传承利用为引领，统筹大运河沿线区域经济社会发展，探索高质量发展的新路径，都具有积极意义。

大运河具有包容开放的天然属性，是江苏人民的母亲河。从历史中走来，当代大运河被赋予更多时代意蕴，运河沿岸城市璀璨的历史文化，焕发出新的生机和活力，在创新中得到更加广泛的传承。大运河江苏段不仅连接起扬子江城市群、江淮生态经济区、淮海经济区，辐射沿海经济带，而且"一带一路"建设以及长江经济带发展、长三角区域一体化发展等国家重大战略在此叠加融合，在跨区域文化交流、经济协同发展、产业链共建、旅游品牌联动、中国企业"走出去"等方面发挥积极作用。

寻根固本，鉴往知来。历史文化遗产不仅生动叙述了过去，也深刻影响着当下和未来。新时代江苏工商业发展应当不断汲取江苏运河工商文化中的养分，将江苏运河工商文化中蕴含的创新创造精神、开放包容态度等精髓化作新时代担当作为的力量，并不断赋予江苏运河工商文化新的时代内涵和表现形式，使江苏运河工商文化持续保持活力。

（二）新时代江苏工商业发展态势

今天大运河江苏沿线常住人口占全省85%，运河沿线仍然是江苏的经济重心、美丽中轴、创新高地，沟通"1+3"重点功能区，即扬子江城市群、沿海经济带、江淮生态经济区、徐州淮海经济区中心城市。其中，扬子江城市群囊括了长江江苏段的南岸5市、北岸3市，由南京、镇江、无锡、苏州、常州、泰州、扬州、南通沿江8市组成，其中，2020年苏州成为全国首个经济总量超过20000亿元的设区市，无锡人均GDP位居全国万亿级城市首位；沿海经济带指连云港、盐城、南通一线，三市所辖全部行政区域，陆域面积3.59万平方千米，海域面积3.75万平方千米，2020年常住人口1903.6万；江淮生态经济区由淮安、宿迁两个设区市全域以及里下河地区的高邮、宝应、兴化、建湖、阜宁等县（市）组成。大运河文化带建设是江苏重塑发展布局构建"1+3"重点功能区战略、促进区域协调发展的战略支点，并且是江苏构建现代综合交通运输体系的重要一环。2019年8月，国务院批准设立中国（江苏）自由贸易试验区，江苏自贸区对接上海自贸区及自贸港建设、全面融入长三角一体化发展。

2021年5月印发的《江苏省以新业态新模式引领新型消费加快发展实施方案》提出，支持南京、苏州、徐州、无锡建设国际消费中心城市，打造一批具有国际影响力的新型消费商圈。2021年8月，江苏省政府发布了《关于印发江苏省"十四五"新型城镇化规划》的通知，提出培育打造南京、苏州、徐州、无锡等国际消费中心城市和扬州等区域消费中心城市。

江苏工商业呈现出稳中向好的良好发展态势，"双循环"格局加快构建。随着新一代数字技术应用的蓬勃发展，数字产业化步伐加快。在数字技术、数字产品的支撑带动下，江苏先进制造业增势良好，高技术和装备制造业支撑引领作用持续增强。区域发展协调性趋优向好，江苏产业链供应链的增长韧性和发展活力充分释放。

（三）大运河航运对江苏工商业发展的作用

江苏是水运大省，京杭大运河江苏段是国家水运主通道，全年通航里程占全线78%，货运量占全线80%，是整个京杭大运河中航运功能最强、通航条件最好、船舶通过量最大、航运效益发挥最为显著的区段。京杭大运河苏北段是大运河全线中等级最高、运量最大的航段，是全球最繁忙的内河航道，货运密度居世界内河第一。江苏的内河高等级航道里程、港口万吨级以上泊位数、综合通过能力、亿吨大港数量、船舶数量等八项指标均居全国之首。全省内河三级以上航道达2356千米，实现了三级以上航道通达所有的省辖市。全省共有10个沿江沿海港口，其中7个为国家主要港口；一类港口口岸17个，对外开放码头254个。常年有苏鲁豫皖鄂等

13个省市的船舶在江苏航行。

交通是兴国之要，强国之基。运河航运运量大、运距长、成本低、能耗低、用地少、污染小，每年可节约燃料约70万吨，节约污染成本240亿元，是最具资源节约、环境友好特征的运输方式。发达的水运体系对"苏大强"制造业发展起到了强大支撑作用，让苏北内陆城市也能"通江达海"。江苏着力提升运河现代航运水平，促进航道扩能升级，创新现代航运管理，积极发展多式联运，打造"水上长三角"，协同"轨道上的长三角""轨道上的江苏"，形成港口群、机场群、轨道网、公路网、新一代信息基础设施的整体优势，建设功能完善、辐射带动力强的交通枢纽组团，推进江苏交通运输现代化示范区建设，促进长三角世界级城市群的发展。

二、南水北调工程的江苏担当

我国水资源分布的显著特点是"北缺南丰"，党和国家实施南水北调工程建设，就是科学调剂水资源，增加水资源承载能力，促进区域协调发展。要推动南水北调东线一期工程提质增效和后续工程高质量发展，科学谋划总体布局、完善规划和建设方案，确保南水北调东线工程成为优化水资源配置、实现水资源供需"全保障"、改善居民用水品质、复苏河湖生态环境、畅通南北经济循环的生命线。

南水北调东线工程一期从扬州境内京杭大运河、新通扬运河和淮河入江水道交汇处——江都水利枢纽取长江水，一路向北至微山湖，自2013年11月15日正式通水至2023年11月15日十周年来，在保障受水区生产生活用水、修复和改善生态环境、应急抗旱排涝等方面发挥综合效益，受水区直接受益人口超6800万；南水北调东线二期工程的建设，为京杭大运河与雄安新区水系连通以及白洋淀生态修复提供水安全保障。

江都水利枢纽是南水北调东线工程的起点，也是目前我国规模最大的电力排灌工程、亚洲最大的泵站枢纽，发挥调水、排涝、泄洪、通航、改善生态环境等功能。2020年扬州施桥船闸的年通勤量高达3.4亿吨，位居内河运输通勤量世界第一，超过长江三峡船闸的1.46亿吨。

三、新时代江苏运河城市工商业发展

新时代江苏运河城市深入贯彻新发展理念，以"一带一路"建设、京津冀协同发展、长江经济带发展、长江三角洲区域一体化发展、粤港澳大湾区建设等重大战略为引领,打造创新生态,开展产业链上下游、跨行业协同创新,提升全要素生产率,发展新质生产力,壮大战略性新兴产业,前瞻布局未来产业,增强参与全球竞争的能力,推进工商业高质量发展,打造世界格局中的江苏。

"十四五"时期,江苏深化建设具有全球影响力的产业科技创新中心、全力打造具有国际竞争力的先进制造业基地、积极构建具有世界聚合力的双向开放枢纽;打造新型电力和新能源装备、工程机械和农业机械等6个综合实力国际领先或国际先进的先进制造业集群,培育高端装备、绿色食品等10个综合实力国内领先的先进制造业集群,打造车联网、集成电路等50条重点产业链,推动全产业链优化升级;培育一批"江苏精品"服务品牌,基本建成国际一流、国内领先的现代服务业高地。到2035年,江苏人均地区生产总值在2020年基础上实现翻一番,居民人均收入实现翻一番以上,区域创新能力进入创新型国家前列水平,建成现代化经济体系。

(一)扬州

扬州是"世界运河之都""世界美食之都""东亚文化之都",大运河文化是扬州城市的重要文化符号。"十三五"时期,扬州发展"323+1"先进制造业集群,即汽车及零部件、高端装备、新型电力装备等3个千亿级集群,微电子及软件和信息服务业、高端纺织和服装等2个500亿级集群,海工装备和高技术船舶、生物医药和新型医疗器械、食品等3个百亿级集群,1个战略性新兴产业集群——航空产业集群;新落户世界500强及跨国公司项目31个,出口加工区获批国家综合保税区;扬州泰州机场升级为国际机场,连淮扬镇高铁、江广高速、宿扬高速建成通车。

"十四五"时期,扬州做大做强"323+1"先进制造业集群,推动其结构优化和绿色、智能转型,大力发展生产性服务业,发展数字经济、大健康、集成电路等战略性新兴产业;突出江河转运功能,建设"亿吨大港、百万标箱"扬州港,打造长江运河水水中转枢纽;构建以运河为轴、市域全覆盖的文旅产业带,打造区域消费中心城市,打响"扬州是个好地方"城市品牌。到2035年,建成长三角区域有竞争力的产业科创名城、享誉国内外的文化旅游名城、全国有影响的生态宜居名城。

(二)淮安

淮安地处江苏"美丽中轴"和"绿心地带",是苏北重要中心城市,南京都市圈紧密圈层城市,淮河生态经济带首提首推城市,京杭大运河、里运河、古淮河和盐河四水穿城而过。大运河淮安段至今仍发挥着重要的航运、水利、生态和经济功能,淮安船闸2013年货物通过量达1.67亿吨,成为全国货物通过量最大的船闸,

2015年船舶通过量达2.778亿吨，年船舶通过量全国第一，2019年船舶通过量首次突破3亿吨；淮安2007年率先在苏北运河开通港口集装箱运输，2023年内河集装箱吞吐量首次突破50万标箱。"十三五"时期，建成淮安新港二期等重点港航项目，全市三级及以上航道里程231千米，位居全省第三；公路网人口密度位居全省第二；徐宿淮盐铁路、连淮扬镇铁路全线通车，宁淮城际铁路开工建设；淮安涟水机场获批国际机场并跨入中型机场行列；世缘酒业、苏盐井神荣获全国质量奖，共创草坪成为全市首家主板上市民营企业。

"十四五"时期，淮安聚焦"千秋淮扬"文化高地定位，聚力打造"绿色高地、枢纽新城"；建构"3+N"制造业发展新体系，重点打造绿色食品、新一代信息技术、新型装备制造、新材料四大主导产业，着力打造长三角重要综合交通枢纽和长三角北部现代服务业发展新高地，加快建设中国（淮安）跨境电子商务综试区和苏北区域性现代商贸中心，建设"创新淮安、开放淮安、美丽淮安、幸福淮安"，全力打造大运河文化带标志性城市。到2035年，建成现代化经济体系，成为长三角北部现代化中心城市和全国性综合交通枢纽。

（三）盐城

盐城坚持陆海统筹、河海联动，向海发展、赋"能"未来。"十三五"时期，盐城经济总量达到5953.4亿元，在全国地级以上城市排名第37位；高新技术企业突破1500家，成为苏北首个高企数量超千家的设区市，盐城高新区获批国家"双创"示范基地；SKI动力电池、东山精密等一批百亿级重大产业项目成功落户；盐城港"一港四区"全部获批国家一类开放口岸；盐丰高速建成通车，盐射高速开工建设，全市公路总里程位列全省第一；盐青、盐徐、盐通铁路建成通车；南洋国际机场开通全省唯一至韩日全货机航线；黄海湿地成功列入世界遗产名录，是江苏唯一的世界自然遗产。

"十四五"时期，盐城打造汽车、新能源、电子信息和钢铁4个千亿级产业集群，发展食品加工、节能环保、现代物流等优势潜力产业；打造"5分钟便利店+10分钟农贸市场+15分钟超市"生活服务圈，建设区域性消费城市；打造黄金海岸发展带，建设国家海洋经济发展示范区；打造海河联运区域中心。到2035年，盐城综合竞争力进入长三角中心区城市先进行列，高质量发展跻身东部沿海城市第一方阵。

（四）泰州

泰州，2013年获批国家新型疫苗及特异性诊断试剂产业集聚发展试点，2016

年成为全国第一个、江苏唯一一个支持产业转型升级的国家级金融改革试验区。《长江经济带发展规划纲要》（2016年）明确提出，支持泰州开展大健康产业集聚发展试点。泰州靖江是全国最大的民营造船基地，2022年靖江造船完工量占全球总量的9.3%、全国的19.7%。泰州拥有全国最大的医药工业企业扬子江药业集团，建成全国最大的中成药生产基地，中国医药城致力于打造中国规模最大、产业链最完善的生物医药生产基地。

"十四五"时期，泰州推进跨江融合，锚定令人向往的"幸福水天堂"、江苏高质量发展中部支点城市、"面向长三角、接轨沪宁杭"的区域性交通枢纽城市发展定位，打造大健康产业体系、海工装备和高技术船舶产业集群、汽车零部件和精密制造产业集群、化工及新材料产业集群、光伏和锂电产业集群，建设长三角具有重要影响力的特色产业创新中心、长江流域专业化大宗散货集散和交易基地、常泰江海河铁公联运综合枢纽中心、长三角特色区域消费中心、具有区域特色的生态田园休闲度假旅游目的地。到2035年，建成长三角先进制造业集聚地和国内重要的生物医药产业创新策源地。

（五）南通

2003年，南通首次提出接轨上海战略，全方位对接上海。2008年，苏通大桥正式通车，为苏北沿海接受上海海洋文化辐射，加速发展具有地方特色的海洋文化创造了条件。2016年江苏省政府批复支持南通建设上海北大门。南通全方位融入苏南，推进长三角一体化，省内重点是跨江融合，长江干线过江通道规划中，南通段就有八条。2019年底，《长江三角洲区域一体化发展战略规划纲要》印发，建设通州湾升格为国家战略。南通"第一运河"——通吕运河（古名运盐河），始挖于南宋，成为通州湾新出海口重要内河疏港航道。2020年初，南通整合206千米海岸线上的洋口港、通州湾、海门港和吕四港组建"大通州湾"，建构"内河到港口、铁路到货场、港口通大洋"综合集疏运体系，打造千万标箱东方大港和万亿级绿色高端临港产业基地建设现代化湾区，建设长江经济带战略支点。2020年，集国铁、城铁与高速公路"三位一体"的沪苏通长江公铁大桥开通，成为南通及苏北沿海城市高铁入沪的必经之道。2020年，南通GDP实现10036.3亿元，成为省内第四座万亿城市，是我国长江以北首个实现这一突破的设区市。

南通争当江苏沿海崛起龙头，主动策应"一带一路"交汇点建设，打造通州湾新出海口，高起点、大手笔建设江苏开放门户，确立"优江拓海、江海联动"发展战略,打造具有国际知名度、全国影响力和长三角引领性的区域科技创新中心,服务沿江、联动河湖、辐射苏中苏北。"十四五"时期,重点发展海工船舶、高端纺织、装备制造、石油化工、新材料、新一代信息技术、新能源及智能网联汽车、生物医药、机器人与智能制造、节能环保、5G通信及应用、大数据技术及应用、尖端生命科技等产业,推动"南通制造"向"南通创造+智慧服务"转变,打造长三角北翼服务中心。到2035年,建成长三角北翼高端制造新中心、全国性综合交通枢纽;作为江北唯一纳入上海"1+8"都市圈的城市,初步建成长三角一体化沪苏通核心三角强支点城市。

(六)连云港

连云港是中国首批沿海开放城市,新亚欧大陆桥东方桥头堡,国家东中西区域合作示范区,"一带一路"交汇点战略支点城市,西游记文化发源地。"十三五"时期,连云港获批国家产业技术创新型城市、全市中国专利金奖数量苏北第一;深入推进以连云港港为核心的新亚欧大陆桥经济走廊东方起点建设,上合物流园获批国家级示范物流园;建成连云港区30万吨级航道,开工建设徐圩港区30万吨航道,2020年完成港口吞吐量2.52亿吨、集装箱运量480万标箱;获批建设中国(江苏)自由贸易试验区连云港片区、跨境电商零售进口试点城市、跨境电商综试区。

"十四五"时期,连云港积极构建"一带一路"强支点,高水平建设江苏自贸试验区连云港片区,提升新亚欧陆海联运通道标杆示范项目;着力构建临港产业体系,建设世界级石化产业基地、"中华药港"、国内领先材料产业基地,壮大装备制造业、新能源产业,培育新一代信息技术、节能环保、数字创意等新兴产业;打造港口型国家物流枢纽城市,港口吞吐量达到3亿吨,集装箱运量达到600万标箱;推动"港产城"融合发展,建设国家现代海洋城市;完善全域、全龄、全季、全时旅游格局,打造国际知名海洋旅游城市、全国知名海滨度假旅游目的地。到2035年,建成国际枢纽海港和美丽江苏的港城样板。

(七)宿迁

京杭大运河宿迁段,境内里程110.16千米,是国家南北水路运输纵向黄金主通道。2020年,宿迁港迈入内河年吞吐量10万标箱的内河大港行列,打通宿迁直达连云港港口的高等级航道——宿连航道一期工程开工建设。2019年,徐宿淮盐高铁开通运行,宿迁迈入高铁时代。

宿迁锚定"改革创新先行区、长三角先进制造业基地、江苏生态大公园、全国文明诚信高地"发展定位，"十四五"时期，构建"6+3+X"现代产业体系，发展机电装备、高端纺织、光伏新能源、绿色食品、新材料、绿色家居等主导产业，新一代信息技术、生物经济、数字经济等先导产业；加快"水运宿迁"高质量发展，运河宿迁港建成连江通海的"出海口"，建设"淮河水运中心、运河航运枢纽"，打造现代化内河航运枢纽中心；打造长三角北翼区域性综合交通枢纽，建设长三角北翼、苏皖边界中心城市；提升宿迁电子商务产业园和中国（宿迁）跨境电商综试验区能级，打造培育长三角新消费目的地城市和国内特色产品消费中心；打造知名旅游目的地城市，擦亮"项王故里、中国酒都、水韵名城"名片，打响"江苏绿心、华东绿肺"品牌。

（八）徐州

京杭大运河徐州段，境内长181.16千米，北连微山湖，南接骆马湖。徐州是大运河上的中心城市，是南水北调东线在江苏境内的最后一关。大运河与"一带一路"叠加交汇，"铁公水联运"让这座内陆城市诞生了淮海国际陆港。2015年徐州中欧班列开通。徐州港已成为京杭大运河上规模最大的港口、淮海国际陆港铁水联运中心。"十三五"时期，徐工集团跻身世界工程机械前四强。2021年，徐州全市商贸辐射半径超150千米，向东辐射到宿迁、向西辐射到商丘、向北辐射到济宁、向南辐射到蚌埠，中心商圈外地居民消费占比超30%，居淮海经济区10个核心城市首位。

"十四五"时期，徐州优化"6+4"先进制造业体系，聚力打造"343"创新产业集群，即工程机械、绿色低碳能源、新材料3个优势创新产业集群，加快培育数字经济、集成电路与ICT、医药健康、安全应急4个新兴创新产业集群，提档升级高端纺织、精品钢材、食品及农副产品加工3个特色创新产业集群；建构"6+3"现代服务业产业体系，即现代物流、金融服务、科技服务、数字服务、商务服务、服务贸易6个生产性服务业，现代商贸、文化旅游、居民服务3个生活性服务业；建设全国物流枢纽城市，推动淮海国际陆港与空港、内河港联动集聚发展，建设长三角世界级港口群重要集疏点，打造长三角北部多式联运中心；打造国家全域旅游示范区、淮海经济区中心城市、国家双向开放综合枢纽城市；徐州区域商贸中心首位度提高到1.8，商业辐射半径达到200千米以上；推动徐州都市圈同城化发展，构建"1日生活圈"和"1小时通勤圈"，打造"淮海经济区之核"。到2035年，建成具有全球影响力的"工程机械之都、汉文化名城"，"一带一路"新亚欧大陆桥东端重要中心节点城市，长三角北翼副中心城市和国际消费中心城市。

（九）镇江

至"十三五"时期末，镇江已经发展成为世界主要的锚链生产基地、全球单厂规模最大的高档铜版纸生产基地和中国最大的汽车发动机缸体和醋酸生产基地。

镇江港是长江三角洲重要的江海河、铁公水联运综合性对外开放港口，中国43个主枢纽港之一。这里拥有沿江港口岸线总长度126千米，占全省6.5%，全省排名第二；深水岸线75千米，占全省12.3%，全省排名第一，其中具备建设10万吨级码头的岸线就有3.5千米。随着长江经济带发展战略的提出，镇江港的"黄金岸线"资源优势更加突出。2020年，镇江港货物吞吐量首次进入全国所有江海河港口前十、江苏省第二，增幅在全国吞吐量前十的港口中位列第一。

镇江确立"创新创业福地，山水花园名城"的城市定位。"十四五"时期，大力发展"四群八链"产业体系，即构建高端装备制造、生命健康、数字经济和新材料四大主导产业集群，重点打造新型电力（新能源）装备、汽车及零部件（新能源汽车）、高性能材料、医疗器械和生物医药、新一代信息技术、航空航天、海工装备、智能农机设备八条产业链，建设全国制造业高质量发展先行示范城市；打造长江经济带重要的区域物流枢纽，建设长江经济带重要节点城市、长三角重要区域中心城市。

（十）苏州

京杭大运河苏州段纵贯南北96千米。苏州是大运河沿线流经区域最多、遗产最丰富的城市之一，也是沿线城市中唯一以古城概念申遗的城市。2012年，苏州提出"一核四城"战略，以古城为核心，建设生态科技城、综合商务城、高铁新城和太湖新城，城市融合发展趋势显现。2019年，中国（江苏）自由贸易试验区苏州片区挂牌成立，功能定位为建设世界一流高科技产业园区，占地60.15平方千米（含苏州工业园综合保税区5.28平方千米），包括高端制造与国际贸易区、独墅湖科教创新区、阳澄湖半岛旅游度假区、金鸡湖商务区的核心区域，锚定全方位开放高地、国际化创新高地、高端化产业高地、现代化治理高地的建设目标。2020年，苏州实现社会消费品零售总额7701.98亿元，消费规模已经位列全省第一；科技创新综合实力连续11年居全省首位。

"十四五"时期，苏州聚力建设生物医药和新型医疗器械、新型显示、软件和集成电路、新材料等10个千亿级产业集群；着力打响"江南文化"品牌，把苏州古城作为"大景区"来规划和建设，打造富有文化底蕴的世界级景区；推动全市范围内形成"大型商业综合体—中型商超—15分钟便民生活圈"三级发展格局，建设15分钟便民生活圈150个以上；培育创建国际消费中心城市、国家数字金融产业集聚区、国内商贸流通示范区、长三角商贸联动区、全域商贸均衡发展引领区；打造生产性服务业标杆城市；打造全国性综合交通枢纽城市，成为上海国际性综合交通枢纽的重要组成部分。到2035年，全市居民人均收入和消费能力达到发达国家水平，经济综合实力迈入全球先进城市行列。

（十一）无锡

无锡是长三角中心城市之一，地处长江经济带重要位置，拥有沿长江42千米的深水岸线，正加快建设全国性综合交通枢纽城市，积极探索与粤港澳地区跨区域融合发展。国际首个物联网完备理论体系——感知社会论和物联网金融领域国际标准，2021年在无锡发布，无锡已实现从基础理论、架构体系到核心应用的物联网三层体系的突破。2021年，中国电子科技集团有限公司第14研究所的高端电子装备智能制造示范工厂，在国内率先建成大型复杂电子装备智能化总装车间。无锡高新区着力提升产业基础能力和产业链现代化水平，强化制造业垂直分工，加快制造业与服务业融合，以信息技术为制造业赋能。"灯塔工厂"代表当今全球制造业领域智能制造和数字化最高水平，无锡博世汽车柴油系统有限公司2018年入选世界经济论坛（WEF）公布的全球首批9家先进"灯塔工厂"名单，这意味着无锡与全球发达地区站在了同一起跑线上。博世汽车柴油系统有限公司在全球率先搭建起"先订单，后制造"的产品定制平台，利用远程人工智能技术事先预测维护需求，其业绩比普通工厂高出20%~50%。2021年，法国企业施耐德在中国23家工厂中唯一的电子能力制造中心——施耐德电气无锡工厂成为无锡第二座"灯塔工厂"，也是唯一端到端的"灯塔工厂"，打通了端到端价值链，实现了从供应商到客户的全流程创新的"灯塔工厂"。

2021年，无锡获批国家首批先进制造业集群，中国软件特色名城，国家服务型制造示范城市，全市规模以上工业产值首次突破2万亿。

无锡"十四五"期间，打造"465"现代产业集群，以4个地标产业、6个优势产业和5个未来产业为支撑，构筑国内一流、具有国际影响力的现代产业发展新高地。无锡坚持"走在最前列"的发展定位，实体为本，坚定实施产业强市主导战略，致力于打造中国第一工商名城，培育打造国际消费中心城市，加快建设历史文脉与现代文明交相辉映的文化名城和人民满意的共同富裕幸福美好城市，争创中国式现代化建设的城市范例。到实现第二个百年奋斗目标时，强富美高现代化图景世人瞩目，高水平实现共同富裕，跻身全球发达城市行列，成为世界看中国的标志性窗口。

（十二）常州

常州是全国重要的先进制造业基地，与苏州、无锡构成苏锡常都市圈。作为百年制造业重镇，常州产业基础好、门类全、集群强，曾与兄弟城市一起创造了闻名全国的"苏南模式"，创下过全国"中小城市学常州"的辉煌。2020年，全市地区生产总值达7805亿元，人均GDP突破15万元，跻身全国10强，一般公共预算收入突破600亿元，位居全国30强，名列国家创新型城市第16位、全国先进制造业城市第17位、中国城市综合经济竞争力第18位。"2021中国地级市基本现代化指数前100名（含副省级城市）"中，常州位列第12名。"活力"作为衡量一个城市发展的重要指标和要素，反映了一个城市的长效竞争力与未来生命力。常州斩获《中国新闻周刊》基于人口、产业、生态、人文和空间五个评选维度的"2021年度活力城市"称号。常州坚持把创新作为发展的第一动力、人才作为发展的第一资源，入选"科创中国"试点城市。2023年全市实现地区生产总值（GDP）10116.4亿元，成为继苏州、无锡、南京、南通之后的省内第五座GDP万亿之城。

"十四五"时期，常州培育壮大高端装备、绿色精品钢、汽车及核心零部件、新一代信息技术、新材料、新能源、新型电力装备、轨道交通、生物医药及新型医疗器械、新型纺织服装等10个先进制造业集群，打造区域综合交通枢纽城市，建设区域消费中心城市和长三角独具特色、充满魅力的休闲旅游目的地城市，着力打造"国际化智造名城、长三角中轴枢纽"。到2035年，常州高水平建成工业智造、科教创新、文旅休闲、宜居美丽、和谐幸福明星城。

（十三）南京

南京是我国东部地区重要中心城市、长三角特大城市，南京素有"江海交汇"的大交通战略地位，是"海上丝绸之路"的重要节点性城市。南京水路运输包括内河运输和远洋运输，构成一个水陆、江河、江海运输网。南京港是国际性江海转运主枢纽港，南京港完成集装箱多式联运量位居2022年和2023年全国内河港口首位。

"十三五"时期，南京地区生产总值自改革开放以来首次跻身全国前十，上市公司126家，新型研发机构400余家，高新技术企业6500余家；高铁里程全国排名前三，形成宁镇扬、苏锡常区域"0.5~1"小时通勤圈。

2020年，南京位居《自然》杂志全球科研城市排名第8位、世界知识产权组织全球创新指数综合排名第21位。南京是首个中国软件名城，2020年全市软件业务收入5900亿元，产业规模位列全省第一、全国第四。2021年，软件和信息服务集群、新型电力（智能电网）装备集群入选国家先进制造业集群。2020年，南京城市人均消费水平达7.61万元，位居全国首位。新街口是南京近代城市建设和商业发展的起点，因其国内罕见的经济体量，稳居"中华第一商圈"的地位。

"十四五"时期，南京着力建设"创新名城、美丽古都"，形成以高新技术产业为支撑的现代产业体系，初步建成国际消费中心城市和全国重要的金融中心、物流中心、商务中心、数据中心，成为常住人口突破1000万、经济总量突破20000亿元的超大城市。到2035年，建成全球知名创新型城市、国际型综合交通枢纽。

参考文献

[1] 惠先宝. 交通运输部在线访谈：江苏省推进京杭运河绿色现代航运发展情况介绍［EB/OL］. 2019-08-30.

[2] 王宏伟，刘妍. 江苏用系统性思维引领大运河文化带建设：打造最美丽最精彩最繁华的江苏名片［N］. 新华日报，2020-11-13.

[3] 王宏伟. 江苏推进大运河文化带建设创下众多全国第一［N］. 新华日报，2021-06-03.

[4] "践行嘱托开新局 智库专家面对面"融媒体访谈⑥大运河是两岸人民的致富河、幸福河.［EB/OL］. 2021-01-25.

[5] 桂芳，史敏，汪华. 金陵文化概观［M］. 南京：南京师范大学出版社，1996.

[6] 徐惠民. 争当沿海崛起龙头建好江苏开放门户［N］. 新华日报，2021-05-11（13）.

附编

研究报告

江苏运河工商文化保护传承利用研究报告

瞿立新

中国大运河全长近3200千米，是世界上开凿最早、规模最大、线路最长、延续时间最久的运河，工程量居世界运河之首，由京杭大运河、隋唐大运河、浙东运河三部分构成。大运河是中华文明重要标识，连接历史、活在当下、流向未来，2014年6月，中国大运河被列入《世界遗产名录》。作为中国古代南北交通运输的大动脉，大运河在极大便利南北经济文化交流的同时，促进了国家的统一，强化了中华民族的凝聚力和向心力，是中华民族流动的精神家园，大运河既是经济带，也是文化带。在大运河2500多年流变中，大运河的功能日益丰富，物质财富持续积累，精神财富长期积淀，大运河文化由此形成发展。

一、运河工商文化的形成

随着大运河的漕运、盐运、行旅和私货运销活动，运河两岸逐渐形成了以大运河为商品流通主干线的城乡市场网络，商业、手工业兴起，工业也渐成雏形，沿岸区域多种新经济业态得到发展，南来北往的人群还将故乡的文化习俗带到运河沿岸各地，并与当地文化交融，经济社会发展与文化繁荣相辅相成，在运河沿岸的一些水陆交汇点或交通枢纽地区兴起了一座座商埠型城市，成为区域经济中心、物流运输中心、商业贸易中心和消费中心，成为中国人口密集、经济繁荣、文化昌盛的地区，由此造就出一种独特的文化形态——运河工商文化，成为大运河文化的一个重要类型。

二、江苏运河工商文化形成与发展的基础

（一）地理基础

江苏地处长江中下游，气候宜人，物产富饶，旧石器时代就有人类居住。班固

《汉书》记载："江南地广，或火耕水耨。民食鱼稻，以渔猎山伐为业，果蓏蠃蛤，食物常足。故眥窳偷生，而无积聚，饮食还给，不忧冻饿，亦无千金之家。"江苏水域占国土面积的17%，大运河和长江在扬州交汇，陆上丝绸之路与海上丝绸之路也在扬州联系，苏州"控三江，跨五湖而通海"（清代孙嘉淦《南游记》），古淮河中下游地区"交通灌溉之利甲于全国"（《淮系年表·序言》），南京是郑和下西洋的起终点，连云港、盐城、南通临海，太湖北依无锡、西临常州和宜兴、东濒苏州，一省汇集江、河、湖、海，在全国独一无二。大运河联通了江苏大地上的大型水系，并把江苏的大小水体以及依水而立的城乡聚落编织成网络体系，为各类商品的水运流转创造条件，形成工商业孕育的地理优势。

（二）经济基础

大运河江苏段滋养了沿岸区域千年繁华富庶。唐代白居易《苏州刺史谢上表》曰："况当今国用，多出江南；江南诸州，苏最为大，兵数不少，税额至多。"《旧唐书·第五琦传》记载："赋之所出，江淮居多。"北宋司马光《资治通鉴》曰："扬州富庶甲天下，时人称'扬一益二'。"明清时期，全国八大钞关在江苏就有三个，即淮安、扬州、浒墅（苏州城北）。清代黄钧宰《金壶浪墨》卷一称："天下殷富，莫踰于江浙，江省繁丽，莫盛于苏扬。"资料显示，1919年全国工商注册的工厂共375家，江苏达155家，居全国之首。

（三）社会基础

"漕河全盛时，粮船之水手，河岸之纤夫，集镇之穷黎，藉此为衣食者不啻数百万人"（清代丁显《请复河运刍言》）。以大运河为业的群体出现，并表现出职业性和流动性，反映了大运河的社会属性。"上塘十里尽开店，下塘十里尽烧窑"，生动展示了无锡老城南门外大运河两岸的商贸形态。大运河江苏段给沿线带来了大量的人流和物流，集聚了相当数量的物质产品和居民人口，提升了江苏手工业、商业、工业的发展水平和发展质量，改善了沿岸百姓生活，造就了独特的民俗风情，推动了城镇的成长，形塑了沿线一代代人"逐水而居，枕水人家"的生活方式。

（四）人文基础

清代水利学家傅泽洪《行水金鉴》曰："运道有迹可循，而通变则本乎时势。"在沿线人民生活、生产、商贸等活动中，大运河江苏段串联起江苏地域文化，形成"文化在时间和空间上的交流与相互滋养"（联合国教科文组织《保护世界文化和自然遗产公约》最新版《行动指南》)。在清代的112位状元中,江苏有49人(含苏州24人)。《中国近现代人物名号大辞典》记载了从1840~1949年的近现代人物,其中出生在京杭运河沿岸城镇、在民国年间又有较大影响的人物有832人;出生在江南运河沿岸城镇的各类人才占73.2%,其中苏、锡、常、杭四地即过半数,占54.6%。《辞海》(1989年版)选登了出生在运河沿岸城市并在民国时期有重要影响的人物112人,江南运河沿线各城市占62.5%,其中苏、锡、常、杭四地即占53.6%。一代大儒——昆山市千灯镇人顾炎武的"天下兴亡、匹夫有责""读万卷书、行万里路",无锡东林书院创办人顾宪成的"风声雨声读书声声声入耳,家事国事天下事事事关心",周恩来的"为中华之崛起而读书",瞿秋白的"我是江南第一燕,为衔春色上云梢",蕴含了心怀家国、命运与共的深厚情怀。大运河孕育出江苏水韵人文的地域文明和文化血脉,塑造了"吴韵汉风""水韵书香"的人文特色,形成江苏文化集聚带。

(五)思想基础

古往今来,江苏工商业者既有遍布大运河流域城镇乡村的庞大的小本经营商贩和作坊主群体,也有很多影响深远的巨商大贾和大企业家。苏商包括三个类型群体,即在江苏开展生产经营活动的江苏籍人士、在江苏长期开展生产经营活动的非江苏籍人士、在外地或境外开展生产经营活动并反哺于江苏工商业发展的江苏籍人士。在先古苏商先驱中,商代后期泰伯奔吴,从中原带来了当时先进的中原文化,开创了灿烂的江南文化,成为土著文化和中原文化最早的结合。春秋末期三次财累亿万、三次散尽家财的商圣范蠡,具有诚信的经营理念、杰出的商业谋略和"富行其德"的社会责任感。近代,江苏民族工业在与买办和列强的斗争中穿越风雨、砥砺前行。轻工业的张謇、化学工业的范旭东是中国民族工业不能忘记的两位重要实业家。在苏商工商业活动潜移默化的影响下,民风转向崇文、重科技、重工商。

三、江苏运河工商文化的内涵

(一)江苏运河工商文化的概念

江苏运河工商文化既具有大运河文化的共性精神,体现了中华民族共同体的基本特征,又凸显独特的个性精神特质,凝练了江苏人民的独特创造和价值理念,成为江苏文化的重要符号。

江苏运河工商文化根植于古代，裂变于近代，是在大运河江苏段及其辐射区域内进行手工业、商业、工业生产活动过程中，以大运河江苏段为轴，以江苏工商业和城市经济社会发展为基，以大运河文化和江苏地域文化的融合发展为核，以先进价值观和生产方式、生活方式为引领而积淀形成的特色鲜明、内涵丰富、持续演进的文化形态。

（二）江苏运河工商文化的范围

2021年6月3日召开的江苏省大运河文化带建设工作领导小组全体会议提出，江苏13市全体纳入大运河文化带建设工作体系，形成江苏大运河文化带建设的网状格局。

江苏运河工商文化是大运河文化的重要组成部分，融通了中华优秀传统文化、革命文化和社会主义先进文化。时间上，大运河江苏段自始建以来从未中断、贯联古今，江苏运河工商文化是生生不息的"活态的文化遗产"，既是历史的、也是当代的，在保护传承利用中不断发展；空间上，随着大运河水系网络的延伸与拓展以及沿岸社会经济发展，形成了广泛的运河工商文化覆盖面，江苏运河工商文化为江苏地域文化发展提供了优越条件，是江苏运河城市成功崛起的发展模式和内在逻辑，为江苏经济社会发展提供了有力文化支撑。

（三）江苏运河工商文化的内容

江苏运河工商文化既是民族的、也是世界的。内容上，江苏运河工商文化和历史遗存具备规模性。江苏运河工商文化根据载体性质不同，具体分为三类：一是"遗存承载"的运河工商文化，载体主要有基于"物"的江苏运河历史文化名城、运河历史文化街区、运河工业遗存、运河老字号等；二是"流淌伴生"的运河工商文化，载体主要有基于"人"的江苏运河手工技艺和运河生活习俗等；三是"历史凝练"的运河工商文化，即基于时间的数千年来苏商群体在推动江苏运河工商业发展过程中逐步凝练、升华形成的文化精髓、内核、本质、价值观念，及其发展的一般规律。它们是江苏运河工商文化的具象化，形成江苏运河工商文化标识体系，反映了江苏运河工商文化的底蕴与商韵、开放与自强、觉醒与坚守、唯美与匠心、交融与寄托，彰显鲜明的地域文化特色和江苏运河城市的文化性格，也标志着重要历史时期或重大历史事件。

江苏运河工商文化标识体系的构建，对于持续激发文化标识内生动力，全面促进江苏运河工商文化科学保护、时代传承、合理利用具有引导作用。

四、江苏运河工商文化的特征

江苏运河工商文化既具有大运河文化和江苏运河文化的一般特征，又具有自身鲜明的个性特征。

（一）源远流长，活力强劲

江苏是大运河的起源地，《左传》记载："鲁哀公九年，秋，吴城邗，沟通江淮。"这是有史记载的大运河最早开凿的河段，大运河由此肇始。目前，大运河江苏段纵贯江苏南北790.39千米（通航河段687.77千米），是大运河全程活化利用最好的河段，依然彰显大运河历史上以"水运"为核心功能的特点，是全流域货流密度最大、运输效益最好区段，是仅次于长江的第二大黄金运输水道，水运航道星罗棋布，承担着水路运输、灌溉供水、防洪排涝等重要功能。江苏是大运河沿线河道最长、流经城市最多、使用里程最长的省份，是国内众多产业循环的起点和结点、融入国家循环的通道和支点。江苏现有经营主体1400万户以上，民营经济高度发达。全省地区生产总值2014年突破6万亿元，2015年、2017年、2018年迈上7万亿元、8万亿元、9万亿元台阶，2020年突破10万亿元大关。2021年，全省实现生产总值11.64万亿元，占全国的10.2%。2023年，全省经济总量达12.82万亿元，制造业高质量发展指数达91.9，居全国第一。江苏稳定发挥着全国发展"压舱石"作用。

（二）城缘河兴，工商发达

文化传承不能脱离城市经济社会发展而单独存在。运河主干线和支线组成的运河网络连接江苏13个设区市，大运河干线流经徐州、宿迁、淮安、扬州、镇江、常州、无锡、苏州8市，南京、泰州、南通3市通过发达支流河道与主线相连，盐城、连云港两市自西汉以来借助"盐运河"体系始终与大运河及沿线城市保持有机联系。大运河还流经包括邳州、泗阳、睢宁、宝应、高邮、仪征、丹阳、吴江、太仓等县级运河古城。大运河以其特有的沟通功能和经济文化价值奠定了江苏城市发展的基本格局，造就了脱离农业的手工业者、小商贩、工商业者群体和市民阶层的崛起，滋养了江苏城市体系，形塑了江苏"沿运、沿江、沿海"的城市群格局。江苏运河城市与大运河相伴相生，具有与生俱来的开放性格，又得航运之利，吸收外来文化，引进先进技术，借鉴先进管理模式，在近代呈现出更强的工商业职能和经济中心的作用。

（三）风格独特，多元一体

江苏地域文化，以空间来划分，可分为"诗画江南"吴文化、"漕盐都会"淮扬文化、"十朝文枢"金陵文化、"雄武厚土"楚汉文化、"兼容并包"海洋文化五个文化区间，呈现出区域性与多元性特征。这五种地域文化皆以开放的态度吸纳异质文明的养分，并源源不断地输出自身文化。特别是大运河的开通使得它们之间的沟通突破地理和行政区划的阻隔而更加便利，大运河文化与江苏地域文化在历史长河中交融发展，汇成了卓异不凡、气象万千的江苏运河工商潮涌，江苏运河工商文化从大运河的流变中获得丰富滋养和发展动力，蕴涵了多元一体的格局、天工开物的睿智和开放包容的文化态度。

（四）遗产密集，样本典型

丰厚的历史文化遗产是建构国家形象的重要支撑。江苏是大运河文化的发祥地，是大运河遗产最为密集、文化品位最高、代表性标志最集中和文旅品质极高的省份，还是列入世界文化遗产名录最多的省份。江苏全省的世界文化遗产资源占全国1/3以上，共有7个遗产区、28个遗产点段，拥有世界文化遗产点22处，占全线的40%，河道遗产6段，计325千米，占全线的32%。共计不可移动文物2079项、可移动文物28.1万件。中国历史文化名镇29座、中国历史文化名村12座。江苏大运河文化遗产多达1961项，包括958处省级以上文保单位和103项非遗。扬州是中国大运河申遗牵头城市，全长125千米的大运河扬州段是整个大运河中最古老、世界文化遗产点最多的遗产区，共有10个遗产点、6段河道入选世界遗产点段。大运河江苏段着眼于打造世界文化遗产保护传承的东方样本。

（五）标识鲜明，引领风气

江苏运河工商文化标识具有高识别度、高认可度。江苏的中国历史文化名镇29座、中国历史文化名村12座、国家历史文化名城数量全国第一。大运河沿线的河下、东关街、西津渡、新河街、清明桥、青果巷、盘门、夫子庙等运河历史文化街区，无锡大窑路窑群遗址及窑业公所、开创了中国民族工业之先河的南通大生纱厂、中国第一家化妆品生产企业——扬州谢馥春香粉铺等运河工业遗存，苏州"稻香村"、镇江"宴春"等运河老字号久负盛名、底蕴深厚。苏绣、宋锦织造技艺、扬州漆器髹饰技艺等江苏运河手工技艺精妙神奇、魅力独特。商业贸易习俗、手工业生产习俗、城镇庙会集市习俗、游艺习俗等江苏运河习俗，包容开放、丰富多彩。张謇、荣宗敬、荣德生、范旭东等江苏运河工商文化精神标识性人物的担当作为、重信然诺、功业成就、嘉言懿行，彰显"实业报国"的初心。

（六）理念先进，影响深远

江苏人历来敢为人先，历代苏商秉承大运河水蕴天下的"上河"理念和与时俱进的创造理想，从中华优秀传统文化中汲取精神滋养和思想启迪，凝聚成苏商群体的理念导向、价值支撑和精神内质。子曰："泰伯，其可谓至德也已矣"（《论语·泰伯篇》）；司马迁称范蠡"故君子富，好行其德"（《史记·货殖列传》）；近代苏商"实业报国"的追求就是源自儒家"达则兼济天下"的思想。一代又一代苏商群体的功业成就，深刻映射江苏工商业厚实的历史底气和家国情怀，转化为江苏工商业持续发展的强大动力。江苏运河工商文化蕴含着生生不息的奋斗进取精神、与时俱进的创新协同精神、开放包容的融合共生精神、忠义诚信的使命担当精神，为实现中华民族伟大复兴凝聚起奋进新时代新征程的强大精神力量。

五、江苏运河工商文化标识体系

（一）历史文化名城

截至2022年1月，139座城市被国务院列为国家历史文化名城，江苏拥有13座国家历史文化名城，第一批南京、苏州、扬州（1982年），第二批镇江、常熟、徐州、淮安（1986年），增补无锡（2007年）、南通（2009年）、常州（2015年）、高邮（2016年）、宜兴（2011年）、泰州（2013年），占比9.35%。历史上，淮安、扬州、苏州，与浙江杭州并称运河沿线"四大都市""东南四都"。淮安被称为"淮水东南第一州"。扬州在很长一段时间占据运河枢纽的重要地位，被誉为"中华运河第一城"，是唐中晚期最大的国际贸易港口城市。南通造就了"中国近代第一城"的辉煌。南通和无锡都是中国近代民族工业的发祥地之一。清乾隆年间"不通车马只通舟"的无锡已有"布码头"之称，19世纪中期无锡成为"中国四大米市"之一。据1935年出版的《无锡概览》统计表明，当时无锡已有工业门类15个，大小工厂205个，工业总资本额为1799万元。1986年苏州成为全国唯一全面保护古城风貌的历史文化名城。2012年苏州姑苏区成为全国首个国家历史文化名城保护区。2019年南京被联合国教科文组织列入"世界文学之都"。

（二）江苏运河历史文化街区

历史文化街区属于《文物法》界定的"历史地段"。2015年，江苏5个街区入选住建部、国家文物局第一批30个中国历史文化街区。在运河沿线的大走廊空间内，作为城市生长原点，连片的历史建筑、错落有致的街巷、集聚的各色店铺、浓郁的生活气息，较为完整地保存着历史信息，承载运河城市文脉，汇集运河城市智慧，呈现一定历史时期运河沿岸的传统风貌特征，既是见证城市历史发展的"活化石"，又是运河工商文化的重要构成与载体。

（三）江苏运河工业遗产

长期的历史积淀，特定的地理人文环境，孕育了江苏的近现代民族工业，江苏成为我国近现代工业的重要发祥地之一，留下了丰富的工业遗产。江苏运河工业遗产见证了大运河江苏段流变中江苏工业化进程的历史风貌和阶段特征，以厂房建筑、机器设备、产品与综合性景观为符号，通过近代和现代工业文明波澜壮阔的发展图谱形象表达江苏运河工商文化。江苏运河工业遗产中，11处入选工业和信息化部第二批（2018年）、第三批（2019年）、第四批（2020年）、第五批（2021年）国家工业遗产名录，这些工业遗产最早者可追溯至宋元甚至隋唐时期，大部分则为晚清、民国及中华人民共和国成立以来的历史遗存，它们犹如一座座无言的丰碑展现着江苏开放包容的历史风貌和自强不息的工业文化特征。

（四）江苏运河"老字号"

"漕运"作为中国封建时期一项重要经济制度，带来了中国历史上最大规模的南北物资交流。因河兴商，因河兴业，大运河的流变启发了江苏商业文明的觉醒，在商业和手工业竞争的大浪淘沙中，在江苏运河沿岸的历史文化街区、城市商业街的节点区域逐渐集聚起与运河城市历史文化发展息息相关的众多"老字号"，江苏第一批和第二批"中华老字号"共有96个，在全国占比8.5%，"老字号"坚守世代相传的独特产品、精湛技艺、卓越品质和服务理念，集历史、文化、商业等诸多功能于一体，持之以恒、不懈奋斗，孕育成为"金字招牌"，成为江苏商业文明发展的标志和城市文明发展的图腾。

（五）江苏运河手工技艺

江苏运河手工技艺既依附于特定的人（群）和器物，也存在于社会认同、文化认同的过程之中，丰富着运河沿线人民的物质生活和精神生活。明人宋应星《天工开物》的"良玉虽集京师，工巧则推苏郡"之句，既反映了苏州制作领风气之先的影响力，更揭示了江苏运河手工技艺的文化意涵。手工时代的朴素与浪漫，蕴含活态大运河江苏段弥足珍贵的人文精神和审美视角；严格的工艺工序、细腻的细节设计与精致的制作手法，于精益求精中凸显江苏运河手工技艺的信念与底气；传承人的情怀与坚守，彰显江苏运河手工技艺顽强的创造力和生命力。联合国教科文组织非遗、国家级非遗、省级非遗的认定，为江苏运河手工技艺的传承注入了强大的动力，穿越时空做好江苏运河手工技艺非遗传承的"江苏答卷"是我们的共同责任。

（六）江苏运河习俗

大运河开挖、通航所形成的生存环境和生活条件，催生了运河人家和运河流经区域社会人群独特的生活方式，孕育了运河民俗。江苏地域独特的地理环境与悠久的历史文化产生了富有鲜明地域特色的江苏民俗风貌。江苏地方民俗与运河民俗在大运河江苏段相互影响、交流交融，形成江苏运河习俗。习俗的认同，体现了生活状态的一致性和共同的集体人格，从而构筑了共同的文化价值观念。江苏运河工商业的兴盛使得江苏运河习俗的内容与形式更为丰富，既为生活烟火气增添了鲜活色彩，更寄托着傍河而居的江苏百姓人家和依河而生的江苏船民、纤夫、脚夫和码头工对未来的期许，在某种程度上是江苏运河区域社会一体化的黏合剂，成为至今仍然影响大运河江苏段沿线居民日常生活的文化力量。

（七）苏商群像

不同时期的苏商群体引领各时期江苏工商业始终勇立时代潮头，传承积淀爱国爱乡、开拓创新、精良细致、务实低调、崇文重德的苏商精神特质，呈现江苏运河工商文化的独特创造、价值理念和鲜明特色。商周时期的泰伯与范蠡，西汉时期发展冶铜、铸钱、煮盐业并被司马迁写入《史记》列传的刘濞，开创元代海运先河的朱清与张瑄，元末明初江南第一富商沈万三，明代中后期的苏州洞庭商帮，明清时期"吴中首富"邹望，近代状元实业家张謇，创造了30多项"中国化工之最"的范旭东，创造了11项"中国第一"的"近代中国商父""中国实业之父"盛宣怀，"面粉大王"和"棉纱大王"荣德生、荣宗敬，"电气大王"祝大椿，"丝茧大王"薛寿萱，独资修建了一座城镇的"煤铁大王"周舜卿，中国沿海滩涂开发领域早期的开拓者、东陇海铁路的奠基人沈云沛，无锡丽新布厂创办人唐君远，"沪港合资第一人"唐翔千，创办了苏州首家近代企业的陆润庠，近代中国机械制造实业家严裕棠，创办江苏第一家华资电厂、第一家民营镇扬汽渡公司的陆小波，中国近代金融先驱谈荔孙，"从为金而生到为国而行"的现代杰出实业家刘国均等。2018年的中国企业500强榜单上，海澜集团有限公司以1089亿元的年营业收入名列第150位，实现了无锡地区千亿元级企业的首次突破。恒力集团有限公司位列2021《财富》世界500强第67位，江苏民营企业首次进入世界百强企业阵营。

六、江苏运河工商文化的时代意蕴

江苏运河工商文化的精髓，蕴含着一脉相承的发展理念、价值观念，深刻反映了江苏人在运河两岸数千年来的生活实践。2019年5月20日，以"聚力新江苏，奋进新时代"为主题的首届全球苏商大会在南京召开，汇聚强国建设、民族复兴的前行力量。江苏运河工商文化在保护传承中科学利用永续发展，让流动的文化泽被当代启迪未来。"为全国发展探路"是江苏在中国式现代化事业全局中的重大责任，"争当表率、争做示范、走在前列"是江苏全部工作的总要求，在高质量发展上走在前列是当前和今后相当长一个时期的江苏发展的总目标，"强富美高"新江苏是推进中国式现代化江苏新实践的总蓝图。江苏运河工商文化赋予新的时代内涵和现代表达形式，全面阐释当代价值和时代精神，为全面推进中国式现代化江苏新实践提供精神动力，激发"敢为、敢闯、敢干、敢首创"的担当作为，促进江苏工商业发展，赋能城市更新，增强文旅融合效能，创新中国话语，对接世界话语，生动地向世界讲好中国故事的江苏篇章，传播江苏好声音，打响"千年运河"国际文化品牌。

七、新时代江苏运河工商文化保护传承利用的指导思想和基本原则

（一）指导思想

坚持以习近平新时代中国特色社会主义思想为指导，深入贯彻落实习近平文化思想和习近平总书记关于大运河文化保护传承利用重要指示批示精神、视察江苏重要讲话指示精神，准确认识大运河江苏段的时空特点，深刻认知江苏运河工商文化内涵，全面把握大运河江苏段工商业演变发展脉络，彰显江苏运河工商文化的历史价值、当代价值和世界意义，凝练江苏运河工商文化特征，促进江苏大运河文化带高品位的文化长廊、高颜值的生态长廊、高水平的旅游长廊"三廊合一"建设，形成江苏大运河文化带建设在中国大运河文化带建设的鲜明特色，丰富中国大运河文化和世界运河文化的内容、内涵和表现形式，彰显江苏运河工商文化的历史价值、当代价值和世界意义。

（二）基本原则

江苏运河工商文化资源是不可再生的珍贵资源。江苏运河工商文化要在传承中保护、保护中传承，在发展中保护、保护中发展，在保护中加强利用，在利用中促进保护，让运河工商文化保护、传承和弘扬成为包括居民、旅行者、遗产地相关

者、运河文化爱好者在内的每个人自觉的行为方式。江苏运河工商文化的保护，重在保护大运河"遗存承载的文化"，突出古运河世界级文化遗产和大运河江苏段工商遗存的真实性和整体性，并在城市更新中实现大运河江苏段工商遗存的延续性；江苏运河工商文化的传承，重在传承大运河"历史凝练的文化"，突出数千年来苏商群体在推动运河工商业发展过程中逐步凝练、升华形成的文化精髓和价值观念的创造性转化与创新性发展，成为江苏新时代新征程工商业发展的精神力量；江苏运河工商文化的利用，重在活化利用"流淌伴生的文化"，将大运河江苏段工商非物质文化遗产融入旅游产业、文化创意产业和现代商业，成为人们日常生活不可或缺的文化内容。

1. 坚持"大保护观"

经济是城市力量，文化是城市灵魂，城市的内涵与特色通过其承载的地域文化和保存的历史遗产所表现，独特、鲜明的城市文化是城市发展的核心动力。现代运河城市的发展要基于历史文脉，运河工商文化的保护传承利用与现代城市整体建设和营销相融合、与城市更新紧密结合、与历史文化名城的定位相一致。

2. 践行"大遗产观"

基于世界遗产保护的视角，紧紧围绕大运河所具有"突出的普遍价值"这一内核，突出大运河江苏段不可替代的"和而不同"的独特价值，深入把握江苏大运河工商文化遗产的历史价值和当代价值，着力保持遗产的原生态及其所依托的特定的自然环境和文化环境，建构将运河工商文化遗产的过去、现在、将来有机地联系在一起的文化遗产保护体系。

3. 形成"大资源观"

系统挖掘运河工商文化资源，非物质文化遗产的保护传承利用，要与物质遗产资源的保护传承利用齐头并进、双管齐下。非物质文化遗产是确认地方文化特性的强有力手段，有效保护非遗传承人的文化完整性及其作品的知识产权，延续运河非物质文化遗产的生命力。

4. 拓展"大空间观"

区域协调发展是中国式现代化题中应有之义。江苏地处共建"一带一路"、长江经济带和长三角区域一体化等国家重大区域战略叠加交汇区，江苏运河工商文化建设要在"河为线，城为珠，线串珠，珠带面"的格局下，突破单个城市的地域范围，构建起相互联系的生态圈、生活圈、文化圈和经济圈，以城市群和都市圈为基本空间格局。

5. 落实"大旅游观"

以文塑旅，以旅彰文，江苏运河城市群是超大规模的文旅综合体，推动运河工商文化与运河旅游深度融合，赋予旅游产品以新的特质，将抽象的文化转化成具有高度经济价值的产业形态，打造具有世界级品牌影响力的运河工商文化旅游线路和精品项目，形塑"千年运河·水韵江苏"文化旅游品牌，形成享誉中外的缤纷旅游带和高水平的旅游长廊，激发游客的运河情感与运河城市市民的运河情怀。

6. 体现"大文化观"

大运河具有区域、跨区域的特性，江苏运河工商文化建设既要吸收大运河江苏段流域的江苏地域文化的精华，又要吸收除此之外的大运河流域的京津文化、燕赵文化、齐鲁文化和中原文化的精髓，还要吸收大运河文化、长江文化、海洋文化交汇江苏所形成的丰厚多元的文化滋养，同时，吸收大运河江苏段联系陆上丝绸之路和海上丝绸之路所产生的亚非欧诸洲异国文化元素，把大运河江苏段建设成为继古开今的璀璨文化带和高品位的文化长廊。

7. 提升"大生态观"

大运河主线与支线河道，以水质稳定达标为核心，实施畅流活水工程，优化南水北调东线工程，将大运河沿线环境建设与工商文化遗存保护、沿岸商业开发、文化旅游产业发展、景观建设紧密结合起来，营造人与自然和谐共生的大运河流域环境，构建山水秀丽的绿色生态带和高颜值的生态长廊。

八、新时代新征程江苏运河工商文化保护传承利用之策

（一）彰显江苏最鲜明的符号——水

岸是大运河的经络，城是大运河的明珠，而水是大运河的灵魂。水，造就了浓郁的江苏乡愁和江苏文化模样，绘就了江苏美丽家园、幸福生活、美好未来的人文底色，使工商风采与运河风光交相辉映。我们应重新认识大运河在古代交通网络体系的巨大作用和历史地位，致力于恢复古代城市水系作为水运河道及文化旅游的功能，充分发挥其水运、排水、灌溉、湿地、生态、宜居、旅游、文化等综合价值，使之成为现代城市重要的生活和生态网络体系、提升城市发展能级和促进整合聚变的内在文化纽带、城市居民共同应对挑战的情感纽带。

（二）推动工业遗产保护可持续发展

建立健全工业遗产保护利用的法律法规，进一步明晰工业遗产的概念、工业遗产的界定标准、保护方式和产权认定，进一步规范工业遗产管理和保护。关注工业遗产蕴含的历史价值、技术价值、建筑文化、人文气息，以及改造后与周边整体环境的规划协调性与功能匹配性，结合城市发展规划，推动重点工业遗产项目建设，促进城市空间逐渐从以工厂仓库为主的传统生产场景，转型为以创意产业为主的现代文化场景和以公园绿地为主的生活场景、生态场景，形成运动休闲区、艺术集聚区和创意文化产业园区，让"老面孔"变为"新地标"，让工业遗产融入现代生活，成为人民群众日常生活的重要组成部分。以运河工业遗产为载体，充分结合当地的工业遗产资源禀赋，鼓励各类博物馆、展览馆、遗址公园建设，充分发挥其宣传、展示和教育功能，生动展现工业发展的奋斗史，弘扬积极向上的文化正能量。

（三）建立老字号保护传承长效机制

"老字号"在新时代担当着打造商业文明的新使命。凝练老字号的文化底蕴和品牌价值，牢牢守住传统品牌的文化内核和精神内涵，在传统积淀的基础上吸收转化，形成与时俱进、体现时代特征的品牌文化，以品牌文化理念创新引领老字号转型，坚持产品创新、服务创新和经营创新，将老字号所蕴含的中华优秀传统文化更多融入现代生产生活。发挥步行（商业）街平台载体作用，促进老字号企业聚集式发展，积极利用传统节日、民俗节庆、重要展会、重点活动等时间节点，全年不间断开展"国潮国货品质生活"主题活动，引导消费者感悟中华优秀传统文化底蕴。利用电视、广播、报刊等传统媒体以及新媒体平台，全方位开展宣传，提升老字号的社会影响力和知名度，为老字号企业发展营造良好环境。积极利用大型国际性展会平台，广泛开展海外专题推广活动，推动老字号"走出去"，拓展国际市场。

（四）复兴运河老城厢和历史文化街区

老街、老巷、老建筑是以市井文化为特征的生活空间，呈现了"原汁原味"的"城市原点"最典型的生活形态和生活场景，以保护运河城市文化遗产和传承历史文脉为核心，集文化复兴、空间复兴、产业复兴为一体，延续历史文化街区可贵的烟火气、街区历史风貌及其居民的传统生活方式和社会结构，凸显看得见的"城市年轮"，引入多元业态，在街区植入新业态，打造能够彰显运河工商文化基因、带来传播和话题的强烈"场景力"，激活、赋能历史空间，连接新产业带和新功能区，提升商业载体品质及业态承载能力等内在功能，提升街区商业价值和文化价值，推动由开发方式向经营模式转变，营造更富活力、更具魅力、更加宜居的城市生活空间和美丽运河家园，实现传统历史文化与现代文明的融合，使历史文化街区完美地融入现代城市之中，成为新时代展示城市活力形象、体现城市品位、焕发城市魅力的"城市会客厅"，增强居民对城市的归属感。

（五）构建运河非遗保护传承利用体系

构建政府主导、智库支撑、政策完备、社会参与、企业投入、机制灵活的运河非遗保护传承利用体系。加强管理制度的体系化建设和传承创新的系统性研究，健全非遗地方性法规和规章，建立非遗获取和惠益分享制度，切实加强运河非遗知识产权保护，健全江苏运河非遗名录体系，规范清单编制，明确保护对象和保护范围。分类保护江苏运河非遗的个体传承项目、团体传承项目、群体传承型项目，有效区分非遗的非产业化项目和产业化项目。推进风貌环境的整体性保护和资源类别的融合性开发，运河非遗保护传承需要依托江苏大运河文化带的古村落、老街区的环境、场所和老宅，整体性和原生态保护非遗赖以生存的自然环境、人文环境与社会环境；遵循"宜融则融、能融尽融"的原则，推动非遗产品创新、工艺创新和商业模式创新，延伸产业链，实现非遗资源向旅游产品、演艺产品、文创产品、动漫产品的创造性转化，使运河非遗与旅游产业、文化创意产业、商贸业、农业、工业相融合，与演艺、动漫、节庆、展会等多种业态相融合，与旅游景区、旅游度假区、主题公园、历史文化街区、夜间文化和旅游消费集聚区、乡村旅游重点村镇相融合，打造资源、产业联通的文商旅融合发展格局。加强项目运营的市场化推广，将当代设计理念和表现形式注入运河非遗项目，赋予传统文化新的时代元素，把电商运营、直播带货、短视频等数字推广模式引入非遗，打造新国潮、新国乐，以独特的地域文化魅力和价值观引领时尚品牌向步行街、商业综合体和重点商圈聚集，推动非遗传统商业模式迭代升级，焕新江苏运河非遗品牌形象。

（六）践行运河城市更新发展模式

政府引导、市场运作、公众参与，融合绿色理念、现代技术、文化元素，突出精细化治理，实施微改造工程，构建完善的治理体系。深刻把握大运河江苏段文化遗产的历史脉络和空间肌理，构建历史文化与现代时尚交相辉映、既彰显城市差别又映射运河城市之间文化关联的文化标识体系，突出"处处有文化"。传统老街巷历史风貌、历史文化街区、历史建筑群的保护利用融入城市总体布局，建立全市域、全体系、全要素的城市文化遗产保护体系，增强文化的渗透性与经济的创新性，营造更富活力、更具魅力、更加宜居的城市生活空间和美丽运河家园。通过"腾笼换鸟""凤凰涅槃""关上一扇门、打开一扇窗"等多种形式，塑造城市更新、产业重构与城市历史文化内涵及非物质文化遗产相融合的新型城市形态，融会贯通古韵新风，展现城市特色风貌，展现绿色底色下物质形态背后博大的人文时空和丰富的文化内容，创新提升城市功能，留住居民、留住形态、留住乡愁、留住神韵，延续城市历史文脉，镌刻城市文化记忆，实现城市整体发展。

（七）深化"主客共享"运河文旅融合

充分发挥旅游业强大的黏合作用和带动作用，突出江苏运河工商文化遗产的活化利用，丰富旅游产品的人文内涵，打造"富有运河文化底蕴的世界级旅游景区和度假区"（《江苏省文化旅游融合发展规划》，2021年）。让大运河江苏段成为沿线城乡居民的高品质生活空间，让人民群众在全域旅游发展中有更多获得感和幸福感，使"近者悦、远者来"，更好地满足人民群众对美好生活的新期待。江苏大运河沿线居民与旅行者携手促进江苏运河工商文化不断地被发现、被传播，共同感知其当代价值、世界意义的文化精髓，凝聚民族精神和文化自信。大运河文化与旅游产业的融合发展，要注重功能性与原真性的结合，既强化游客及居民主动自觉保护大运河文化的意识，又契合文旅项目的定位或主题；要注重整体性与丰富性的结合，既推动业态多元丰富，又要从整体区域打造完整的旅游产品体系；要注重知识性与参与性结合，在静态的陈列和展览的基础上，设计更多亲身参与、场景体验的项目，营造文化氛围和共情氛围；要注重文化性与科技性的结合，深化建设智慧旅游服务平台，建立便捷、智能、网络、高效的文化旅游公共服务体系，激发网络平台的文化旅游带动力，开发个性化定制化文化旅游产品；要注重开发深度与推广力度的结合，紧扣大运河文化的内核，以大运河国家文化公园（江苏段）建设为抓手，挖掘深度化原创内容，突出内容的创新创造，克服同质化的浅显表达，加强江苏大运河文旅目的地建设。

（八）推动运河工商文化赋能经济社会发展

推动江苏运河工商文化资源优势转化为江苏社会经济和工商业发展的核心要素。"敢为人先"是苏商代代传承的鲜明特质，发扬生生不息的奋斗进取精神，锚定"卡脖子"技术，聚焦实业、做精主业，形成经济工作的突破方向与重要抓手；发扬与时俱进的创新协同精神，深入实施创新驱动发展战略，加快培育世界一流企业，充分发挥经济功能区和科创载体、科创飞地、科创中心的作用，构建区域创新协同发展体系，发展新质生产力，壮大战略性新兴产业，前瞻布局未来产业，打造世界级先进制造业集群。发扬江苏运河工商文化开放包容的融合共生精神，优化宜商环境，呈现国有企业和民营企业的多姿多彩，推进自贸试验区制度创新，持续深化经贸合作，优化完善海陆通道，加快培育现代化大都市圈，扬子江城市群、沿海经济带、江淮生态经济区、徐州淮海经济区中心城市建设体现互补性和融合性；发扬忠义诚信的使命担当精神，积极推进长三角一体化发展、京津冀协同发展、长江经济带发展、粤港澳大湾区建设，促进区域协调发展，发挥"一带一路"交汇点优势，打造世界格局中的江苏。

（九）培养运河工商文化保护传承利用专门人才

推动运河工商文化保护传承利用队伍的整体性提升和专门人才的复合型培养，进一步增强运河工商文化保护传承利用专门人才的荣誉感和使命感，资助其开展遗产保护和授徒传艺活动；激励更多的新媒体人加入运河工商文化传播的队伍之中，突破传统媒体单向度的传播缺陷，拓宽具有更强传播力和影响力的微博、微信、抖音、小红书等运河工商文化的网络传播渠道；建构运河工商文化保护传承利用的产教融合人才培养共同体，为运河工商文化专门人才培养提供教育培训、创新创业、产品转化、营销融资等全方位的支持与服务。更广泛地建立运河工商文化青少年研学基地，推动江苏运河工商文化进中小学、进乡村，让运河工商文化走进大众视野，扩大、积聚运河工商文化的社会影响。遴选高校和职业学校开设运河工商文化相关专业和课程，把职业教育和运河工商文化传承有机结合，依托工坊、工作室等模式，培育既精通遗产保护和传统技艺又擅长现代经营管理、数字技术和现代科技运用的运河工商文化复合型创新人才。

参考文献

[1] 在文学长河中沉浮的运河城市[N].光明日报，2021-07-05（13）.

[2] 胡波.既要"水韵江苏"，又要"水运江苏"[N].新华日报，2023-03-27.

[3] 吴欣.明清时期的运河钞关[N].光明日报（史学理论版），2009-03-03.

[4] 长江商学院MBA.实业兴邦崇文重教，苏商是如何兴起的？[EB/OL].2022-09-14.

[5] 中国拥有国家历史文化名镇最多的城市是谁？[EB/OL].2023-02-14.

[6] 陈月飞，陈明慧，倪方方，等.全面推进中国式现代化江苏新实践：激荡"四敢"强音勇开新局谱新篇[N].新华日报，2023-03-04.

［7］周琪.关于《江苏省人民代表大会常务委员会关于促进大运河文化带建设的决定（草案）》的说明［Z］.江苏省十三届人大常委会第十一次会议，2019-9-24.

［8］江苏省大运河文化带建设工作领导小组办公室.江苏省大运河文化价值阐释弘扬规划［Z］.2021-06.

［9］以文化引领江苏省大运河文化带建设打造"美丽中轴"［EB/OL］.2021-06-15.

［10］王宏伟，刘妍.江苏用系统性思维引领大运河文化带建设：打造最美丽最精彩最繁华的江苏名片［N］.新华日报，2020-11-13.

［11］这项国家战略，扬州已经发力2500年［EB/OL］.2019-05-11.

［12］刘亢，蒋芳.一脉千古成江河：江苏守正创新建设社会主义文化强国先行区［J］.瞭望，2023（10）：59-62.